高等学校一流专业建设教材
高等学校艺术设计系列教材

民间艺术创新与设计

傅宝姬　主编
付元伟　陈顺和　苏伟鹏　傅巧玲　副主编

化学工业出版社
·北京·

内容简介

本书以推进文化强国建设、推动中华优秀传统文化创造性转化和创新性发展为指引，系统梳理民间艺术的发展脉络、类型和特征，由浅入深、循序渐进地介绍民间艺术创新与设计的方法路径。全书共6章，主要内容包括民间艺术的概念与特征、民间艺术的产业发展及其策略、民间艺术的文化透视、民间艺术与现代生活、历史上的民间艺术、民间艺术造物的二维平面符号表达、民间艺术造物的色彩呈现、民间艺术造物的三维立体表达、民间艺术造物的观念、民间艺术传统工艺、民间艺术工艺创新与优化、民间艺术创新与设计策略、民间艺术创新与设计实践等内容。书中精选典型行业实例、课程实例，深入分析品牌设计、文创衍生品设计、产品设计案例，从宏观和微观的角度帮助读者熟知民间艺术创新设计的知识，掌握新时代文化创意设计思路和方法。

本书可作为高等学校视觉传达设计、产品设计、数字媒体艺术、美术学、广告学等专业教材，也可作为创意产品开发者、爱好者的参考用书。

图书在版编目（CIP）数据

民间艺术创新与设计 / 傅宝姬主编. -- 北京 : 化学工业出版社，2026. 1. -- (高等学校一流专业建设教材)(高等学校艺术设计系列教材). -- ISBN 978-7-122-47183-3

Ⅰ. J12

中国国家版本馆CIP数据核字第2024J6S759号

责任编辑：张　阳　　文字编辑：李一凡　王　硕　　装帧设计：张　辉
责任校对：杜杏然　　版式设计：梧桐影

出版发行：化学工业出版社
（北京市东城区青年湖南街13号　邮政编码100011）
印　　装：天津市银博印刷集团有限公司
787mm×1092mm　1/16　印张12　字数225千字
2026年1月北京第1版第1次印刷

购书咨询：010-64518888　　售后服务：010-64518899
网　　址：http://www.cip.com.cn
凡购买本书，如有缺损质量问题，本社销售中心负责调换。

定　　价：69.80元

前　言

进入新时代，我国民间艺术也步入新征程。2017年中共中央办公厅、国务院办公厅下发《关于实施中华优秀传统文化传承发展工程的意见》，明确要求要牢牢把握社会主义先进文化前进方向，要坚持创造性转化和创新性发展，进一步增强文化自觉和文化自信。2021年下发的《关于进一步加强非物质文化遗产保护工作的意见》，明确指出保护好、传承好、利用好非物质文化遗产，对于延续历史文脉、坚定文化自信、推动文明交流互鉴、建设社会主义文化强国具有重要意义。在此背景下，各高校设计类专业纷纷下设“民间艺术”相关课程。

民间艺术是我国传统文化中的重要组成部分，随着近些年我国经济文化的飞速发展，民间艺术研究取得了巨大进步，但同时也面临工业化冲击、传承人减少、民间文化生态空间被破坏、消费群体变化等方面的现实问题，这对民间艺术的进一步发展产生了一定阻碍。基于此，高校民间艺术创新设计课程将民间艺术置于设计学的语境下，探讨其发展理念、路径与策略。

本书的编写顺应了这一时代要求。编写团队聚焦国家发展战略，紧紧围绕民间艺术相关行业发展需求，立足高等教育发展现状，结合当前民间艺术特点和学生学习规律，从社会主义核心价值观、中华优秀传统文化传承等出发，结合艺术设计类人才培养目标，对民间艺术知识体系进行了梳理和归纳，旨在帮助相关专业学生及行业从业人员了解民间艺术的基本知识与技能，激发创新意识与思维，掌握新方法与新路径，提升创新设计能力。

本书通过6章内容全面系统地介绍了民间艺术概念、民间艺术典型代表，特别阐述了民间艺术的产业发展策略、文化透视、民间艺术与现代生活的关系，解析了民间艺术的二维平面符号表达、色彩呈现、三维立体表达的造物方式，概述各地民间艺术传统工艺及其创新，分析民间艺术发展的制约因素、创新发展路径，创新性地提出民间艺术创新与设计策略，并结合行业、教学实际，展示了26个民间艺术创新与设计实例。具体内容特色如下：

内容全面，紧跟时代：本书充分吸收并分析我国不同地域、不同类型民间艺术的成果，紧跟文化赋能、乡村振兴、地方实践的时代需求，帮助学生开拓视野，培养民族情怀。

知识系统，结构清晰：本书内容简明、重点突出，系统梳理民间艺术历史进程与时代特点，着重展现民间艺术传统特色与创新性发展，有利于提高学生的审美理想和审美情操。

示范典型，注重应用：书中注重联系实际，广泛搜集、呈现行业实战案例与高校教学案例，力求使学生通过实例学习，将民间艺术理论与实践结合起来，解决民间艺术创新与设计中的实际问题。

图文并茂，资源丰富：全书图文并茂，内容翔实丰富，图片清晰美观，有助于学生在潜移默化中提高艺术鉴赏能力，激发创意思维。本书配套课件、教案，可登录化工教育网下载。

本书由傅宝姬担任主编，负责统筹、修改和定稿，由付元伟、陈顺和、苏伟鹏和傅巧玲担任副主编，申志慧、陈小英、华亦雄参编。在编写过程中，编写团队参阅了大量文献资料，在此谨向为本书编写做出贡献的广大同仁们表示诚挚谢意。

由于时间和水平有限，书中不免有疏漏之处，敬请读者不吝指正。

傅宝姬

目录

第一章

民间艺术概述

学习目标

· 掌握我国民间艺术的概念与特征，熟悉民间艺术的产业发展及其策略。

· 透视民间艺术的文化内涵，熟悉民间艺术的发展规律。探讨民间艺术如何反映和传承传统文化，以及它在民族文化认同中的重要作用。

· 理解民间艺术与现代生活的关系。树立为人民而设计的信念。

学习重点

全面了解民间艺术的现状和发展趋势。深入理解民间艺术对于当代社会的价值和意义。

学习难点

深入剖析民间艺术的内涵、价值。

第一节 | 民间艺术的概念与特征

一、什么是民间艺术

民间艺术是我国重要的文化遗产，是历史文化的“活化石”，也是“民族记忆的腹地”。它与民俗活动密切相关，具有鲜明的地域特色和民族风格。它承载着浓厚的地域审美价值和民间工匠的情感，反映了民间文化的内涵和外在形态，是涉及社会学、民俗学、艺术学和工艺科学的一门综合学科。从广义的角度来看，民间艺术是劳动者为满足自己的生活和审美需求而创造的艺术，包括民间工艺美术、民间音乐、民间舞蹈和民间戏曲等多种艺术形式；从狭义的角度来看，民间艺术指的是民间造型艺术，包括民间美术、工艺美术等表现形式。

民间艺术可以按功能的不同，大体分为审美功能和生活实用功能两个主题、八个品类，包括祭祀类、娱教类、装饰类、游艺类、穿戴类、起居类、生产类、用品类，前四类以审美和精神生活为主题，后四类以实用和物质生活为主题。

民间艺术是民间文化的视觉表现，其发展受到民间社会生活许多方面的影响。过去人们是以传统的农村生活为基础，以当地浓烈而富有特色的文化为基础，滋养出的不同风格的民间艺术。但随着社会的发展，传统社会已经转变为以工业化和城市化为核心的现代社会，越来越多的人更关注所谓的“现代”设计，对民间艺术的重视程度逐渐降低。随着传统民间艺术继承人的减少，原来的文化语境逐渐缺失，不少民间艺术在慢慢消亡，传统民俗文化艺术的传承和发展都受到严重威胁，面临着严重的生存危机。

二、民间艺术的特征

（一）民间艺术的原始性

中国的民间艺术展现出浓厚的原始氛围，几乎每一件艺术品都透露着原始艺术观念。由于生活和历史的限制，中国民间艺术的创作者在创作观念中保留了相当多的原始艺术观念，这一点在许多民间艺术作品中都得到了直接体现，如原始社会部落中的图腾和肖像，以及大自然中各种生物的图案等。民间艺术在表现手法上的原始特征使其在传达人类情感方面更为灵活、直接，同时也为现代人研究古代历史提供了可靠的资料和背景，为现代设计提供了源源不断的灵感源泉。

（二）民间艺术的区域性

民间艺术的区域性主要取决于其演进与传承所依赖的特有民间地域。因为民间艺人的技艺通常依赖口头传授或师徒传承，这种民间艺术传承方式缺乏大规模广泛传播的机会和可能性，因此，同一风格的民间艺术往往只在特定地区内传承。另外，中国地域广袤，气候和环境多种多样，每个地方都拥有独特的民俗、信仰和文化传统，这种明显的地域文化特点也影响了民间艺术的区域性。比如，山东杨家埠木版年画采用传统的手工工艺制作，主题类型丰富，色彩运用以原始颜色为主，并通过粗犷的色彩线条呈现出朴实的风格；而江苏地区的桃花坞木版年画则更加突出江南水乡的柔美，刻工精美，充满中西融合的艺术特色。

（三）民间艺术的多元性

民间艺术的多元性可以从多个方面来理解。民间艺术经历了许多历史时期的变迁，呈现出地域性和民族性特点，这是因为中国疆域广袤，孕育了众多民族，各个民族创造了丰富多彩的文化，不同民族或者同一民族中的不同支系具有各自独特的文化特点和观念。对于同一事物，不同民族会有不同的认知与反应，比如蛇这一动物形象，在汉族文化中通常被视为神秘而令人畏惧的，而在部分少数民族中却被认为具有保护人类的特性。这种对同一事物的不同看法最终使得民间艺术的表现呈现出多样化的特点。

（四）民间艺术的象征性

民间艺术通常运用大量的象征符号作为艺术表现形式，具有象征性的特点，如谐音、同形等，含蓄地表达其意图。以剪纸为例，人们常常将“福”字以倒立的形式剪出，以此寓意幸福即将到来，达到求祥祈福的目的。民间艺术中所展现的趋利避害、求吉纳祥的造型理念，以及丰富的象征表现手法都源于其富有独特民间艺术观念性和意象性的艺术语言体系。这种艺术形式生动地反映了民族文化最纯粹的传统内涵，将受人喜爱的艺术形式与乐观积极的精神思想紧密地结合在一起。

（五）民间艺术与民间习俗相辅相成

民间艺术与传统民间习俗息息相关，二者相互交织，相辅相成。民间艺术贯穿在各类民俗中，不断地丰富着这些民俗文化的内涵，而民俗也在不断影响着民间艺术，形成了一种紧密的互动关系。如山西有孩子穿布老虎鞋的民俗，它承载人们繁衍生息和保护生命的祈望；民间灯彩则成为每年正月十五元宵节的代表性艺术品，它记录了中华民族用火文明的历史痕迹，承载着吉祥和祝福，甚至被人们视作福祉和庇护的载体；古老的戏曲形式，如傩戏和地戏，充满了传统的祭祀色彩，不同于一般随时演出的戏曲，它们主要用于每年春季时祈祷丰收和祛除邪恶，相应的道具如地戏面具，在当地被赋予神圣的意义，不允许随意制作，更不能买卖。民间艺术和民俗文化的紧密联系，展现着人们对幸福、和谐和美好生活的向往。

（六）民间艺术的活态传承

民间艺术具有代代相传、继承或发展的特质。传承民间艺术涉及人们对精神文化的传递，传承过程是通过人际互动来实现的，包括言传身教、观念交流和心理沉淀等多种形式，具有无形和抽象的特征。比如，剪纸艺术、戏剧表演、工艺美术等经常是由前辈艺术家通过口传心授的方式来传承和推动发展的。在发展方面，由于观众兴趣的变化，民间艺术的形式和内容也在不断改变，尤其在现代社会中，它们需要适应不断变化的需求。例如，河南的戏曲和曲艺表演代代相传，通过与观众的互动，不断吸收其他剧种如昆曲、弋阳腔、京剧等的精华，从而发展创新，形成了独特的风格。

第二节 | 民间艺术的产业发展及其策略

一、民间艺术的产业发展

近几年来国家多次出台相关政策，明确提出传承与弘扬中华优秀传统文化，加强文化保护利用、非物质文化遗产保护传承，并确定了文化产业创新发展、优化重点文化行业供给、扩大和引导文化消费、优化文化产业空间布局、推动文化产业融合发展、激发文化市场主体发展活力、培育文化产业国际合作竞争新优势、深化文化与金融合作等8方面的主要任务。在《“十四五”文化产业发展规划》中，明确了产业融合的发展方向和政策框架，对促成民间艺术与旅游产业的融合有重要影响，并为这一融合提供支持、指导和保障，促进其可持续发展，从而推动文化遗产的保护和传承。

（一）民间艺术与数字文化产业

民间艺术与数字文化产业的结合，是新质生产力在文化领域的一种重要体现。这种结合不仅推动了民间艺术的传承与创新，也为数字文化产业的发展注入了新的活力。对于传统文化产业而言，数字化技术的广泛应用，尤其是以“互联网+”为代表的数字化技术，催生了文化产业的新场景、新力量和新机遇。传统的民间艺术展览与网络新媒体技术相结合，形成的在线展览不仅能够突破传统展览在时间、空间和费用上的限制，同时展现出越来越强的独立性和自主性。随着传统民间艺术文化产业数字化、网络化和智能化转型的加速，它将突破原有的发展空间和模式，打破传统的发展渠道，显著提升民间艺术文化产业的上升空间，结合现代文化产业，展现出前所未有的创新活力和发展潜力。

随着数字技术的发展与应用，新型文化产业形态不断涌现，出现数字文旅、数字音乐、网游、短视频、AI艺术创作等新业态。这些数字文化产业以其交互性、虚拟性、个性化，以及低消耗、高效率、高附加值等特点和优势，成为文化产业发展的新增长点，将民间艺术用这种创新的方式推广出去，能获得更多年轻群体的喜爱。为了推动民间艺术的发展，我们必须树立跨界融合的理念，与更多实体产业领域实现相互融合，提升各媒体产业领域的资源交流与共享能力，使得产业结构更为紧密。

（二）民间艺术与旅游产业

文化旅游渐渐成为一种趋势，这种业态在传统旅游资源或者旅游项目中加入新的文化因子，使其具备独特的天然优势和不可被轻易复制的因素，以满足人们精神需求，成为一种新兴模式，为游客提供了解历史和知识的新途径。例如，当地的历史传承、人物事迹以及非物质文化元素等，通过文旅创新融合产业形式走进游客的视野中，不仅使游客了解历史和人物，还能让更多人认识和理解当地文化，而在这些文化里，就有很多是传统民间艺术。

民间艺术是民间地方文化最真实的代表，将民间艺术融入旅游业中，可以突显和宣传地方特色，吸引游客更深入地了解当地的文化传统，为游客提供多样的文化体验活动，包括传统手工艺、民间舞蹈、民间音乐和民俗活动等，丰富他们在旅行中的感知和体验。同时，民间艺术与旅游产业的结合还能促进艺术家和手工艺人的就业，为当地提供更多的旅游服务岗位，推动地方经济的发展，为地方创造可观的文化产业收入，提高地方文化软实力。

二、民间艺术的发展策略

（一）民间艺术的保护、抢救

保护和抢救民间艺术，促使其蓬勃发展，是当前所面临的首要且紧迫的任务，同时也是民间艺术发展的根本前提和基础。然而，我们需要明白，当前的民间艺术工作不仅要在保存、抢救和保留历史记忆方面下功夫，还要更加关注民间艺术的创新性发展和应用，将民间艺术与现代社会生活融为一体。

（二）民间艺术的活化

民间艺术并不仅仅是一种表象，它承载着重要的文化资源，是在民间生活中鲜活存在的文化宝库。我们需要将民间艺术的资源要素与现代设计有机结合，以便其更好地融入当代社会生活和时尚消费之中。要成为当代社会必备的元素，它必须符合当代人的习惯，具备当代文化的内涵，与人们的审美趣味相契合。我们可以利用民间艺术资源的精髓和元素来改进传统产业，赋予它们更多的民族特色、艺术品质和文化内涵，提升产业的附加值，推动产业不断升级，特别是积极推动民间艺术元素与制造业、旅游业等的跨界融合，以实现产业的升级和转型。

（三）民间艺术的社会生活化

为了使民间艺术更好地融入现代生活，我们不仅需要将民间艺术与当代审美文化相结合，还需要将它与现代科技、现代消费相结合，将其中的现代元素挖掘出来，通过创新性的转化，吸引更多受众关注，提高传播效率。另外，通过名人、名品和名牌来整合产业要素，推动民间艺术市场与产业的发展，也是一个有效路径。政府的角色也需要从民间艺术的“拯救”者逐渐演变为资源和产业发展的“服务”者，通过相关政策和服务不断推动民间艺术事业的发展，促进民间艺术的传播和普及。

（四）民间艺术的资源整合

民间艺术文化是一个民族的精神财富，更是物质财富。我们需要改变对民间艺术及其资源的认知，充分发挥市场机制和产业机制的作用，利用全球产业链传播文化特色，最大限度地发挥民间艺术文化在民族复兴进程中的关键作用。例如，可以通过建立数字档案、博物馆、艺术家工作室等方式，确保这些宝贵资源得到妥善保存和传承。同时鼓励艺术家进行创作和创新，以保持民间艺术的活力和多样性。为艺术家提供创作的场地、资金支持、展览机会等，激发他们的创造力和潜力，通过市场推广和销售，将民间艺术作品引入更广阔的市场，促进不同地区和国家间的文化交流与合作，扩大民间艺术的影响力和传播范围，促进不同文化之间的对话和互动。

第三节 | 民间艺术的文化透视

文化是人类在不断认识自我和改造自我、认识自然和改造自然的过程中，所创造并获得的、被人们共同认可和使用的符号（以文字为主、图像为辅）与声音（以语言为主，音韵、音符为辅）的体系总和。传统民间艺术在生产和生活方式的影响下，深深地植入民众的日常生活中。它不仅是人类文明在艺术领域的反映，更是广大劳动人民现实生活和内心世界的生动描绘。这种艺术蕴含着独特的思维和理解逻辑，以其独具特色的表达形式和丰富的文化内涵传递着积极的价值观。

一、民间艺术与神祇信仰

在中国数千年的历史中，宗教、神话与民间信仰非常活跃，也相当复杂，作为一种社会现象，渗透到社会生活的方方面面，衍生出鲜活的民间艺术，尤为典型的是其中的崇拜思想。民间艺术中的崇拜思想主要表现在祈福求祥方面。祈福的内容包罗万象，比如祈禄、祈寿、祈喜等，这些都是千百年来勤劳智慧的中华儿女对美好生活的祈求；求祥指祈求神祇消灾避难，实质上是求平安、保家族，是人们对基本生存保障的追求。

同时，民间艺术中体现出来的宗教信仰具有泛神性、兼容并包性、“杂合性”及教化功能。随着社会的发展，民间艺术中信仰民俗的宗教色彩逐渐淡化，变为游艺民俗。在漫长的历史长河中，融合了佛教、道教以及地域性民间神祇崇拜等多种内容，形成了丰富多彩且独特的民间艺术信仰面貌，这是历史文化发展的必然结果。

二、民间艺术与“天人合一”

“天人合一”是中国传统哲学中的重要观念，强调人与自然的和谐统一，强调人不是孤立存在的，而是与宇宙、自然、社会等各个方面相互关联、相互影响的。在“天人合一”的观念下，人们追求与自然界的和谐共处，尊重自然规律，倡导顺应天意、与自然保持和谐的生活方式。民间艺术多用天然材料，如纸、布、竹、木、石等，这些材料本身就具有自然之美，与“天人合一”观念中强调的自然和谐相呼应。民间艺术的制作技艺多种多样，包括绘画、塑作、编织等，这些技艺往往融入了民间劳动者的智慧和创造力，体现了人与自然的和谐互动。民间艺术的内容表达贴近生活，易于被大众理解和接受。其常常描绘自然景象、生活场景等，这些内容与“天人合一”观念中强调的人与自然和谐相处的理念相契合。

民间艺术与“天人合一”观念之间存在着密切联系。民间艺术作为民族文化的重要组成部分，不仅承载着丰富的历史和文化信息，还体现了人与自然的和谐统一。未来我们应该继续弘扬民间艺术，传承和发扬“天人合一”的哲学思想，为构建和谐社会贡献力量。

三、民间艺术是一种文化经验，也是增进文化认同的载体

20世纪杰出的哲学家、教育家和心理学家约翰·杜威认为，艺术承载着人类文明的历史和精神。尽管哲学家和艺术家已逝去，但他们的作品永存，成为文明传承的重要媒介，为文明生活提供了不竭的灵感与支持。

民间艺术是人类生活经验在艺术形式上的直观表现，其中蕴含着古人对自然、生活和信仰的深刻思考。这种经验性的描述在代代相传中扎根，成为生活基础和文化认同的重要组成部分。民间艺术源于底层人民的生活，融合了劳动人民的思想和情感，展现了民族性格的丰富内涵。杜威在《艺术即经验》中指出，每一个经验都是人与生活世界相互作用的结果，而民间艺术正是劳动人民在与自然斗争、共处的过程中创造出的产物。劳动人民以独特的方式描绘着他们对自然、美好生活和信仰世界的理解，使民间艺术成为宝贵的文化经验。

在古代，中国疆域的广大和山河的阻隔导致了交流的困难，促成了各地区独特民间艺术的形成。尽管这些民间艺术背后反映了生活环境和生活方式的差异，但它们在主题和内容上却有相通之处，如对生存、真善美的追求以及对文化、土地的重视，这些主题在本质上是对人性需求的诗意表达。古代先民通过观察、积累和传承，创造了各种艺术形象，表达了对生活的感受和对未来的期许。我国民间艺术所承载的文化内涵实质上是身处于社会与自然之中的个体生命所表达的自身意志，而这种表达是由我们中华民族特

有的思想观念、文化意识、审美情趣决定的。这些民间艺术作为中国人共同的记忆和文化符号，成为文化认同的媒介。

第四节 | 民间艺术与现代生活

一、现代生活影响民间艺术发展

（一）现代生活决定民间艺术发展新方向

现代人的生活方式发生了巨大变化，不再满足于基本物质或传统审美需求，这与现代大众文化的转变密切相关。从传统审美文化向现代消费文化、从高雅艺术向世俗文化、从批判文化向娱乐文化、从艺术创作文化向技术生产文化、从有根源文化向时尚衍生文化的转变，直接反映了现代大众生活方式的特征：消费导向、娱乐导向、大众导向、量产导向、时尚导向。

随着现代消费文化的变革，民间艺术保护和利用也呈现多元化趋势。其发展机遇多样，传统艺术资源的创作方式和表现形式也将多样化。民间艺术的适用范围随着科学的进步得以不断扩展，由此也促进了现代艺术设计的优化和提升。与此同时，结合民间艺术文化，能够极大地丰富现代艺术设计的文化内涵，赋予其历史厚重感，从而对社会大众产生影响。民间艺术保护和利用的多元化趋势表现在以下几方面：

其一，在旅游经济背景下，民间艺术应与旅游产业相结合，以特色化、本土化吸引游客，提升旅游产品的价值，促进当地经济发展。

其二，在消费时代，民间艺术以消遣方式进入大众生活视野，民间手工艺产品不断发展，消费者参与度不断提高。将民间艺术纳入现代大众文化生活，活化其生态，提高其现代生活影响力。

其三，随着人们对民间艺术重视程度的不断提高，强大的文化产业链逐渐形成。此时可以发展多样化的文化市场，融入民间艺术，从而形成特有的文化品牌。

其四，民间艺术不单纯是手工艺人为个人生存的劳作，也不再只是在特定的区域、艺人之间传承，而是作为地域形象、文化符号带动当地经济发展。

在当下的文化语境中，传统的文化生态正经历着不断的重塑与建构。民间艺术一方面不断地适应新的时代诉求，围绕民众的生活、情感、观念进行自我改进；另一方面，现代社会在追求创新发展的过程中，也逐渐对于传统工艺文化产生了价值认同，由此形成了民间艺术新的文化生态。在实践层面，“新民艺”概念的构建，正在以传统工艺与当下生活相结合的崭新视角，诠释人们日常生活的真谛。

（二）现代科技推动民间艺术发展

随着科技的发展，民间艺术也会随之进行创新演变，创作的媒介变得更加丰富，呈现形式也越来越多样化，如从以前的实景艺术逐步走向多元化的创作展示。其中，数字媒体对传统手工艺而言意义重大，尤其在对传统手工艺创新发展空间和市场的拓展中，传统手工艺的再生设计和现代转化不可避免地需要考虑与数字媒体的共生关系。

1. 数字化保存与传播

现代科技，如数字化技术，为民间艺术的保存提供了新途径。通过高清摄影、录像等技术手段，可以将民间艺术作品进行数字化处理，永久保存其原始风貌。数字化传播则让民间艺术跨越地域限制，通过互联网平台向全球传播，极大地扩大了其受众范围。

2. 虚拟现实与增强现实技术的运用

虚拟现实（VR）和增强现实（AR）技术为民间艺术提供了全新的展示方式。通过VR技术，观众可以身临其境地体验民间艺术作品的创作过程；而AR技术则可以将民间艺术作品与现实世界相结合，创造出独特的视觉效果。

3. 人工智能与机器学习技术的辅助

人工智能和机器学习技术可以辅助民间艺术的分析、分类和识别工作，提高研究效率。同时，这些技术还可以用于创作具有民间艺术风格的数字艺术作品，为民间艺术注入新的活力。

（三）现代多元文化助力民间艺术发展

随着对中华传统文化理解的加深以及对多元文化的了解，民间艺术融合形式不断地丰富，在不失去对本民族文化的认同感的前提下，与现代生活多元文化的融合造就民间艺术发展的新动力。比如，当今民乐创作者、演奏者以传统民乐为主体，积极借鉴戏曲等传统艺术形式，同时吸收爵士、摇滚等音乐元素，形成一种新的文化大融合。当下，新质生产力的推进为民间艺术发展注入新的活力，激发文化领域层出不穷的创意，而创意会让中华文化不断注入新鲜血液。

在多元文化的背景下，民间艺术的形式变得更加多样化。不同文化背景下的民间艺术形式各具特色，它们之间的交流和融合可以催生出新的艺术形式。例如，将中国的传统剪纸艺术与西方的绘画技法相结合，可以创造出兼具东西方文化特色的新剪纸作品。这种形式的创新不仅拓宽了民间艺术的边界，也使其更加符合现代审美需求。

艺术作品是文化交流和理解的桥梁，通过民间艺术作品的展示和交流，人们可以更好地了解和理解不同文化之间的差异和共通之处。随着全球化的加速和多元文化的普及，民间艺术的市场需求也在不断拓展。不同文化背景下的受众对民间艺术有不同的需求和偏好，面对广阔的市场，民间艺术家需要更加关注市场需求的变化，适时适度调整自己的创作方向和风格，以满足不同文化背景下受众的需求。这种市场需求的拓展为民间艺术的发展提供了更广阔的空间和更多的机遇。

（四）新手段、新材料、新需求为民间艺术注入新思想与新活力

传统乃至现代的民间艺术作品需要手工制作，注重手工技艺和工具的使用，这种制作方式可以让艺术家在制作过程中充分体验和感受材料的特性和美感，从而在创作中充分发挥自己的审美能力。随着科学技术的发展，制作民间艺术作品的工具更加细化、轻便化，这有利于提升民间艺术的开发和利用效率。

民间艺术作品选用的材料通常是当地的自然材料，如竹子、稻草、木头、泥土等，这些材料本身就具有天然的美感。而在现代生活中，随着审美观念的不断发展，人们对于材料上的考究和应用也变得多元，这就要求设计者寻找合适的材料，让民间艺术的作品更加细腻并具有美感。

现代大众审美能力不断提高，对于传统艺术的关注促使民间艺术需要不断地进行创新性设计。民间艺术作品的设计通常基于当地的民俗文化与生活方式，注重与生活的联系，体现出浓郁的民族风情和地方特色。而如今随着信息传播的发展，具有传统特色的民间艺术也随之发生变化，与不同文化相互融合，让大众看到具有传统韵味的当代设计。

二、在现代生活中融入民间艺术

我国历史悠久，民间艺术在漫长的发展过程中成为传承历史的重要载体，成为中华民族文化的重要组成部分。民间艺术的生存和发展离不开特定的社会文化背景。随着时代的变迁，现代社会文化形态日趋丰富，同时面临外来文化的不断冲击，我国民间艺术正经受着前所未有的挑战，很多民间艺术形式濒临灭绝或已经灭绝，在此背景下如何在现代生活中融入民间艺术备受社会关注。

民间艺术生存和发展的最佳途径是融入现代生活，即将传统生活方式下产生的艺术与现代生活相结合，使之产生新的生命力。比如，将民间艺术所特有的传统装饰图案符号、文化精神与旅游产业相结合，开发旅游文化产业，就是将民间艺术融入现代生活的一种途径。

（一）充分利用民间艺术传统装饰图案及符号

民间艺术传统装饰图案体现着各个时代的审美观，映照出人们的生活观念和传统习俗。深入研究历代民间艺术传统装饰图案的创作特点和手法，有利于促进现代装饰设计创新与发展，增加现代生活的多样化内涵。

民间传统装饰图案的发展始终贯穿着一条主线，即民众对美好生活的希望与憧憬，对吉祥与幸福的渴求。这类图案在造型上以大为主，以少胜多，其模糊的数字观念带有一定的象征意味，祥即是美，美即是祥。在色彩上，具有抽象化和象征性的特点，在色

彩运用上不受自然色彩的客观局限，形成中国传统色彩理念，即崇尚赤、青、黄、白、黑五色学说。

一个优秀的民间艺术传统装饰图案不是自然和生活的直接再现，而是经历了民间思维和智慧的再创造。自然和生活是民间艺术图案的母体，民间艺人的智慧和创造是图案的灵魂，只有将这两者充分结合，在传统中汲取养料，图案才能在新时代蜕变新生，健康发展。如今人们对日常生活中的一些事物司空见惯，意识不到民间艺术潜移默化的作用。中国的现代设计是中华民族文化的一部分，它割不断与本土文化的联系，所以，许多成功的设计作品，包括一些被国际设计界认可的典范，都将传统符号与现代元素相结合，这种创意方式已成为现代艺术中的一种创作模式。1998年北京申奥标志便是一幅中国传统手工艺术品——中国结的图案。

（二）提升民间艺术工艺对现代生活的积极影响

当一项技艺越来越少地出现在社会日常生活中时，它的式微和消亡几乎是必然的。自“工艺美术运动”兴起以来，民间艺术重新回到现代人的视野中，并成为一种风潮。现今，年轻一代的新生设计力量不仅在研究这些位处“过去维度”的工艺方式，也通过个性化现代设计语言，让这些或许已不符合当代社会功能和审美的民间艺术重获新生，并呈现出新的生长特性。

振兴传统民间工艺，目的不是复古，而是传承中华民族数千年来创造发展的造物文化，汲取生活美学的精髓，不断发展和塑造具有民族特质和合理性的生活文化。特别是传统民间工艺与人们的衣食住行用密切相关，具有塑造生活、建构生活的重要意义，可以服务于今天的生活日用，服务于国计民生。当下人们的生活方式发生改变，这就要求民间工艺产业从业者转换思维模式，使文化服务富含新价值，这种新的价值还要转化为新的民间工艺文化产业的一部分，以满足民众在当代生活中对新的生活品质、审美的追求。比如，在现代化潮流影响下，民众的日常消费习惯发生改变，人们对民间工艺的实用性需求有所降低，审美需求不断提高，富含艺术性或创意设计性的产品有广阔市场，因此民间工艺文化产业可在文化产品的打造上突出精神消费需求。再比如，现代生活节奏加快，人们逐渐认识到休闲型、慢节奏生活的重要性，染织刺绣、金属工艺、编织扎制、髹漆、造纸、印刷装帧、制笔、制墨、颜料制备以及其他民间工艺都可融入高品质的现代设计元素，使消费行为成为一种艺术享受过程，提高人们的生活幸福指数。总之，民间工艺是历史、现实与未来的集合体，关系着人的本质创造力。只有落地于当代生活，民间工艺才能真正走入人的内心，体现出历史价值和现代价值，而不只是走进博物馆作为历史文化发展进程中的化石。从这个意义上看，我们既要从民间工艺的造物观念、技艺等角度审视历史，又要立足当下、立足生活，促进民间工艺的传承发展。认识民间工艺的传承、生产与创新的意义，重新审视其文化价值，将进一步激发民间艺术创新发展的内生动能，让民间艺术更好地服务于当代生活。

三、利用民间艺术价值提升大众生活品质

美学价值、社会价值是民间艺术最为珍贵的价值，这种价值具有全局性和丰富性，因而是永恒的，是一切上层艺术、文人（艺术家）艺术无法相比的。民间艺术的美学价值主要有以下两个方面。

1. 人类文化美学史的实录

审美活动是人类的精神活动，也只有从人类史发展的方向上，才能探索到美的奥秘。从历史维度看，民间艺术由于是集体表现的产物和综合文化的体现，因而能较完整地呈现人类文化美学史。只有通过民间艺术，我们才能全面地了解人类是如何在改造客观世界的过程中改造自己，从而形成种种思维模式的假设来与客观世界沟通的。当我们回望漫长而丰富的文化美学史之后，就会豁然开朗：美原来是这样形成的。因而，只有从人类产生以来的群体艺术发展史（即广义的、包含原始艺术在内的民间艺术史）这个全局的角度来考察研究，才能解答美学的一系列重大问题。包含原始艺术在内的民间艺术是历代艺术发展的基因本源，它作为文化遗产与精神财富，有着重新被认识、开发的无限可能性。

2. 永久的魅力和高不可及的范本

马克思指出，古代艺术是人类童年的纯真表现，体现着人类的“固有的性格”，即人类本质。民间艺术同样如此。民间艺术一方面以“永久的魅力”带给人类纯真的感悟和生命的欢乐；另一方面，它直接体现了艺术的本质、美的本质，其世代传承的严格规范，又成为美学上“高不可及的范本”，引导、滋养着历代各种艺术和美学的发展。长期以来，世界文化艺术学者纷纷来华考察，研究我国民间艺术，对开采这一美学“富矿”表现出极大的兴趣。事实证明，民间艺术是人类本源的艺术，随着时代的发展，民间艺术的自身价值自然会得以展现，它那单纯、简练、淳朴、明朗的原始意味会逐渐被后人所接受。

传承与创新民间艺术，将其融入日常生活，可以提升大众对民间艺术的认知和欣赏水平，丰富其精神生活。同时，可以发挥民间艺术的社会价值，通过开展相关活动可以增强社区凝聚力，促进经济发展，传承文化记忆，进而促进社会和谐发展。因此，社会各界应高度重视民间艺术的保护与传承工作，让民间艺术在提升大众生活品质中发挥更大的作用。

第二章

历史上的民间艺术

学习目标

- 掌握民间艺术在不同历史时期的发展状况，以及它与当时社会、经济、文化的关联。
- 熟悉各种民间艺术形式（如剪纸、刺绣、泥塑、漆器、版画、皮影戏等），并了解它们各自的独特风格和制作工艺。
- 探讨不同历史时期的民间艺术在传承传统文化、反映民众生活、表达民族情感等方面的作用和意义。
- 通过欣赏和分析历史上的民间艺术作品，提高对民间艺术美的感知和理解能力。在理解的基础上，热爱中国传统文化，具备家国情怀、公益意识、使命担当，树立文化自信，能够传承、创新、传播中华优秀传统文化。

学习重点

了解民间艺术在不同历史时期的发展变化，以及影响这些变化的主要因素。深入了解历代典型的民间艺术形式，包括它们的起源、制作工艺、艺术特色等。

学习难点

掌握鉴赏民间艺术作品的技巧。

第一节 | 春秋战国民间艺术

春秋战国时代跨越了500多年的时间，为社会带来了巨大的政治、文化和思想上的变革， 特别是周王朝后期礼制逐渐松动，各诸侯国势力逐渐增强，为民间艺术的发展提供了空间。与百家争鸣、学术自由息息相关的民间艺术迸发出无限的活力，尤其是舞蹈、音乐、服饰、染织、漆工艺等方面的相关作品构思巧妙、清新、活泼，反映了当时社会文化的多样性和变革。

一、春秋战国民间舞蹈

在战国时期，社会政教伦理等级的崩溃导致原有的礼制被放弃，诸侯们不再遵循天子的礼数，时常出现僭礼的行为。在这样的社会背景下，各类民间舞蹈蓬勃发展，勇于表达自己的独立性，形成了丰富多彩的舞蹈文化。民间舞蹈注重描绘现实生活，从内容到形式都展现出强烈的生命情感和生机勃勃的活力。燕赵之地的战国舞蹈传承久远，至今仍有一定的流传，在《诗经》《楚辞》等典籍中有大量描写舞蹈场景的内容。《诗经》中记载了男女青年在桑间濮上之乐中相互倾心、欢聚表演的场景。这些描绘是战国时期舞蹈文化的生动写照（表2-1）。

表2-1 《诗经》相关舞蹈段落歌词

篇名	描绘舞蹈的歌词	内容	形式
王风·君子阳阳	左执簧，右招我由房。左执翿，右招我由敖	丈夫邀妻子舞蹈	男女合舞
郑风·萚兮	叔兮伯兮，倡予和女	少数民族男女对歌	类似彝族“跳月”“踏歌”之舞
齐风·猗嗟	舞则选兮，射则贯兮	赞美男子射箭技术	男子弓箭舞蹈
陈风·宛丘	子之汤兮，宛丘之上兮。坎其击鼓，宛丘之下。坎其击缶，宛丘之道	描绘巫女跳舞情景	巫舞
陈风·东门之枌	子仲之子，婆娑其下。不绩其麻，市也婆娑	男女聚会，相互赠答	男女集体歌舞

战国宴乐渔猎攻战纹图壶：这件青铜器生动地刻画了当时的民间乐舞场景。壶的上腹部，分为两组画面。左面一组为宴享乐舞的场面，七人在亭榭上敬酒如仪，榭栏下有二圆鼎，二奴仆正从事炊事操作。下面是乐舞部分，簨簴上悬有钟磬，旁立建鼓和丁宁，图中三人敲钟，一人击磬，一人持二桴（鼓槌）敲打鼓和丁宁，尚有一人持号角状的吹奏乐器在演奏，表现了载歌载舞的热闹场面（图2-1、图2-2）。

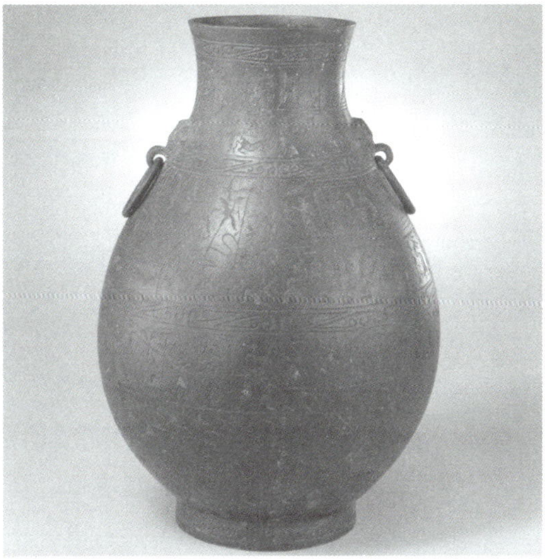

图2-1　宴乐渔猎攻战纹图壶（故宫博物院藏）

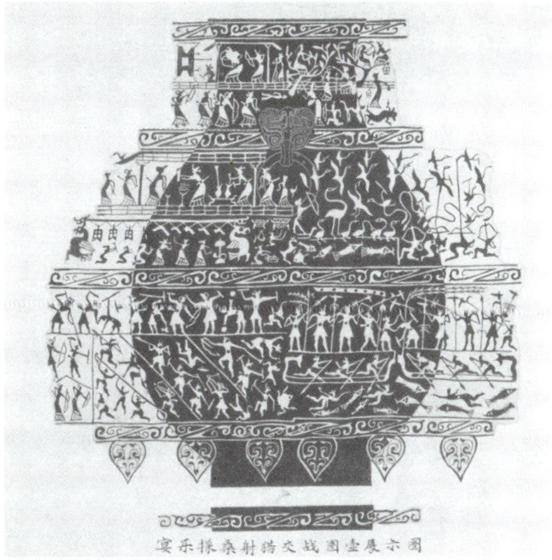

图2-2　宴乐渔猎攻战纹图壶拓印纹样

二、春秋战国民间音乐

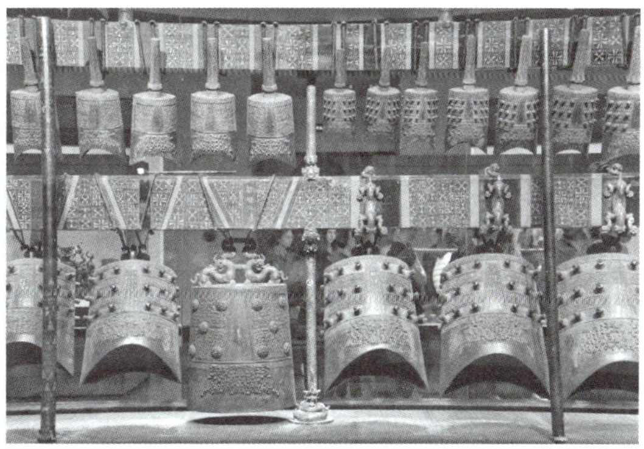

图2-3　曾侯乙编钟（湖北省博物馆藏）

在春秋战国时期，随着周王室的衰微，地主阶级纷纷创建了私学，这一举措大大增加了各阶层接受教育的机会，对当时音乐文化的发展产生了积极的推动作用。同时“百家争鸣”的局面出现，对音乐思想文化也产生了深远的影响，使得民间音乐达到前所未有的繁荣。这一时期的民间音乐蓬勃发展，音乐活动广泛普及，表演者主要为女性，舞蹈动作夸张，以娱乐性为主导。春秋战国时期的音乐可以在《诗经》中找到记载。《诗经》主要分为颂、雅、风三种曲调：颂是带有舞蹈元素的祭神歌曲，伴奏乐器有琴、磬、钟等；雅为朝廷中的曲调，伴奏乐器有琴、瑟、笙、钟、磬等；风则指各国民间流行的曲调，伴奏乐器有琴等。当时的乐器更加精致，除了琴、瑟、笙、钟、磬之外，还有竽、筝、筑等民间流行的乐器。除了独奏外，当时还出现了规模较大的合奏，音乐活动丰富多彩。

曾侯乙墓出土的编钟、编磬：从文献记载和出土实物来看，曾侯乙墓出土的编钟和编磬是春秋战国时期乐器的杰出代表，反映了当时人们对音乐的热爱和重视。编钟由65件青铜钟组成，体量庞大，音域跨足五个半八度，具备完整的五声、六声、七声音阶，铸造技术高超，音乐性能良好，体现了当时先进的乐器制作技术（图2-3）。

三、春秋战国民间服饰

春秋战国时期，各诸侯国因其独特的文化和习俗，形成了各具特色的服饰风格。但各诸侯国服饰也有共性，即无论是男是女，无论是贵族还是平民，都以深衣为主要的服饰，这一风格起源于周代。深衣的特点包括右衽、方领、圆袖、长身、下裳，衣襟盘曲而下形成曲裾，使上衣与下裳连为一体，领、袖、下摆处均有缘边，需要束腰加带，是一种宽大的衣裳。

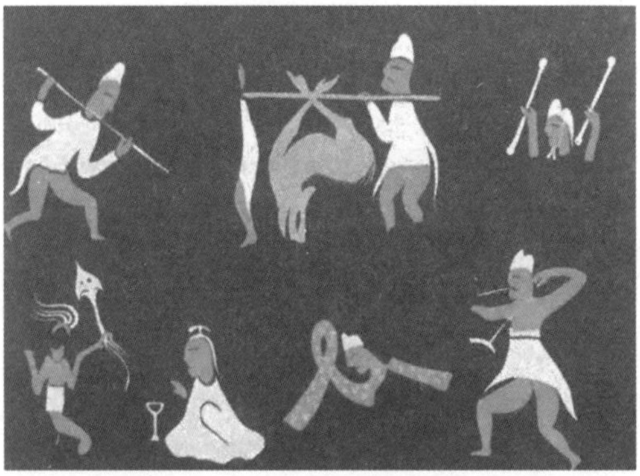

图2-4　漆瑟彩绘人物（河南省博物院藏）

中山国出土短裳：短裳分为平摆短裳和垂摆短裳。平摆短裳的腰带系结于背部，长度至大腿，下摆平整，有条带边饰。垂摆短裳则下摆不规则，呈绦状。在狩猎时，他们可能佩戴羽冠，搭配垂摆短裳；而在日常劳作中则不佩戴首饰，着平摆短裳，长度从膝盖到脚踝，能够随风摆动。河南信阳战国楚墓出土的漆瑟彩绘人物服饰就类似于垂摆短裳（图2-4）。

四、春秋战国民间染织

春秋战国时期，染织的进步和创新在刺绣纹样和刺绣工艺技术上表现得尤为突出。相较于商周时期初级阶段的织锦和刺绣技术，春秋战国时期的技术有了显著的发展。农村普遍开始种桑植麻，进行纺纱和织造，染织工艺也得到了迅速的提升。

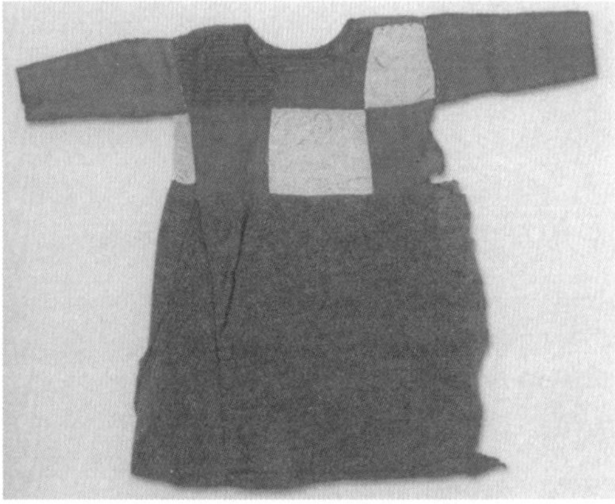

图2-5　春秋战国儿童连衣裙
（摘自《百衲织物的历史发展与审美传承》，作者：吴训信）

百衲织物：百衲织物是春秋战国的一项重要创新。目前发现的最早百衲织物出现在春秋战国时期，上身采用多块红、白色平纹毛布和网格纹毛布拼接缝制而成。这表明在这一时代，已经有了将碎布块拼缝成整体服饰的技艺，并应用到织物中（图2-5）。

刺绣和织锦纹样：春秋战国时期刺绣通常是在绢或罗上用墨或朱砂绘制纹样，然后使用彩线进行绣制。织锦的出现则表明春秋战国时期已经使用较为先进的提花脚踏斜织机。这些织锦和龙凤、翟鸟纹样刺绣的出现，突显了春秋战国时期在染织纹样领域的技术进步和创新（图2-6、图2-7）。

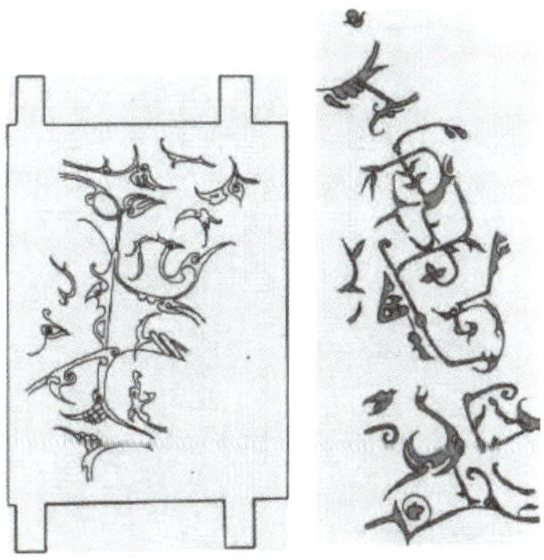

图2-6 战国变体龙凤纹刺绣棺壁纹样

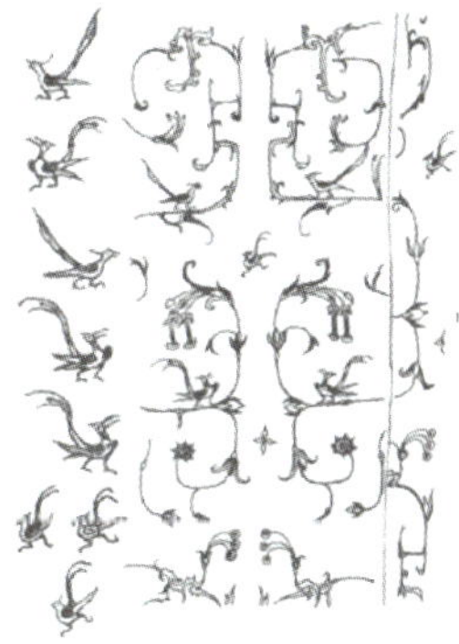

图2-7 战国翟鸟穿花纹刺绣鞍褥面纹样

五、春秋战国民间雕塑

春秋战国时期，雕塑表现了多样化的社会形象，比如武士、侍从、乐伎和舞人等，展示了不同社会地位的人物，这标志着雕塑在反映社会生活方面迈进了一大步。这一时期的雕塑手法也逐渐摆脱了程式化，呈现出更为写实和生动的特点。尽管雕塑仍然保留了强烈的装饰件，但雕塑的形象开始变得更加细腻，尺寸较小，处于初步发展阶段。比如在章丘女郎山战国墓1号陪葬墓中，发现了乐舞陶俑，其造型精美玲珑，内容丰富。然而，人物面部表情缺乏变化，显示出战国时期陶塑工艺仍处于发展阶段，与秦汉时期工艺纯熟的陶俑有所区别（图2-8）。

战国持剑武士木俑：战国时期的楚国墓葬中经常有木俑的存在。这表明楚墓葬中的木俑随葬现象较为普遍，而且种类繁多，包括侍俑、乐舞俑、武士俑和杂役俑等。其中，武士俑是数量较多的一类，以持剑武士俑为主要类型。持剑武士俑的雕塑形象生动（图2-9）。

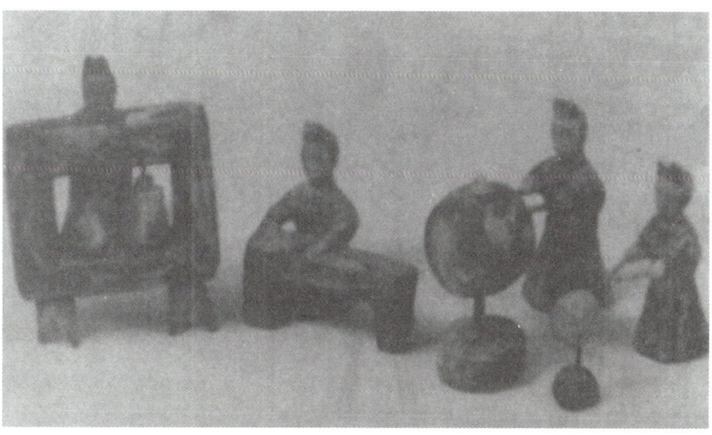

图2-8 章丘女郎山战国墓1号陪葬墓乐舞陶俑
（济南市章丘区博物馆藏）

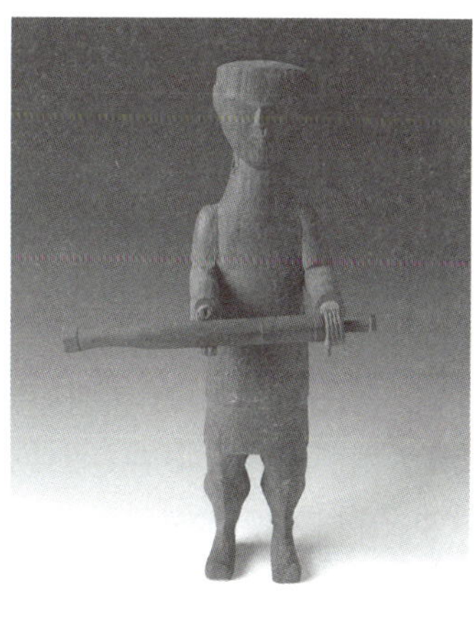

图2-9 持剑武士木俑
（湖南省博物馆藏）

六、春秋战国民间漆工艺

战国时期，漆器逐渐取代了青铜器，成为当时社会器物的主流。战国漆器的色调主要以红色和黑色为主，通常在器内涂以朱红色，而外表则髹上黑漆，这种黑红相对比的搭配共同衬托出器物的典雅大气、庄重沉稳，同时呈现出强烈的装饰效果。木胎是战国漆器的主要基材，同时也有陶胎、铜胎、皮胎等。各地出土的战国漆器以河南信阳、湖南长沙和湖北江陵为主要产地。

战国彩绘漆鹿角镇墓兽：彩绘漆鹿角镇墓兽是一种典型的战国漆器造型，采用斫木胎，座上插有单面兽头，口吐朱漆长舌，双目外凸，兽头上插有双鹿角。整体髹上黑漆，座上绘有朱、白彩的兽面纹，兽身绘有朱彩S形卷云纹和菱形纹等。这种镇墓兽是楚墓中常见的随葬器物，具有独特的造型，带有强烈的神秘意味和浓厚的神话色彩。战国漆器的色调主要以红色和黑色为主，通常是器内涂以朱红色，而外表则髹上黑漆，如曾侯乙墓中外棺、内棺中的漆绘（图2-10、图2-11），黑红对比的搭配显得典雅大气、庄重沉稳，同时呈现出强烈的装饰效果。

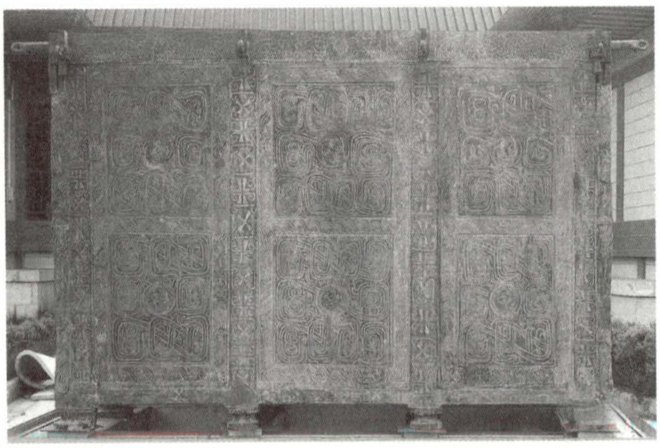

图2-10　曾侯乙墓外棺

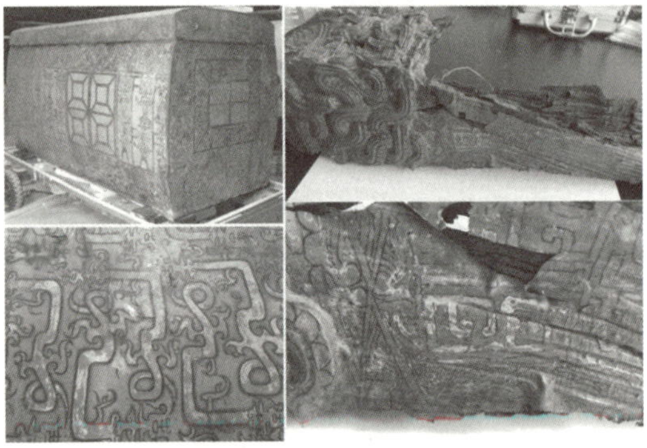

图2-11　曾侯乙墓内棺及其局部彩绘（湖北省博物馆新馆藏）

战国彩绘漆几何纹方耳杯：战国漆耳杯在其装饰和造型上，反映了战国时期社会文化的独特面貌。如战国时期彩绘漆几何纹方耳杯，厚木斫胎，杯口呈椭圆形，弧壁，平底，方形耳；器内髹以朱漆，而双耳及杯外壁则髹以赭色漆，耳面绘几何纹，两端侧面绘涡纹（图2-12）。

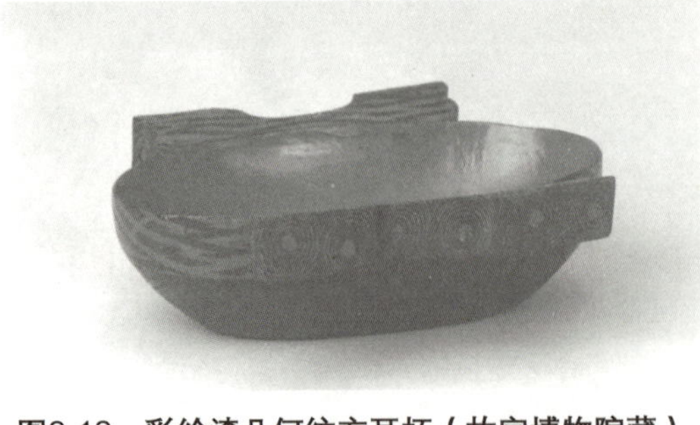

图2-12　彩绘漆几何纹方耳杯（故宫博物院藏）

第二节 | 汉代民间艺术

汉朝是继秦朝之后的大一统王朝，分为西汉、东汉两个时期，是一个强大的封建政权国家。在国家统一、经济稳定发展、轻徭薄赋的情况下，人口不断增长，文化持续繁荣，民间艺术发展迅速，而且趋向统一，对社会生活的关怀已经成为绝对的主流。民间艺术表现在作品上，既有各种实用至上的设计与制造手法，又有自由与充满活力的装饰，呈现出地方特色，表现在汉代画像石、陶塑、灯具、服饰、剪纸、陶瓷、漆器、刺绣染织等多方面。汉代的民间艺术继承和发扬了先秦多种艺术形式，造型意识从萌芽逐渐趋于成熟。

一、汉代民间画像石、画像砖

汉代画像砖和画像石主要分布在山东、河南、江苏、四川等地区，画像砖以河南、四川出土最多，呈现的造型直接受到文化、经济、政治、墓葬习俗等诸多因素的影响，题材丰富、简单而生动的表达方式让一砖一画都透露着一种古老信仰。升仙是汉代较为盛行的追求，仙境与升仙也是石棺画像上最多的内容。雕刻方式以高浮雕为主，阴刻线、阳刻线为辅，表现出朴厚的艺术韵味，质朴生动，图案形象饱满立体，具有极强的视觉空间感，深刻揭示了民众对于过往生活沉浸式的热爱和留恋，体现出一种独特的汉式生活美学。

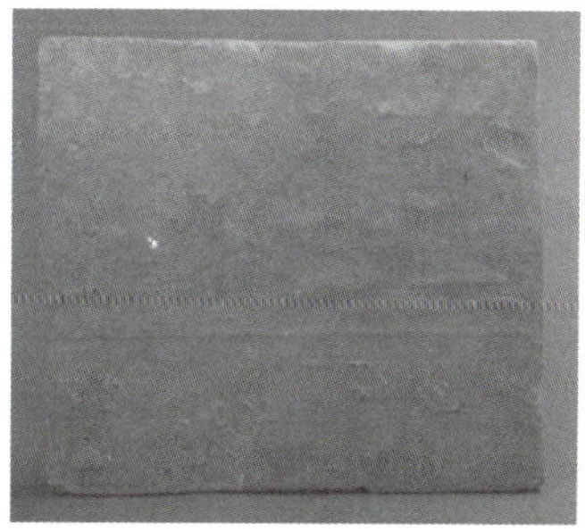

图2-13 收获弋射画像砖
（四川博物院藏）

四川东汉收获弋射画像砖：成都出土的收获弋射画像砖，上半部分是弋射图案，下半部分是丰收图案，反映了当时的收割、狩猎和制盐等生产活动（图2-13）。

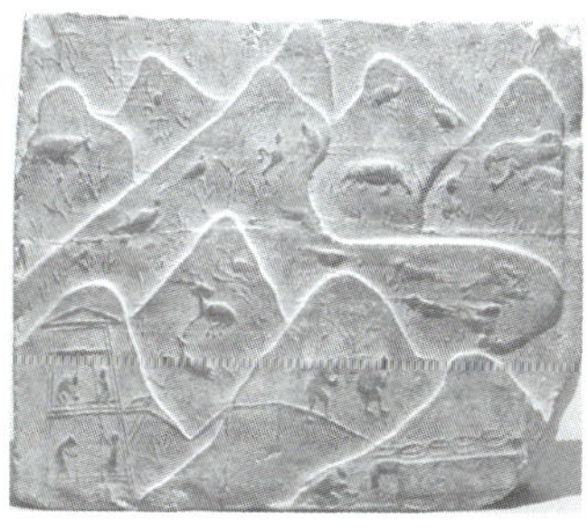

图2-14 盐井画像砖
（成都博物馆藏）

四川邛崃市花牌坊区出土的东汉盐井画像砖：山体层次分明，前后错落有致，雾气萦绕在山水间，画面前后空间感强，其线条婉转有力（图2-14）。

二、汉代民间陶塑

两汉时期，随着经济的复苏和社会的全面发展，陶塑作品出现了有别于秦朝时期的新特点。汉代陶塑作品中对人物、动物形象的刻画，更多的是强调以整体的形式来把握事物的精神意蕴，重视刻画传神的部分，不拘泥于细节的真实性。汉代陶塑是一种源于生活、反映生活的艺术，它植根于民俗土壤之中。

成都市郊天回山出土的“说唱俑”：“说唱俑”赤裸着上半身，肚皮高高隆起，右手举着鼓槌，露出一口白牙，笑容满面，整个身体的动作给人一种强烈的戏剧感（图2-15）。

河南辉县东汉墓绿釉陶狗：东汉墓葬出土明器绿釉陶狗，其四肢呈圆柱式，脚趾短小，矫健有力，显示出一种具有动势与神韵的自然写实美感（图2-16）。

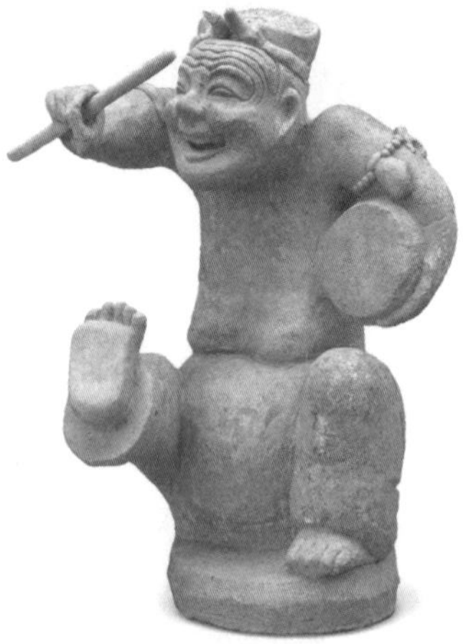

图2-15　说唱俑（中国国家博物馆藏）

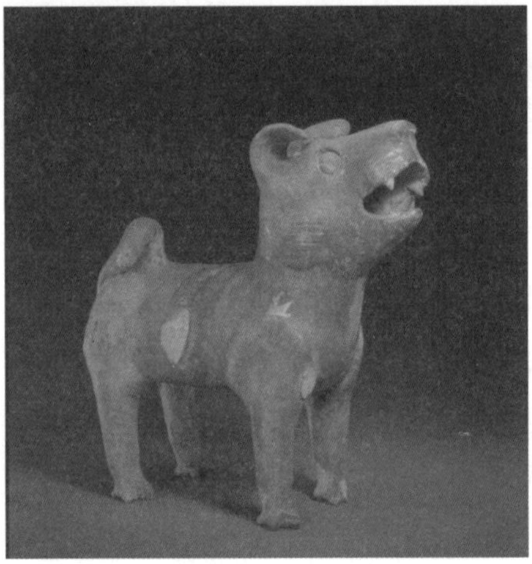

图2-16　绿釉陶狗（故宫博物院藏）

三、汉代民间灯具

东汉中晚期，陶瓷灯逐渐流行起来。灯具发展到汉代，式样已经多种多样，现存大多为青铜灯具，还有少量的陶制灯具与玉制灯具。灯的造型多为豆形，其他有人物形、动物形、连枝形、盒子灯等。

承盘豆形陶灯：出土于赫章可乐遗址20号墓，其灯盘为敞口浅盘状，用于盛放灯油或灯芯；灯柱连接灯盘与底座，确保灯具稳固；底座则采用喇叭形或覆钵形设计，既增加稳定性又兼具美观性；承盘位于底座下方，有效防止油渍滴落，保持地面清洁（图2-17）。

汉墓陶俑灯：出土于广西贵港的陶俑灯，人物形象刻画细腻，造型传神丰满。躯体敦厚，呈蹲坐姿势，其憨实的形象跃然于眼前。图2-18、图2-19所示的两件陶俑灯胡人特征鲜明，是汉代海上丝绸之路繁荣的佐证。

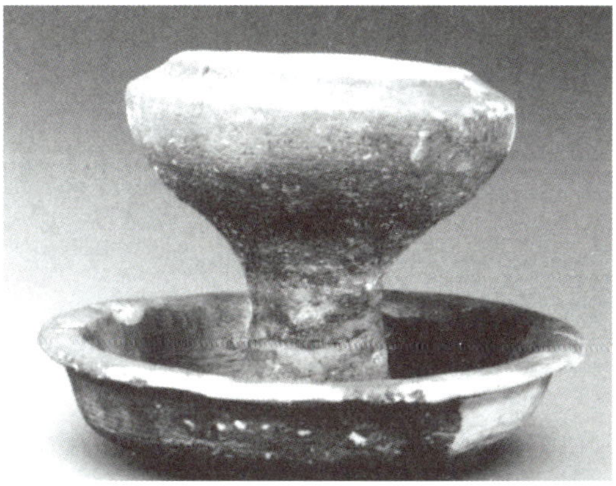

图2-17　承盘豆形陶灯（赫章可乐20号墓出土）

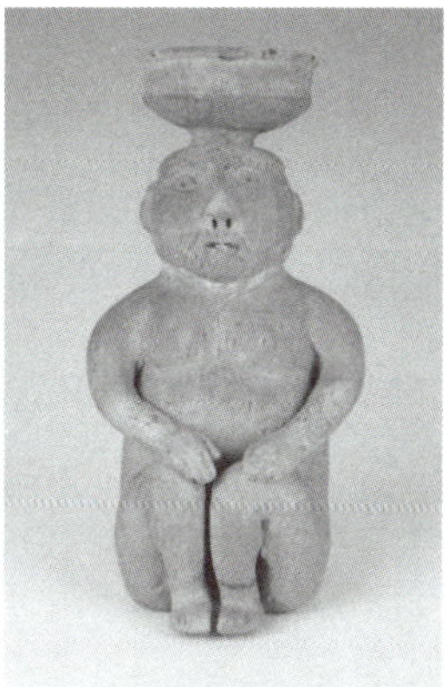

图2-18　陶俑灯（1）（贵港市博物馆藏）

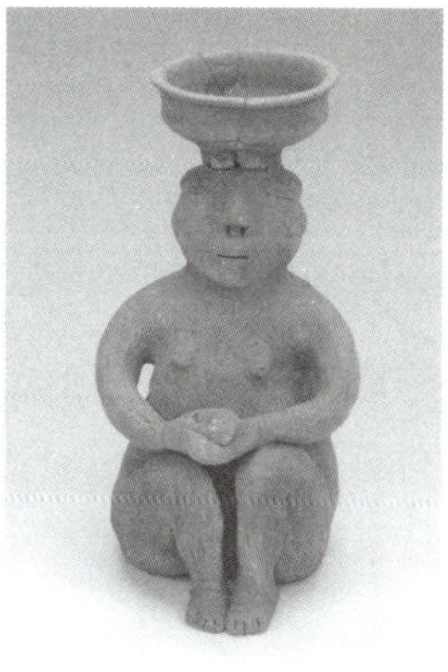

图2-19　陶俑灯（2）（贵港市博物馆藏）

四、汉代民间服饰

汉代的民间服饰款式多样，既有长袍、短衫、长裤等常见款式，也有一些特殊款式，如曲裾深衣等。这些款式满足了人们日常生活的需要，也体现了当时社会的风俗习惯和审美观念。当时平民阶级的服装比较纤细，趋向于合体，注重服装的实用性，且厚重不讲究细部，更增添了朴素、自然的美学意蕴。

庖厨陶俑：重庆市忠县㽏井沟出土的庖厨陶俑，现藏于四川省文物考古研究院。庖厨陶俑挽起袖子，蹲在桌前，左手按在鱼头上，右手作切割状，神态逼真，鱼也被描绘得栩栩如生。虽然他穿着朴素，但是从中我们能看到其个人生命的自由舒展（图2-20）。

印花敷彩丝绵袍：印花敷彩丝绵袍出土于长沙马王堆一号汉墓，现藏于湖南博物院。绵袍印制线条流畅，层次分明，技艺绝佳。印花和彩绘的融合，是技术史上的一次重大变革，体现了我国古代民间艺术的审美水平（图2-21）。

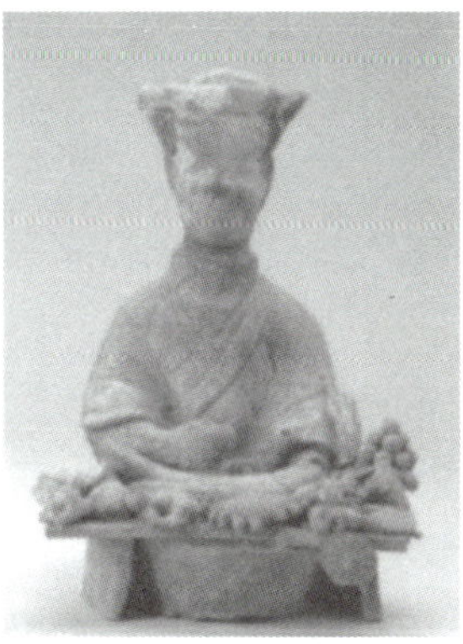

图2-20　庖厨陶俑（四川省文物考古研究院藏）

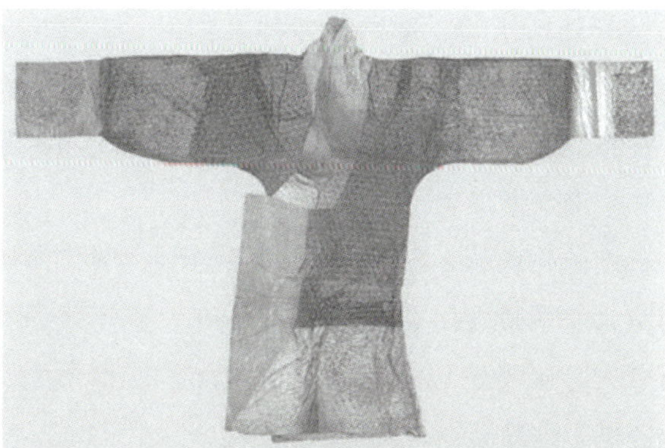

图2-21　印花敷彩丝绵袍（湖南博物院藏）

五、汉代民间剪纸

东汉造纸术发明以后，剪纸才真正开始发展。汉代的剪纸作品讲究骨法，轻神气，讲究结构。造型样式丰富多样，题材广泛，涉及神话、动物、植物等。其表现的题材和构图也深受汉画像石和画像砖的影响。纹饰题材有四神、翼虎、鸟兽、昆虫、植物、云纹、文字，以及云与字、云与动物等，出现了以瓦当心乳钉分隔画面的布局形式。

四神剪纸：汉代是中国剪纸艺术的黄金时期，其中四神剪纸尤为突出，它们分别代表了东、西、南、北四个方向，即青龙、白虎、朱雀和玄武。这四种神兽在中国传统文化中具有深远的影响，被视为吉祥、避邪的象征（图2-22）。

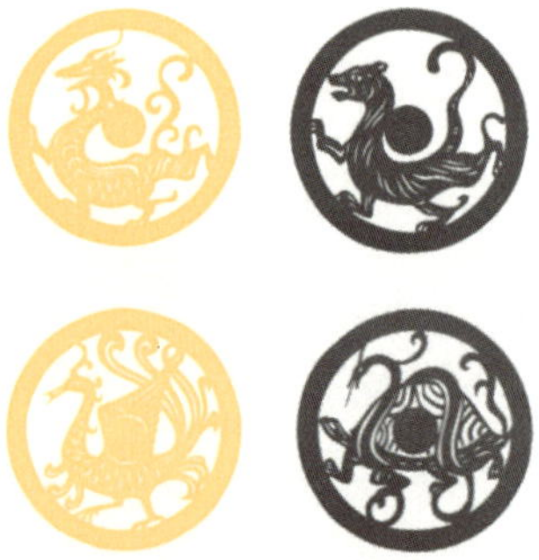

图2-22　四神剪纸

六、汉代民间陶艺

汉代是中国陶瓷发展史上的一个重要时期。汉代民间陶瓷在造型上有五联罐、盘口壶、双系罐、碗、洗、盘、刁斗和耳杯等形式，以鲜明的色彩和极具神韵的雕工为特征，表现手法质朴自然，器型规整，艺术风格雄浑奔放。尤其是到了东汉，陶瓷民间工艺发展到了一个新的高度，既与时代的丧葬习俗相结合，又与儒家思想相融。民间陶艺采用丰富多样的题材和形式。常见的纹饰包括几何纹、植物纹、动物纹以及人物纹等。这些纹饰通过刻划、压印、彩绘等多种工艺手段表现出来，富有生动感和立体感。汉代彩陶造型风格则力求简约自然，注重意象的表达与结构的稳固，同时又通过形态的变化和装饰来增加美感。

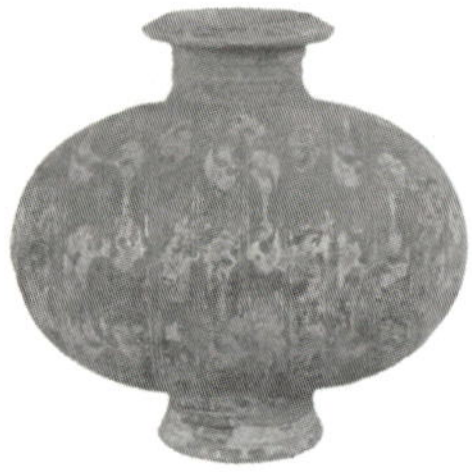

图2-23　彩绘茧形陶壶（河南省鹿邑县长军古陶瓷博物馆藏）

彩绘茧形陶壶：壶身为横向椭圆形，唇口微敞，短颈内敛，下承圈足，泥灰陶器，胎细，整体线条流畅而富有张力，壶身饰以红白为主的纹饰，使整个壶身显得古朴庄重、清新亮丽（图2-23）。

弋射俑：东汉灰陶弋射俑，表情专注，惟妙惟肖，线条流畅，展现出汉代民间陶艺的独特风格（图2-24）。

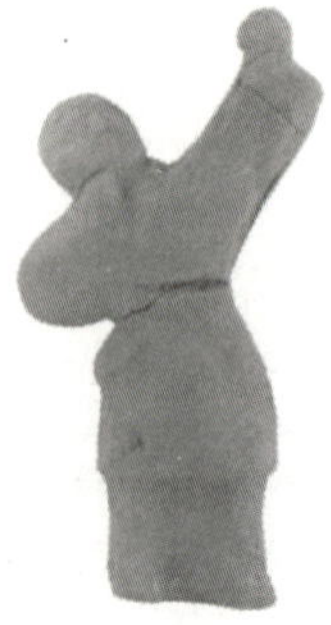

图2-24　弋射俑（四川博物院藏）

七、汉代民间漆器

汉代民间漆器在工艺、造型和装饰等方面都取得了巨大成就，主要有木胎和夹纻胎两种，也有少数的竹胎。漆器多为日常生活用品，如盒、耳杯等，也出现摆件和挂件。汉代工匠们运用浅刻、深雕、镂空等多种技法，使漆器的表面呈现出丰富的纹理和图案。汉代的漆器工艺和纹饰，尤其是富有生命力的线，在漆艺发展史上是前所未有的。漆画也是基于这一点而发展的。现存比较完好的有湖北省江陵凤凰山、云梦大坟头等墓葬中出土的漆器，其数量之多、品种之多，令人叹为观止。汉代漆器灵动优美，还带有强烈的装饰性。

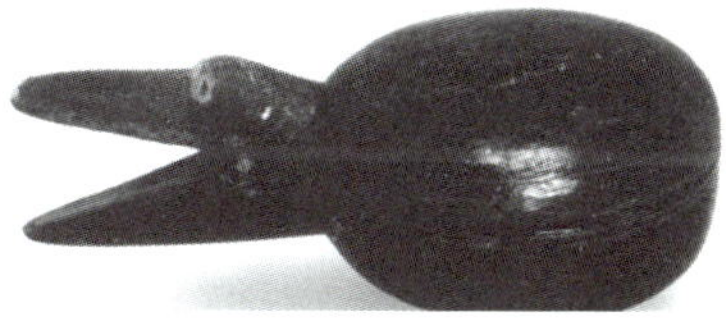

图2-25 彩绘鸭嘴形柄漆盒（安徽博物院藏）

汉代彩绘鸭嘴形柄漆盒：彩绘鸭嘴形柄漆盒造型美观大方，装饰性极强。整体以黑为主色调，配以红色作为点缀，图案简洁，线条流畅，端庄大方，不失柔美，是汉代小件漆器中的精品（图2-25）。

八、汉代民间刺绣、染织

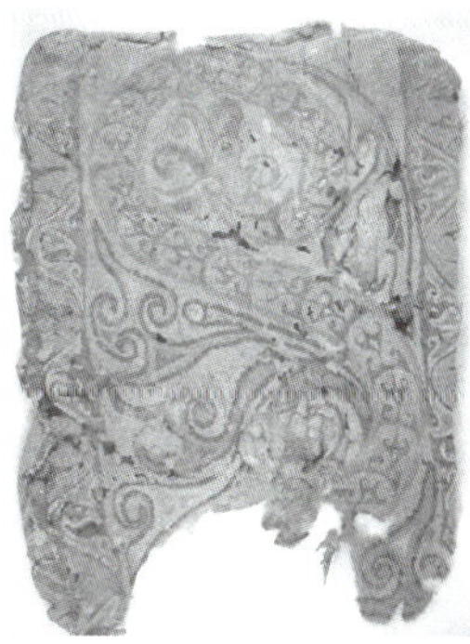

图2-26 黄色毛布刺绣残片（新疆洛浦县山出土）

汉代养蚕、织造、印染、刺绣等生产工艺技术全面发展，且日趋成熟。汉绣的针法结实耐用，十分实用，并用多种织物装饰技法，如刺绣、绣花、织锦等，在织物上制成各种图案，从而使其更加精美。同时，在织造方面，汉代人采用了多种织造技法，如经纬交错、密度变化等，这些技法使得织物更加坚韧、柔软。在图案手法上，主要有对称、平衡、节奏、变化、S形等构图方式。

黄色毛布刺绣残片：该刺绣残片呈现出S形的蛇身，其头上戴着一顶凤凰般的王冠，是典型的S形构图方式（图2-26）。

烟色绢地信期纹刺绣残片：历经千年保存完好，纹饰精美，其单元构图中有眼状如意云形纹样，似鸟头也似兽体，延续了先秦刺绣的浪漫主义色彩（图2-27）。

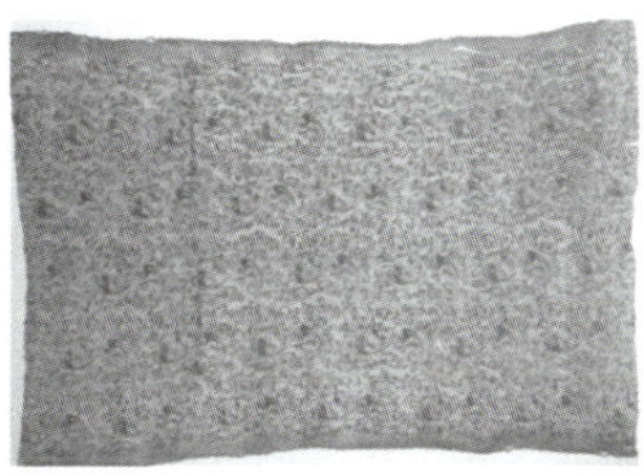

图2-27 烟色绢地信期纹刺绣残片（湖南博物院藏）

九、汉代民间玩具

汉代的民间玩具材质和造型多样。据文献记载有假头、面具、竹马、泥车、瓦狗等。在汉代遗址中，还发现了一些小工艺品，主要有人形和动物形，如小陶龟、陶猪、绿釉人哨、绿釉陶狗、绿釉变形青蛙、绿釉陶鱼等。

鸠车：除了使用常见的木头、泥土等来自大自然中的材料制作玩具之外，其他材料也出现在玩具当中。鸠车是一种在汉代十分盛行的幼儿玩具。鸠车整体呈鸟形，两侧装有两个轮子，轮子可以旋转走动，胸口有一个可以穿过绳拉行的圆形小环，有些还带着铃铛（图2-28）。

投壶：汉代风靡全国的娱乐项目——投壶，从皇帝到平民，人人喜爱（图2-29）。

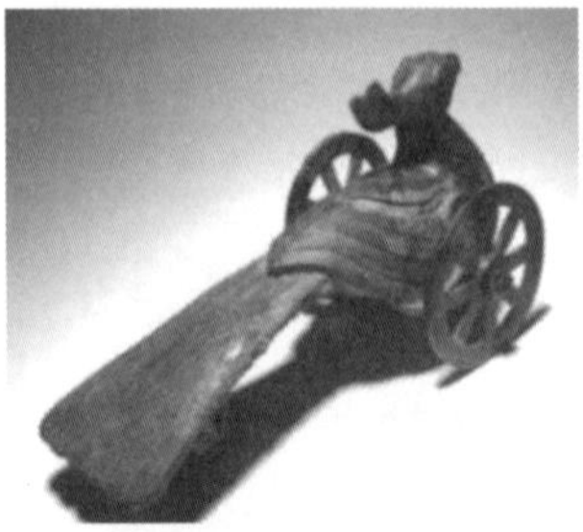

图2-28 汉鸠车（新郑博物馆藏）

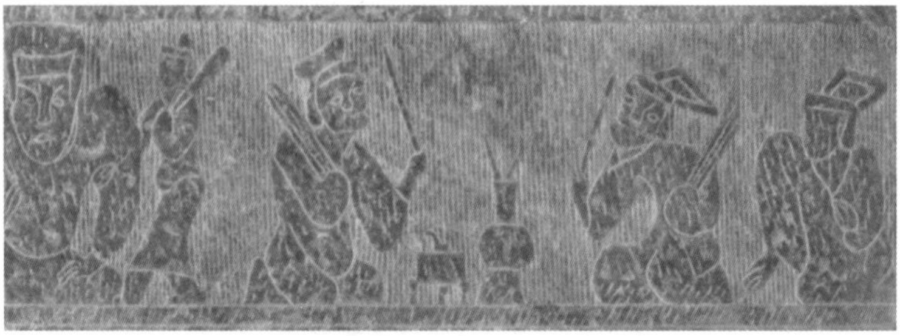

图2-29 投壶画像石（南阳汉画馆藏）

十、汉代民间杂技

汉朝建立以后，相对安定的社会秩序对文化、民间艺术产生了某种促进作用。歌舞百戏进入了鼎盛时期，其中杂技的发展尤其令人瞩目。

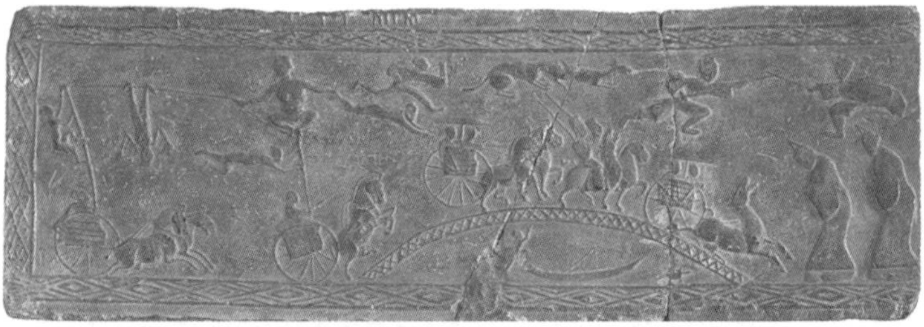

图2-30 平索戏车画像砖（河南博物院藏）

平索戏车：戏车表演有很强的表现力和很高的风险性，往往在车上而且是高空中进行，相较于其他在地面上进行的杂技表演，其难度系数显然增加了很多。此幅汉画像很全面地展示了平索戏车的表演，表演者依靠良好的平衡力和惊人的臂力在马车上完成这些惊险的动作（图2-30）。

第三节 | 唐代民间艺术

唐代是我国封建社会经济文化发展的鼎盛时期，也是我国历史上统一时间最长、国力最强大的一个朝代，其民间艺术也随着社会的发展而不断进步，类别异常丰富。唐代民间艺术具有鲜明的多样性、民族性、世俗性、宗教性和融合性等特征，既体现了当时社会文化的繁荣和人民的精神追求，也为后世文化艺术的发展奠定了基础。

一、唐代民间雕塑

由于当时的社会民间风气比较开放，民间雕刻艺术融合外国文化，展现出非凡的想象力和创造力，形成新的民间艺术特征，最突出的是唐代的彩塑。

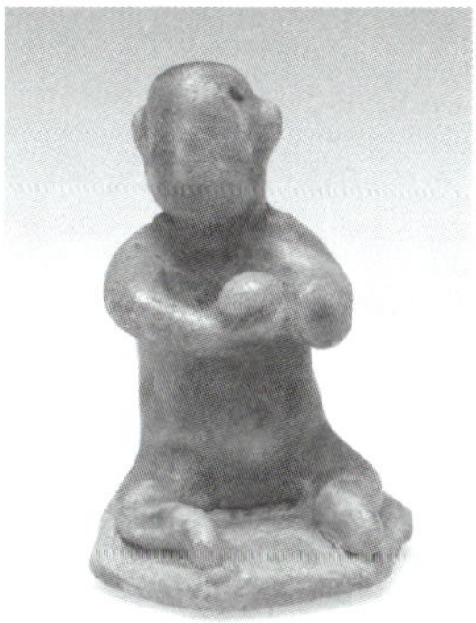

图2-31　青釉抱球瓷坐俑

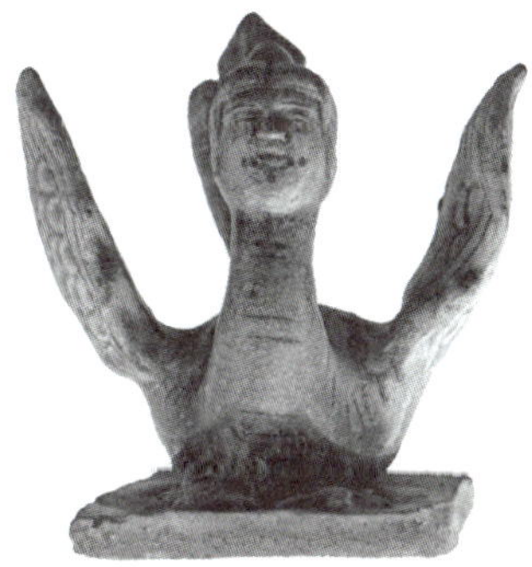

图2-32　青釉人首鸡身瓷俑（四川博物院藏）

青釉抱球瓷坐俑：整体造型稚拙生动，呈双膝盘坐姿态，双臂自然弯曲环抱于胸前，似抱持球体，动作简洁却富有张力，展现出浓浓的童趣（图2-31）。其头部比例偏大，五官略显简化甚至模糊，具有强烈的拟人化风格和原始趣味，体现出工匠对儿童形象的抽象概括与夸张表现。釉面温润，色泽柔和，多处裂纹，增添了年代感与质朴之美，整体造型给人以亲切、宁静之感，反映出唐代民间审美中的温和与生活化倾向。

青釉人首鸡身瓷俑：出土于重庆市万州区驸马乡唐墓，是一件融合奇思妙想与民间信仰的陶瓷艺术品，其上半为人首，下半为鸡身，造型夸张生动，展现了唐代民间艺术的幽默感与想象力。瓷俑通体施青釉，色泽温润典雅，人物面部表情带有世俗化的滑稽意味，鸡身部分简练而富有装饰性，具有浓厚的装饰趣味和象征意义（图2-32）。

二、唐代民间灯具

唐代晚期，生产用灯与商业用灯的需求都有了明显增加，这是由于人们在晚上进行商业活动时，对灯光的要求比较高。在生产方面，灯具为民间的夜间创作提供了可靠的保证，它的大量应用还促进了民间夜市的蓬勃发展。尤其在节日期间，百姓使用节令灯的数量和种类都比平时更多。造纸术发明后，灯笼大多由纸糊成，不仅防风、透明，而且价格低廉、轻便易携带，很快便在民间普及开来。

唐邛窑绿釉省油灯：省油灯是唐代的一项重要创新，也是灯具历史上的一朵奇葩。灯的主体部分采用碗状双层结构，中间留有空隙，这一夹层设计允许用户注入水，以此来降低油灯在工作时产生的热量，有效减少灯油因过度受热而产生的挥发，从而达到节约用油的效果。灯嘴与灯面的中心区域均点缀着绿色的釉彩，而灯盏的外壁，在上腹部施有灰白色的釉面，至于下腹及底部则未施釉彩，保持了自然的材质质感（图2-33）。

晋江吕厝唐墓出土的四管瓷烛台：四管瓷烛台有一个空心的双圆形灯座，四管为可拆式，其周围有四片莲瓣（图2-34）。

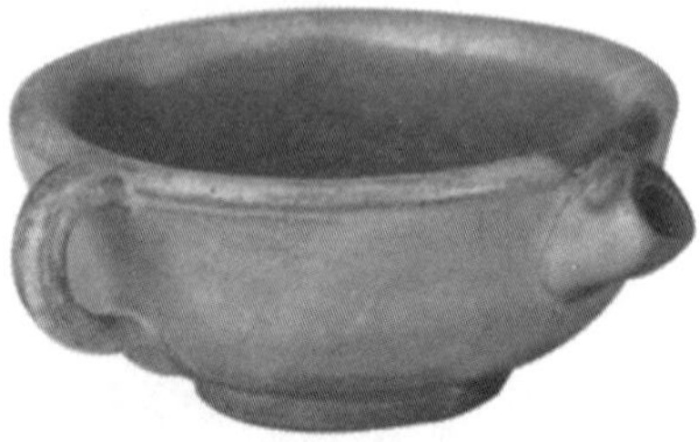

图2-33　唐邛窑绿釉省油灯
（重庆中国三峡博物馆藏）

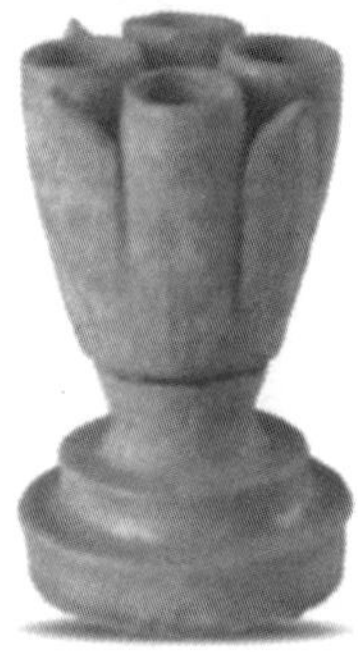

图2-34　晋江吕厝唐墓出土的四管瓷烛台
（摘自《福建地区出土的六朝至唐代陶瓷灯具》，作者：陈丽君）

三、唐代民间服饰

唐代平民服饰主要有首服、身服和足服三大部分。唐代初期，民间女性服饰种类较少，面料较差。盛唐时期中、高阶层的妇女，遵循贵族的审美，追求奇特、暴露、透明、宽大的服装与饰物，而底层平民妇女的服装风格比较朴素。在男子和胡人的影响下，许多普通女子都会选择穿着男装或胡服。安史之乱以后，民间妇女的服装一般都是粗布麻衣，颜色大多是黄色和白色，与中唐时期并无太大区别。

榆林窟和莫高窟图：这两幅图表现了唐代民间女子服饰造型（图2-35、图2-36）。

李震墓壁画牵牛人局部翻领交襟衫（介眉摹）：墓道壁画中的驾牛车男子（见图2-37局部），头戴毛锋朝外的浑脱帽，上身穿翻领窄袖短衫，下身着裤。此等穿戴风格，与中原王朝传统服饰体系的正统范式形成鲜明反差。其翻领交襟的设计并非地道的胡服制式，这种翻领交襟短衫的形制，在历代文献记载中都难觅踪迹。这一服饰是唐代平民阶层服饰胡汉杂糅特征的生动体现。

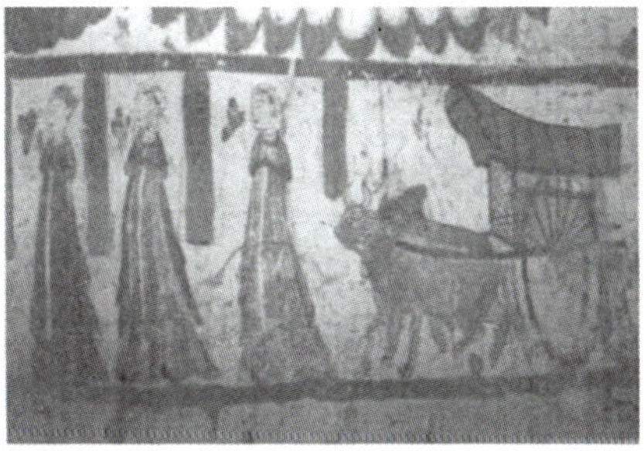

图2-35 隋代女供养人和牛车（摘自《隋唐服饰研究》，作者：纳春英）

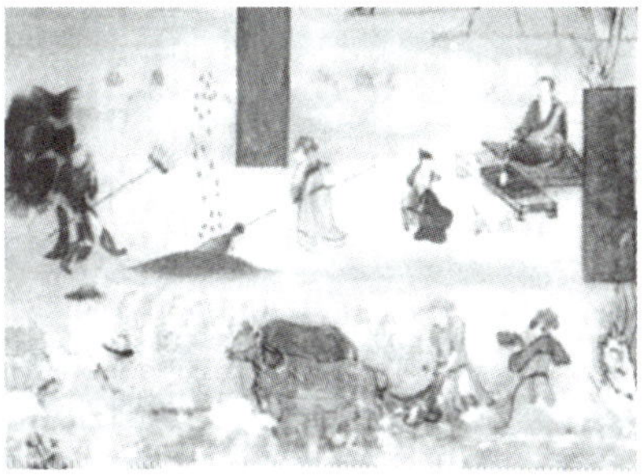

图2-36 榆林窟第25窟弥勒经变耕稼（摘自《隋唐服饰研究》，作者：纳春英）

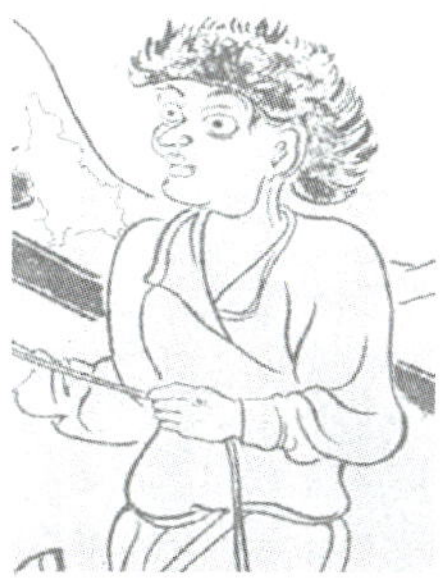

图2-37 李震墓壁画牵牛人局部翻领交襟衫

四、唐代民间剪纸

在唐朝，剪纸的主题丰富多彩，作用也从原来较为简单的节祭、馈赠亲友等发展得更加多元。敦煌莫高窟也有唐、五代时期的剪纸作品，比如水墨镂空的《菩萨立像》（图2-38）和《持幡菩萨立像》，就是一种集剪纸和绘画于一体的艺术形式。

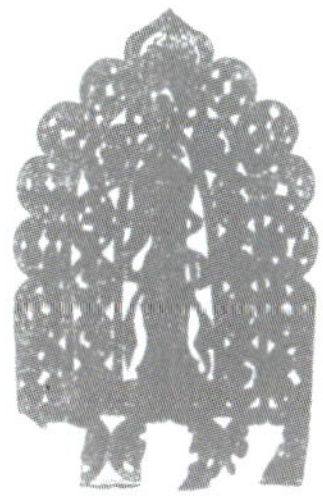

图2-38 《菩萨立像》（出土于敦煌）

图2-39 十二生肖拓片（洛阳古墓博物馆藏）

十二生肖拓片：追求吉祥寓意成为唐代剪纸装饰的重要目的之一，是人们朴素情感的自然表达。出土于河南洛阳的十二生肖拓片，表达了人们对丰衣足食、人丁兴旺、健康长寿、事事顺利的祈求（图2-39）。

五、唐代民间陶瓷

唐代民间陶瓷的发展不仅体现在实用性上，在审美方面也有很高的水平，尤其在造型、肌理等方面达到了很高的艺术境界，主要窑口有岳州窑、鼎州窑、婺州窑、寿州窑、洪州窑。唐代民间器物无论是整体造型还是局部装饰，均以浑圆和丰满为主流，端庄而规整，浑厚而饱满，成熟而大气，充分体现了唐代以丰满为美的审美文化风尚。

荷叶碗：唐代人对自然界的花草植物有着天生的好感和喜爱，这使他们在日常生活中经常会对自然界中的花草树木进行观察和研究，从而激发他们在器物造型设计上的灵感。荷叶碗就集中体现了唐代人的审美（图2-40）。

唐代青瓷碗：唐代的器物设计，为了满足人的生活需求而追求形、构的合理性，并在此基础上进行美化。青瓷碗是湘阴窑中较为常见的一种日用瓷器。通体呈淡黄色，造型古朴，却给人一种大气的感觉（图2-41）。

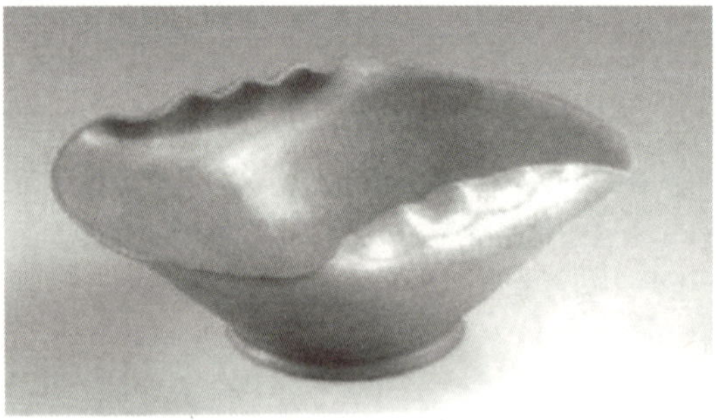

图2-40　荷叶碗（安徽博物院藏）

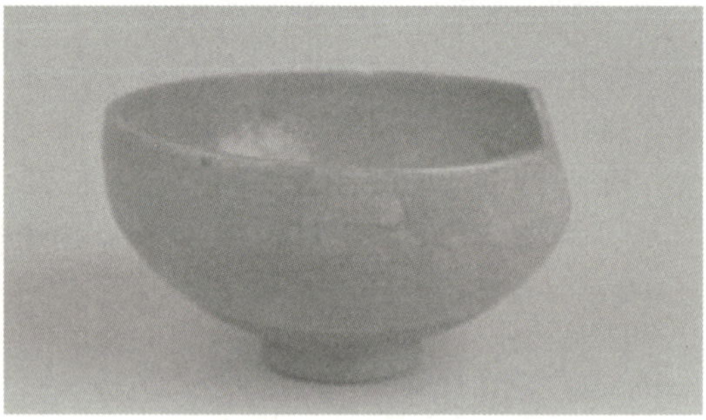

图2-41　唐代青瓷碗（重庆中国三峡博物馆藏）

六、唐代民间染织

唐代民间染织工艺已经相当发达，印染技法很多，其中比较常见的有夹缬、蜡缬、绞缬、拓印等，这些技术的应用范围非常广泛，不仅用于衣服、床单等生活用品的染色，还可以用于家具等物品的装饰。唐朝的民间衣料非常注重色彩的选择与应用，显示了强烈的审美性。

绿地染缬：这件绿地染缬出土于新疆吐鲁番（古丝绸之路要地），既见证了唐代印染技术的高超水平，也反映了当时丝绸之路贸易繁荣、文化交融的盛景，是研究唐代纺织工艺与社会风貌的重要实物资料（图2-42）。

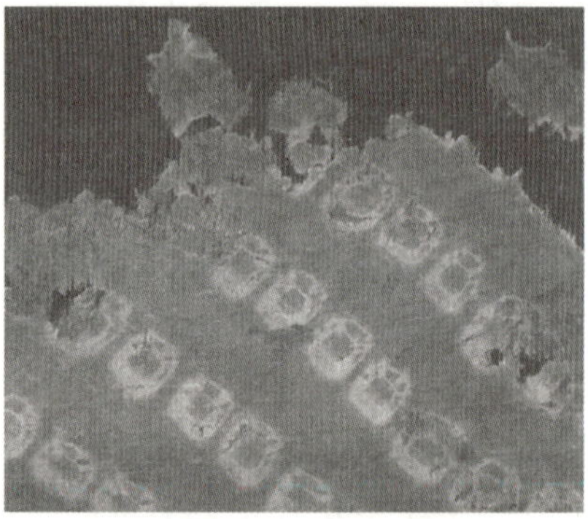

图2-42　绿地染缬（新疆吐鲁番出土）

七、唐代民间玩具

民间玩具在唐朝已经达到了鼎盛的阶段，各种材质的玩具都有了很大的发展，其中最受欢迎的有陶俑、面塑、瓷塑、丝帛、扎纸、雕木彩绘等玩具。唐代民间玩具流行甚广，匠师们既通过自己的手艺表达对现实世界的关注，同时也在诉说着对想象世界的向往，天上人间，包罗万象。

长沙窑青釉褐蓝彩拍鼓儿童像：唐代民间玩具表现出富有趣味和稚气的形态语言，玩具在与孩童的密切接触中，不知不觉起到了德育、智育、美育等方面的作用。长沙窑青釉褐蓝彩拍鼓儿童双手击拍腰鼓，鼓两端宽大，中部束腰，小孩造型稚拙、可爱生动（图2-43）。

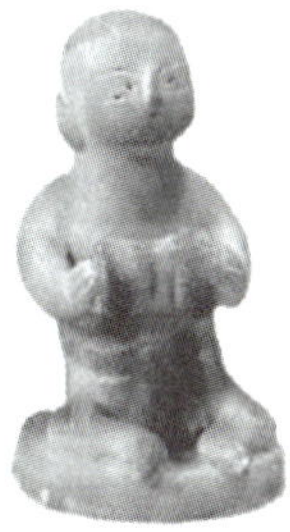

图2-43　青釉褐蓝彩拍鼓儿童像（扬州博物馆藏）

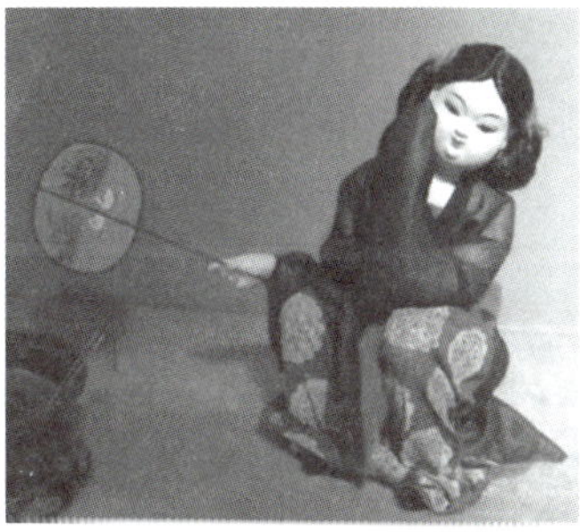

图2-44　绢人唐娃娃

绢人唐娃娃：绢人唐娃娃是唐代极为流行的布偶玩具，其独特之处在于以纱绢作为娃娃的肌肤，裁帛为其缝制衣物。造型多样，既有活泼可爱的孩童形象，也有端庄秀丽的女子形象（图2-44）。

八、唐代民间杂技

唐代杂技在发展各民族艺术文化基础上，广泛融汇了外来的文化和技术，在不断的发展和创新中，逐渐成为唐朝民间百姓喜闻乐见的娱乐表演形式。

竿伎：竿伎表演是唐代杂技的杰出代表，大致分为顶竿和爬竿两种表演类型。其中一位表演者用肩膀支撑（顶）起一根长长的竹竿，而另一位艺人则灵巧地攀爬到这根竹竿之上，在上面表演各种令人叹为观止的高空动作。同时，那位负责支撑竹竿的艺人必须具备极高的平衡技巧以确保竹竿的稳定。除了这种单人独秀，即一位表演者独自攀上竹竿上表演外，还有一种为团队协作，即多位表演者同时或依次攀爬至竹竿之上，他们通过默契的配合共同完成复杂的动作组合，如叠罗汉等（图2-45）。

图2-45　竿伎（陕西省考古研究院藏）

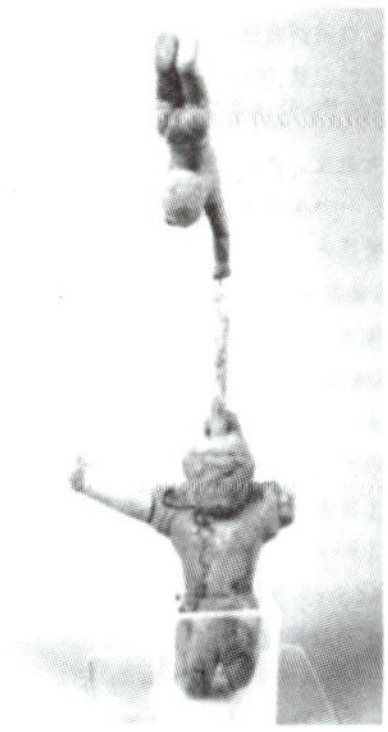

图2-46　木雕顶竿倒立俑（新疆博物馆藏）

木雕顶竿倒立俑：出土于阿斯塔那336号墓。杂技俑竿顶倒立的童子赤身，着红色犊鼻裈，左足右手残缺，由于原竿长度难以确知，依现存残木杆修复，高为26.8厘米（图2-46）。

第四节 | 宋代民间艺术

宋朝分为北宋和南宋两个阶段，前后延续近三百年，是中国历史上商品经济、文化教育繁荣的时代，涌现出了许多非常优秀的民间艺术作品。宋代街市取消了“宵禁”制度，广泛流行起“夜市”与“早市”，使百姓的生活变得丰富多彩，推动民间艺术发展，民间艺术呈现平民化、世俗化、人文化的趋势。市民阶层的兴起，使得民间艺术与世俗文化大放异彩，呈现雅俗并存的新局面。理学、儒学以及影响力广泛的文人士大夫文化同样影响着民间艺术的审美发展，由此宋代的民间艺术整体呈现出清新淡雅、柔美简约以及细腻收敛的特点。宋代典型的民间艺术表现在彩塑、刻版、瓷器等方面，尤其是瓷器的发展达到了鼎盛，呈现出蓬勃发展、百花齐放的局面。

一、宋代民间雕塑

宋代民间雕塑在继承唐代高水平艺术手法的基础上，形象更加生活化、逼真化，创作手段写实化，材料使用更加广泛，制作工艺也有所提高。此外，宋代雕塑的世俗化发展深入人心，民间雕塑工艺开始为现实的个体服务。

（一）宋代民间彩塑

宋代民间雕塑材料从“石”转变到“泥”，将泥塑与彩绘结合形成彩塑，并与所属构筑物相配合，浑然一体。受宋代禅宗旺盛发展的影响造像艺术成就突出，写实化和世俗化特征明显，非常具有代表性。

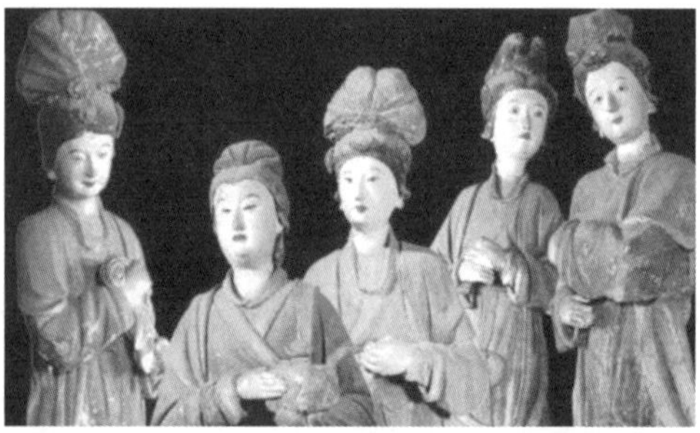

图2-47　太原晋祠圣母殿宋代侍女彩塑（1）

晋祠圣母殿宋侍女彩塑：是我国宋代雕塑遗存中的精华，塑造手法十分写实。侍女像造型典雅，体态丰盈俊俏，面貌清秀圆润，十分生动，并且每一尊塑像都表现出极不相同的思想感情，喜怒哀乐展现得栩栩如生（图2-47、图2-48）。

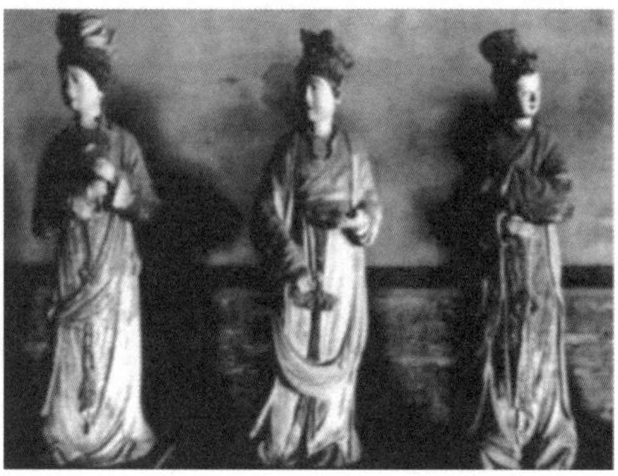

图2-48　太原晋祠圣母殿宋代侍女彩塑（2）

（二）宋代民间木雕

宋代的上等雕塑多为木雕，刷涂底料再施色添彩，嵌石贴金，以显尊贵。宋代民间木雕雕刻精美，北宋时木雕造像发展到顶峰，菩萨造像的艺术成就尤其高，呈现温柔慈祥的女性形象，追求美而不媚、含蓄典雅的风格。木雕因材质易受自然及人为破坏，保存下来的不多。

善财童子木雕：该木雕做工精美，人物浑圆头脸、宽额，梳桃形发髻，笑容可掬，身姿巧妙，是难得的传世珍品（图2-49）。

（三）宋代民间面塑

面塑艺术在宋代主要分布于青海、甘肃、陕西、河北、河南、山西、山东等黄河流域小麦产区。面塑在宋代的发展已经较为成熟，并且种类丰富，人们开始将其运用在各类民俗活动中。面塑通常伴随着民俗活动的不同而变化，比如二月二有迎贵果子、寒食节有“子推”饼等。

山西河曲岱岳庙壁画：岱岳庙中的一些壁画形象地记录了宋代制作面塑所用到的工具以及制作过程（图2-50）。

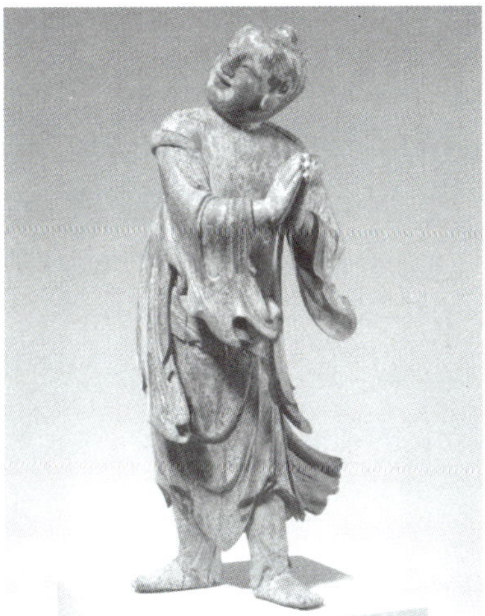

图2-49　南宋善财童子木雕
（美国纽约大都会博物馆藏）

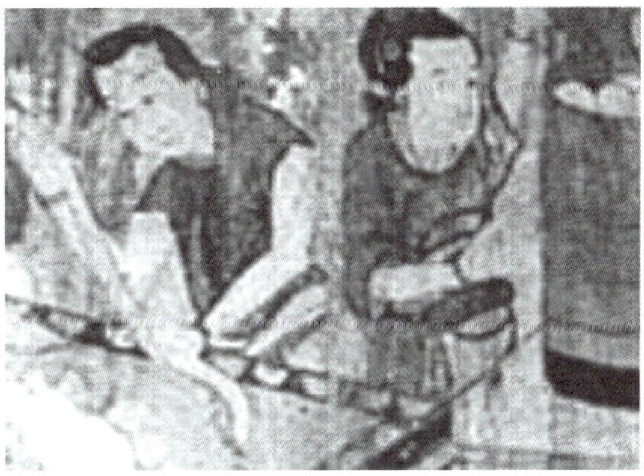

图2-50　山西河曲岱岳庙壁画
（摘自《山西民间面塑之特征与女性的传承贡献》，作者：董毅芳）

二、宋代民间版画与刻印

（一）宋代民间版画

宋代常被认为是古代版画史上的第一个高峰期。宋代民间版画艺术作品数量巨大，且不乏精品，代表性的作品有宋刊《梅花喜神谱》，还有《蚕母》等。民间版画的代表性地方为河南开封的朱仙镇，产出的木版年画具有浓郁的乡土气息，有自己鲜明的特色，是许多地方逢年过节必备的年画。宋初民间木版画主要用于宗教经卷、书籍插图，后逐渐拓展到医典、民俗书籍、建筑书籍等，几乎无书不图，且和百姓的文化生活结合起来，民间木版画题材变得更加丰富多彩。尤其是木版年画，民间艺术特色浓郁、艺术性强，广泛传播于社会各个阶层中。常见的题材有具有辟邪驱灾功能的门神、灶神、钟馗等，这类题材的版画多用在过年过节之时，且需求量大。

《蚕母》套色版画：中国现存最早的套色彩印版画，反映北宋江浙蚕农祭祀习俗。画面中蚕神立像，头梳高髻，身着鞠衣，肩披帛巾，背景为满筐蚕茧及吉祥纹样（图2-51）。

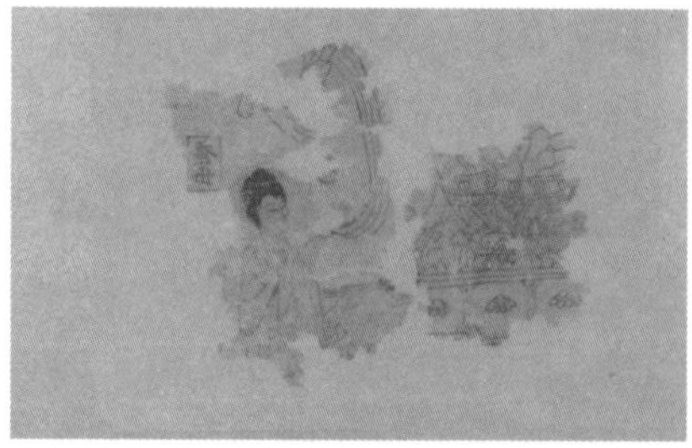

图2-51　北宋《蚕母》套色版画（温州市博物馆藏）

《梅花喜神谱》木版画：绘制了100幅形态各异的木刻梅花图案，是目前仅见的我国最早的木刻版画图谱（图2-52）。

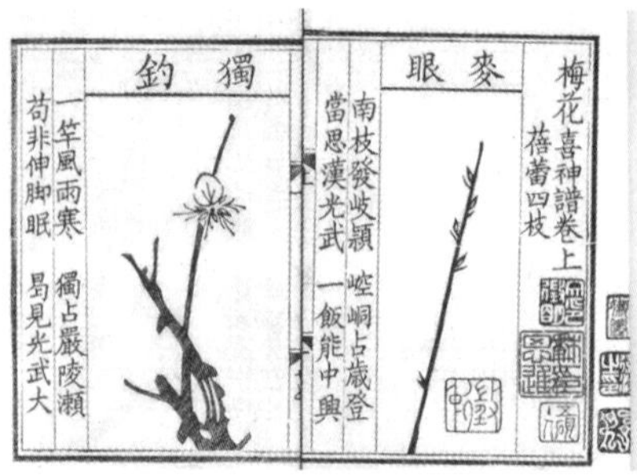

图2-52　《梅花喜神谱》内页（上海博物馆藏）

（二）宋代民间刻印

宋代版刻印刷事业发展昌盛。宋代以前书籍多为手抄，由于宋代经济繁荣，雕版印刷术迅速发展，书籍逐渐走入寻常大众生活之中。在两宋时期，建本、浙本与蜀本最为出名。宋代刻版印刷内容丰富，同时书写、刊刻、印刷也更加精美，印刷字体、印刷版面设计也朝着标准化、程式化的方向发展。

建阳建本：建本是古代在建阳北部麻沙、书坊一带刻印的古籍，始于五代，奠基于宋元，鼎盛于明，衰落于清。宋时的建本出版内容覆盖面广，刊行数量大，包括科举用书和士、农、工、商的普通阅读用书等。宋建本的版式具有许多导向性的图形符号、装饰性的牌记样式及插图，文本内容清晰有序且具有层级关系，其版面设计美观与实用并重（图2-53、图2-54）。

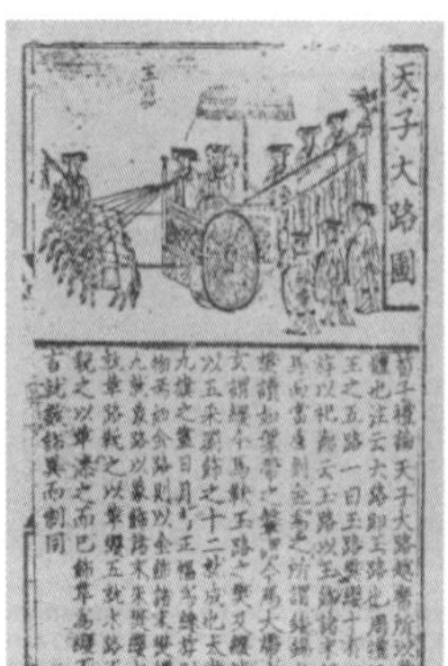

图2-53　《纂图互注荀子》南宋嘉定年间（1220年）建本（中国国家博物馆图书馆藏）

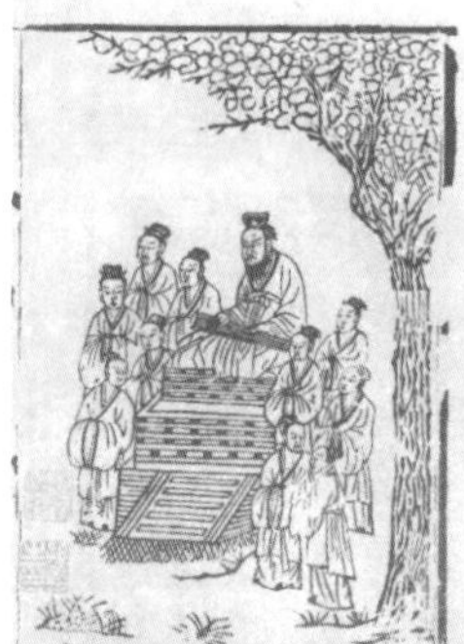

图2-54　《东家杂记》南宋初期衢州家庙刊本（递修本）（中国国家图书馆藏）

三、宋代民间家具

宋代民间家具风格的形成，首先离不开当时经济的繁荣和建筑上取得的技术成果——梁柱式框架结构，这一技术应用于家具制作，形成了独特的家具框架式结构形态；其次，街市的形成使得商业活动突破了时间和空间的限制，促使民间家具设计更加注重实用、节省空间且易于移动；再次，受文人阶层审美情趣的影响，民间家具形成了结构简练、古朴素雅的特征。

宋代民间家具种类丰富，包括桌案类家具、椅凳类家具、柜架类家具等。此时的家具以框架式结构为主，框架形式让家具重心上移，使用方式大大增多。家具结构简练，造型简单，开始考虑造型与结构的关系以及适应人体尺度。从风格特征来说，简约的装饰、流畅的线条成为主流，整体古朴素雅、自然和谐。此外，高坐家具也在民间逐渐普及。

图2-55 《清明上河图》中的桌、长凳

《清明上河图》中家具：创作者张择端在画中画了当时种类繁多的家具，其中出现数量最多的家具有桌、椅、凳、轿四类。这些家具大多结构简练、风格素雅，用材较为粗朴，以实用功能为主，通过这些家具也可以看出垂足高坐的起居方式在北宋末年市井中的普及。

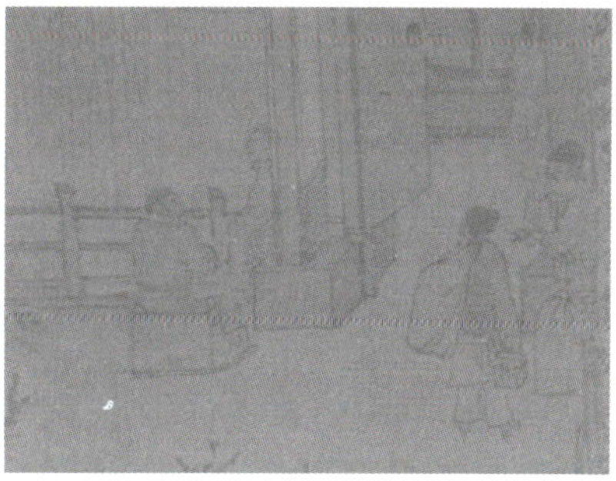

图2-56 《清明上河图》中的箱

长凳是《清明上河图》中出现最多的家具品类。长凳高度有与人膝盖高度齐平的，也有略低的，形式简单，实用朴拙。桌案同样形式质朴、比例适度、简洁大方，虽然装饰不多，但是桌腿与桌面结合的尺度造就了其特殊的形式美和节奏韵律（图2-55）。《清明上河图》中还有许多箱，用来盛放书籍或服装等（图2-56）。图中的箱结构别具一格，箱体一低一高呈阶梯状，箱侧面有提环，兼具坐具功能。《清明上河图》中有三把靠背椅出现在酒馆中，靠背倾角大于90°，有后弯的趋势，座面未见攒框（图2-57）。

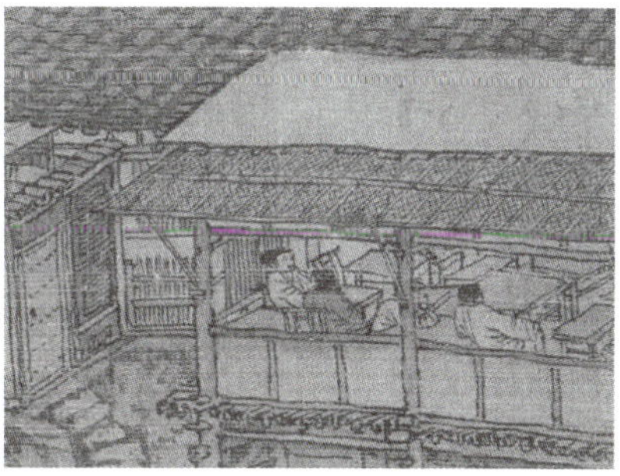

图2-57 《清明上河图》中的靠背椅

四、宋代民间剪纸

宋代是剪纸艺术发展的第一个高峰期，民间剪纸内容变得更加丰富，主要可分为节日民俗剪纸、民间礼仪剪纸、信仰民俗剪纸、生活民俗剪纸等几大类。剪纸题材丰富，比如花鸟虫草、吉祥文字等。不同的民俗节日，有着不同的剪纸图案，比如端午节人们开始剪艾虎、五毒和张天师像，用以辟邪；七夕节时通常剪仙楼、仙桥等；中秋节则常剪“嫦娥奔月”“月宫蟾兔”等图形敬供月神。除了民俗节日剪纸，还有“喜”字、喜花等民间礼仪剪纸，用于祭祀的信仰民俗剪纸，以及用于生活用品、起装饰作用的生活民俗剪纸。民间剪纸的地域性风格明显，南北方的风格有着显著的不同。南方的剪纸大多清秀、婉约、细巧，而北方的剪纸大多粗犷、率真、淳朴。宋代民间剪纸分布地区有扬州、陇东地区、临安（今杭州）、佛山堡（今佛山）等。

吉州窑剪纸贴花碗：宋代的剪纸实物很难见到，但是在陶瓷作品中保留了剪纸纹样的痕迹。吉州窑剪纸贴花梅花纹碗，呈斗笠状，敞口，圈足。通体施黑釉，碗内中心装饰一株剪纸梅花（图2-58）。吉州窑剪纸漏花犀牛望月纹盏，盏口沿为罕见的葵口，盏内壁两侧分别为漏花形成的犀牛与云月（图2-59）。

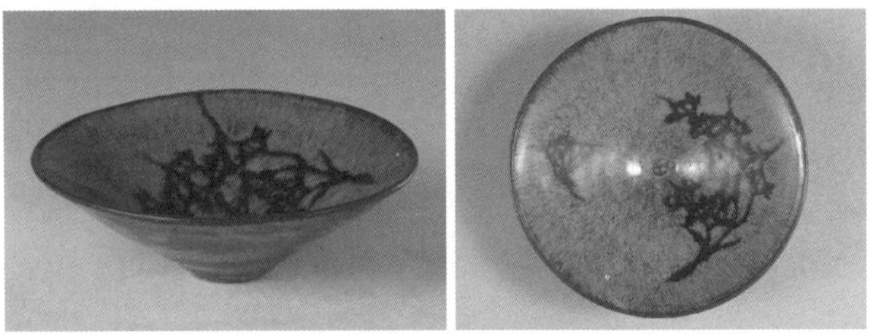

图2-58　剪纸贴花梅花纹碗（故宫博物院藏）

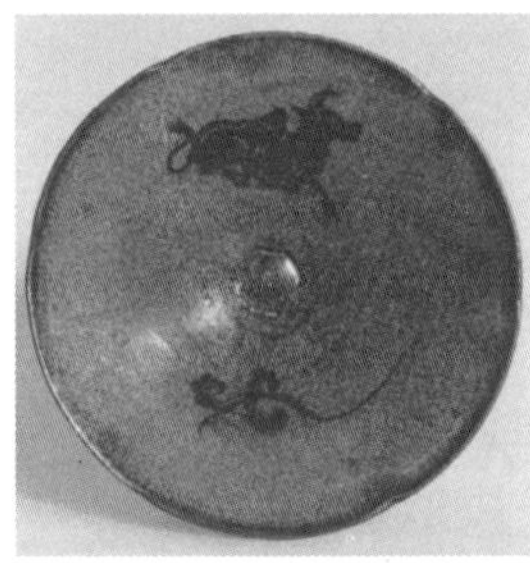

图2-59　漏花犀牛望月纹盏（哈佛大学赛克勒博物馆藏）

五、宋代民间玩具

宋代玩具业有了很大的发展，玩具变得更加平民化和大众化，不仅种类丰富，而且构思巧妙，十分精致，比如磨喝乐、傀儡、风筝、陀螺、花灯、九连环等，都深受儿童喜爱。

磨喝乐：磨喝乐是宋代七夕节习俗中用于供奉和玩乐的一种土偶。宋代是磨喝乐发展的繁盛时期，更加向生活化、娱乐化、商品化转变。磨喝乐的基本造型为泥塑的小男孩（图2-60），神态表情灵活、憨态可掬。其形制丰富，姿势多样，以童子持莲或执荷最为典型（图2-61），其衣着服饰应是宋代社会中上层人家儿童于春秋所穿的常服。民间百姓用的磨喝乐多为成本较低的泥质、木制，造型较为朴素。

傀儡：傀儡与磨喝乐相同，均属于泥质玩具，而形体缩小的傀儡玩偶成为宋代儿童喜爱的玩具。宋代的傀儡制作精巧，结构细致、灵活，主要由木质材料雕刻而成，根据不同的角色配有不同的精美服饰和妆饰。南宋刘松年的《傀儡婴戏图》画作，描绘了四个孩子在模仿傀儡戏的场景，婴孩形象生动活泼、惹人喜爱（图2-62）。宋三彩童子傀儡戏枕，枕面中部的主题纹饰为婴戏图，描绘了三个儿童在庭院围栏边、树荫下玩着提线木偶、敲锣嬉戏的场面，这三个孩童发髻服饰、姿势动作和表情神态各不相同，生动传神、童趣十足（图2-63）。

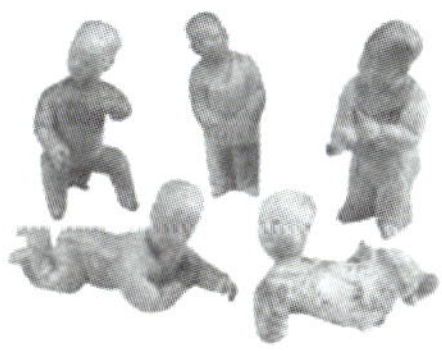

图2-60　磨喝乐泥塑（镇江博物馆藏）

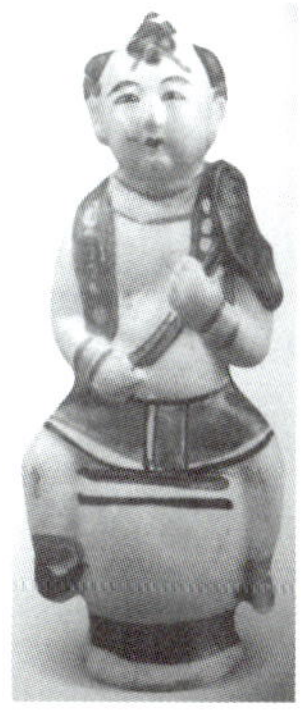

图2-61　红绿彩执荷磨喝乐（深圳望野博物馆藏）

风筝：风筝也叫纸鸢，唐代是风筝作为娱乐工具开始在民间普及的阶段，宋代是娱乐风筝的发展阶段，风筝开始商品化。放风筝作为当时的一种游艺活动已经非常盛行，出现了专门扎制风筝、制作放风筝用的车轮及风筝线的小手工业者。此时的风筝制作工艺进行了改进，飞行性能增强，并且外形更加符合人们的审美。以河北磁州窑窑址出土的一个晚宋瓷枕（图2-64）为例，瓷枕上绘制有“婴戏风筝图”，画面上孩童腿做弓步状，手持风筝线放风筝，形象生动，十分可爱。宋代苏汉臣《百子嬉春图》绘有众多孩童，其中左上角就有描绘几个孩童一起放风筝的场景（图2-65）。

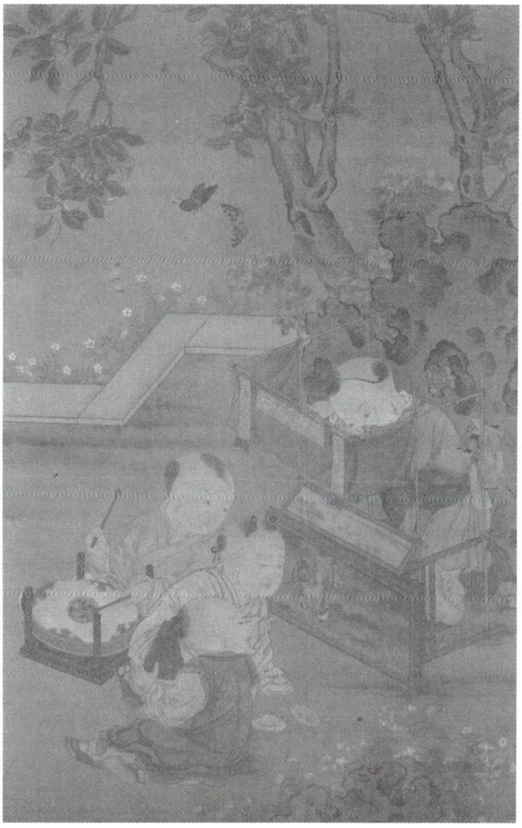

图2-62　《傀儡婴戏图》（台北故宫博物院藏）

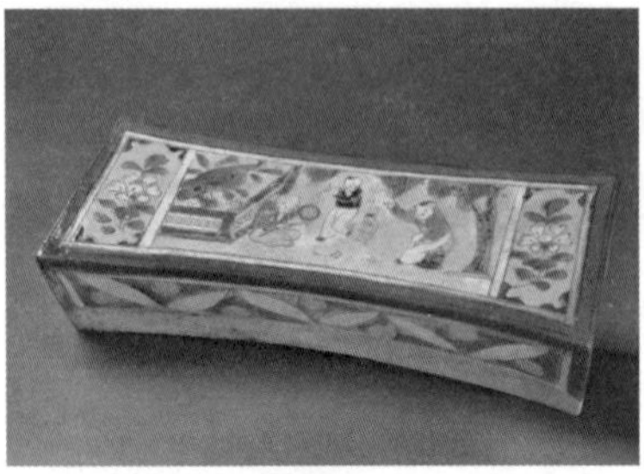

图2-63　宋三彩童子傀儡戏枕
（河南博物院藏）

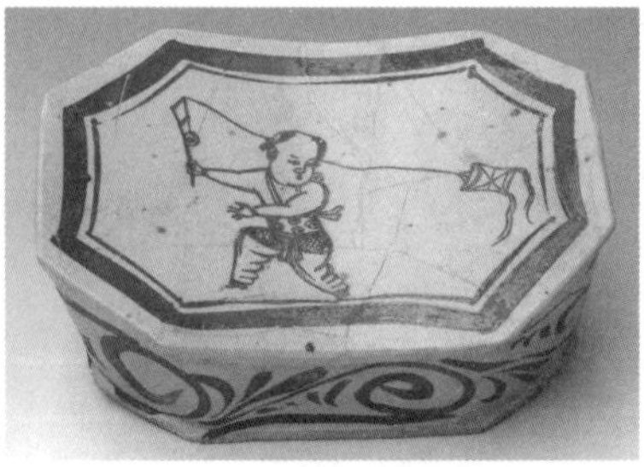

图2-64　晚宋磁州窑瓷枕
（磁州窑博物馆藏）

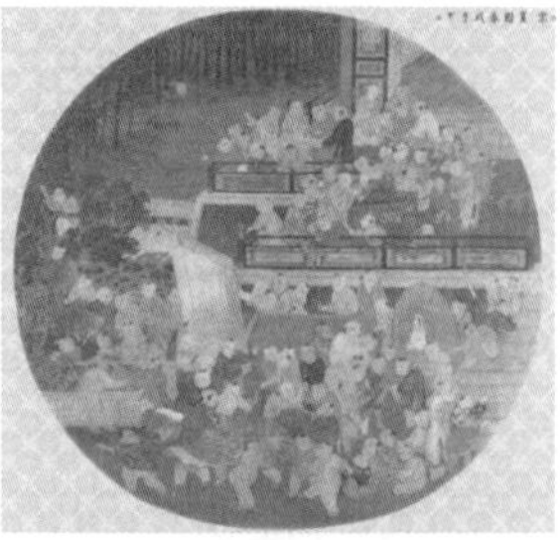

图2-65　宋苏汉臣
《百子嬉春图》
（故宫博物院藏）

六、宋代民间瓷器

宋代民间瓷器出现百花齐放、蓬勃发展的新局面，不仅制作技法有很大提高，在造型、纹饰、胎釉等方面还出现了许多创新。这一时期瓷器品种丰富，造型多样，整体风格不同于唐代的雍容华贵，而呈现出清秀典雅、韵律和谐之美。此时的民窑在北方有磁州窑、耀州窑、钧窑等，在南方有建窑、吉州窑、景德镇窑、龙泉窑等。

（一）宋代民间磁州窑

磁州窑属于北方民窑，北宋中期创烧后便达到鼎盛，以白釉黑彩瓷最为著名。宋代磁州窑发展迅速，生产规模庞大，装饰题材广泛，多以民间常见的植物、动物、人物故事为主，同时还有绘画、诗文书法、吉祥寓意、警句箴言的纹样等。作品造型简洁大方、构图严谨、典雅古朴、画风自由，具有浓厚的生活气息，还融入了中国传统水墨画的特点，呈现出黑白鲜明的装饰风格。

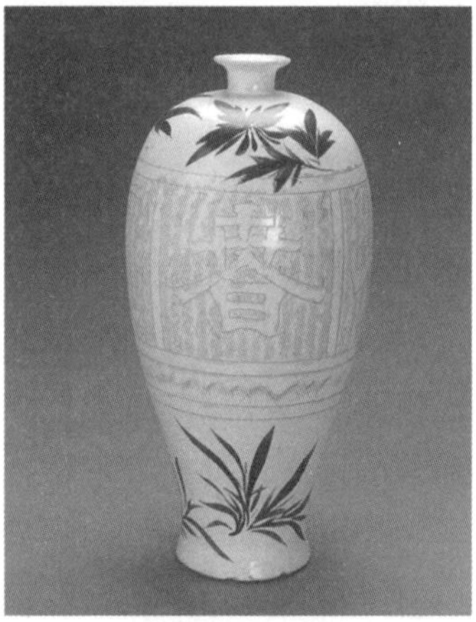

图2-66　宋代白釉春夏秋冬梅瓶
（河南博物院藏）

白釉春夏秋冬梅瓶：此瓶平口，短颈，丰肩，腹下收，圈足。通体施白釉，足内露胎。肩部、足上部绘黑彩花叶纹和草叶纹，腹部刻有“春夏秋冬”四字，并以水波纹衬底，是宋代民窑瓷器中的佳品（图2-66）。

（二）宋代民间钧窑

钧窑创烧于唐，兴盛于宋。钧窑铜红釉的成功烧制是中国制瓷工艺的重大突破。窑变釉的釉色繁多、自然天成且精美绝伦，改变了以往我国只有单色釉的局面。钧窑瓷器几乎没有任何花纹装饰，其美更多地体现在釉色之美和造型线条之美上。其釉色色泽纯净淡雅，以天蓝、月白、天青居多，而紫斑、红斑及大面积的红紫色较少，釉质莹润、细腻、含蓄，呈乳浊状，釉层较厚。

北宋钧窑玫瑰紫海棠式花盆：该器物敞口，折沿，口沿起边，深腹，底下承以四个云头形足，整体呈四瓣海棠式。外施玫瑰紫色釉，里施天蓝色釉，外底涂抹酱色釉（图2-67）。

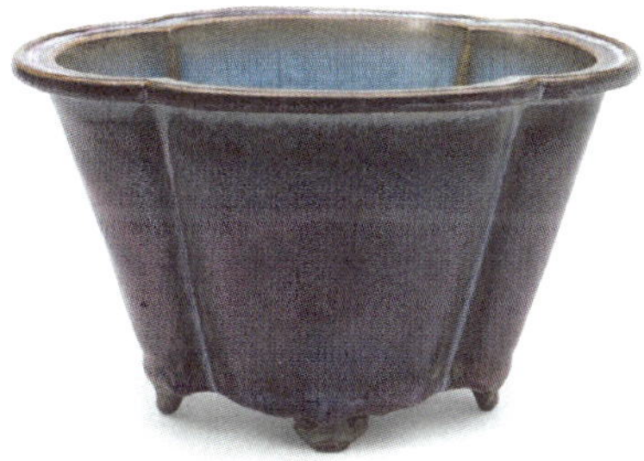

图2-67　北宋钧窑玫瑰紫海棠式花盆（中国国家博物馆藏）

（三）宋代民间耀州窑

耀州窑始于唐代，成熟于五代，鼎盛于北宋，终于元代。宋代耀州窑瓷器种类丰富、形制多样、造型精美、用途广泛，一部分用于广大市民的日常生活，一部分出口海外或上供朝廷。

耀州窑瓷器的装饰题材广泛，素雅中显动感，繁密中求规整，以纹饰装饰取胜是其一个突出的特点。植物类纹样有牡丹纹、菊花纹、忍冬纹、石榴纹、葡萄纹等，动物类有龙纹、狮纹、凤纹、鱼纹、孔雀纹等，人物类有婴儿、侍女、佛教造像、道教人物等纹样，辅助纹样有山石、流云、水波、几何、文字等。耀州窑的瓷器作品刀法犀利、干净利落，线条流畅、刚劲有力且富有强烈的节奏与韵律美，刀痕有斜度、层次鲜明。同时，耀州瓷造型丰富，整体简洁质朴、沉稳端正，倡导实用性，釉色以橄榄青为代表。

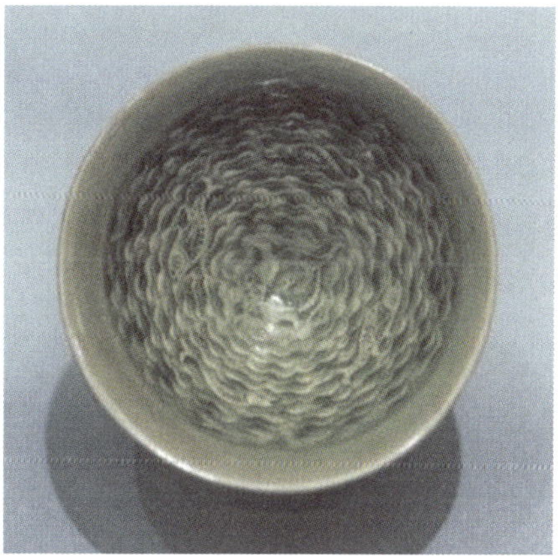

图2-68　宋代耀州窑青釉印花水波鱼纹碗（中国国家博物馆藏）

宋代耀州窑青釉印花水波鱼纹碗：碗呈斗笠状，斜直腹，内外施橄榄青色釉，釉色温润明亮，碗内刻划花纹为水波纹和四条对称的鱼纹，碗心为田螺纹，十分生动（图2-68）。

（四）宋代民间吉州窑

吉州窑瓷器具有浓郁的地方特色和民族艺术风格，创烧于晚唐，兴于宋，终于元。在北宋末期以前以烧制青白瓷为主，靖康之变后往生产多品种方向发展，是一座综合性民窑。吉州窑将民间剪纸运用于瓷器装饰上是其一大特点，其装饰题材种类丰富多样，大多取自人们喜闻乐见的纹样，大体可以分为植物、动物、文字吉语几大类。其釉色品种繁多，造型丰富，装饰方法和产品形式多样，工艺朴素，具有浓郁的地方特色和生活气息。

吉州窑剪纸贴花梅花纹碗：碗敞口，斜壁，圈足，内部以兔毫纹为地，碗中心装饰有剪纸梅花，通体施黑釉，外壁为玳瑁斑，整体风格简洁大方，具有浓厚的地方特色（图2-58）。

（五）宋代民间建窑

建窑以烧制风格独特的黑瓷闻名，是宋代著名的黑瓷产地之一。建窑的兴起与宋代上层社会盛行的饮茶、斗茶的风尚有关，除了上层社会，民间也会模仿饮茶、斗茶。其黑瓷的釉色可以分为“兔毫纹”“油滴釉”“玳瑁斑”“鹧鸪斑”“曜变”等。建盏造型线条简洁流畅，胎体厚重坚硬，釉汁肥厚，釉色深沉，釉面斑纹千变万化，整体呈现出一种简单素雅、古朴敦厚之美。

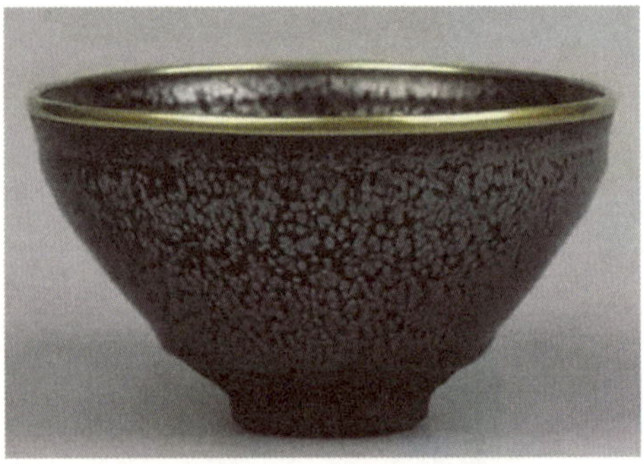

图2-69　南宋建窑油滴盏
（大阪市立东洋陶瓷美术馆藏）

宋代油滴盏：此盏斑点圆润清晰，由深到浅颇具层次感，且带有淡淡的类螺钿彩光，束口器型端正，整体呈现出优雅质朴之美，是建窑油滴盏中颇具代表性、艺术性的作品（图2-69）。

（六）宋代民间景德镇窑

宋代景德镇窑位于今天的江西省景德镇市，早在唐代就开始烧造瓷器。宋时的景德镇窑是全国青白瓷的主要烧造地，青白瓷的发展在宋代达到了鼎盛时期，制瓷工艺有了更大的提高，在民间比较盛行。宋代景德镇的青白瓷具有温润如玉的质感，色调柔和，器型规整，清新素雅。

北宋前期景德镇窑青白瓷的纹饰多为牡丹、菊花；北宋中后期的纹饰仍以牡丹、菊花、莲花等花类纹饰为主，还有动物以及童子等题材装饰；南宋早期纹饰多牡丹、莲花、水波，稍晚有一束莲和双鱼等；南宋后期则出现了人物故事等。

宋代景德镇窑青白釉双鱼碗：碗敞口，芒口，斜腹壁，圈足，胎体轻薄，通体施青白釉，釉色莹润，内壁有六条线出筋，碗中间刻划有双鱼水波纹，鱼的形态生动形象、自然逼真（图2-70）。

（七）宋代民间龙泉窑

龙泉窑创烧于北宋早期，鼎盛于南宋，衰落于明中期。龙泉窑青瓷是青瓷窑系的杰出代表。北宋早中期龙泉窑以刻划花装饰工艺为主，主要装饰纹饰有篦点纹、蕉叶纹、婴戏纹等，线条纤细娴熟；北宋晚期装饰工艺转变为单面刻划花、双面刻划花和刻划花加篦点纹；南宋早期则以刻花为主，划花次之，篦纹很少；南宋晚期装饰纹饰使用不多，且较简单。龙泉窑瓷器造型种类多样，以日常生活用器为主，功能齐全，质朴大方。

宋代龙泉窑三足炉：该炉釉色为典型的梅子青色，青翠幽雅。炉腹至足部凸起的三条棱线原系仿青铜器的装饰纹样，因凸起处釉层较薄，呈浅白色，形成了出筋的装饰效果。此炉造型仿青铜鬲，因此又称鬲式炉，是龙泉窑的上乘佳作（图2-71）。

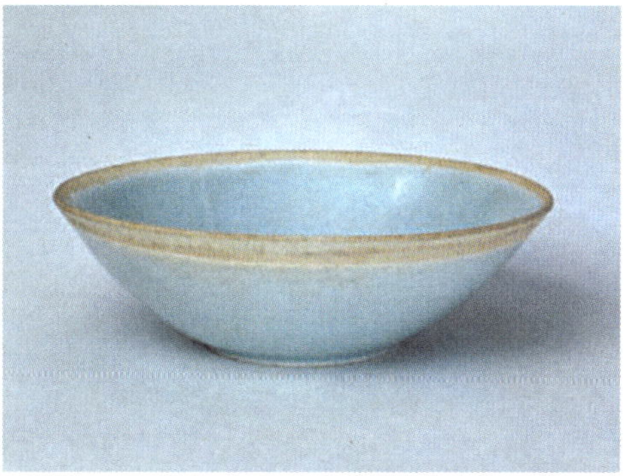

图2-70 宋代景德镇窑青白釉双鱼碗（故宫博物院藏）

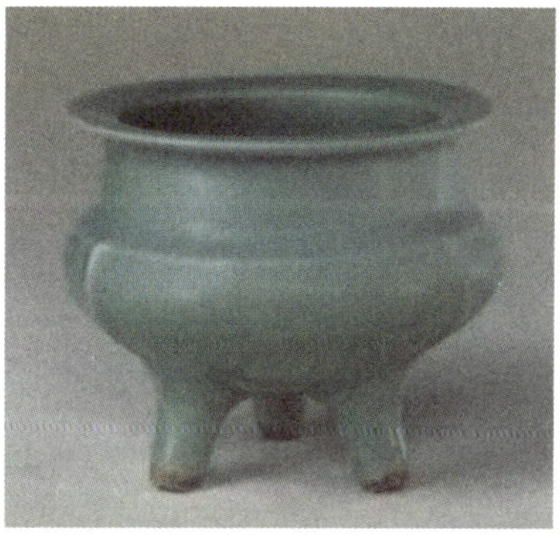

图2-71 宋代龙泉窑三足炉（故宫博物院藏）

第五节｜元代民间艺术

元代是连接唐宋和明清的一个承上启下的时代，同时也是中国历史上少数民族政权时期。元代采取的是相对开明的政治制度，蒙古族与汉族并行，多元文化融合，同时允许不同的宗教信仰的自由传播，这为元代民间文化艺术的发展奠定了一定的基础，也使得元代民间艺术表现出多元文化的特点。由于蒙古族统治者对于佛教的大力提倡，元代的民间艺术因而也受到了佛教的影响。元代民间艺术总体呈现粗犷豪放的艺术特点，在雕塑、陶瓷、戏曲等方面非常具有代表性，在形式、技法、题材等方面都对后世艺术产生了深远的影响。

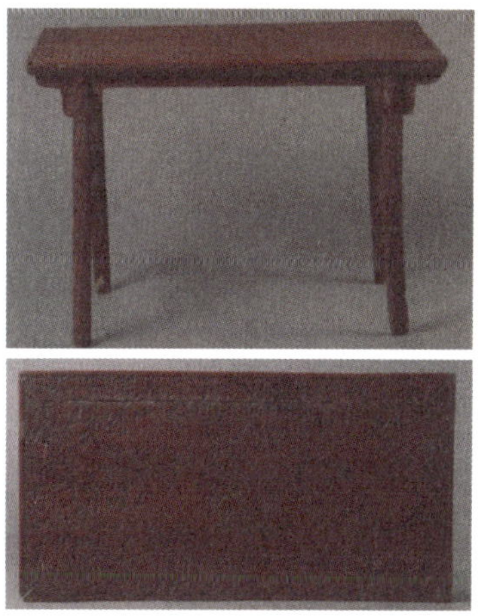

图2-72 元代双龙牡丹纹剔红漆案（漳县博物馆藏）

一、元代民间雕刻

元代民间雕刻艺术运用的材质种类增多，整体呈现出鲜明的世俗化特征和浓厚的生活气息，同时，组雕的构图更加戏剧化，彩绘手法在雕刻艺术中应用更为普遍。元代的雕刻在题材方面大体可分为宗教题材和世俗题材两类。

双龙牡丹纹剔红漆案：通体髹红漆并剔刻花纹，桌腿及横柱饰缠枝牡丹纹，案面雕“双龙串花”图案，双龙体态轻盈，花叶繁茂，属元代家具珍品（图2-72）。

靳德茂墓出土彩绘陶俑：共有80件，体现了元代民间丧葬习俗，包括扛伞俑、背椅俑、持物俑等，着装端庄、造型逼真、比例匀称、姿态各异、表情生动、形神兼备，有的活泼开朗，有的端庄肃穆，表现了元代高超的陶塑技艺（图2-73）。

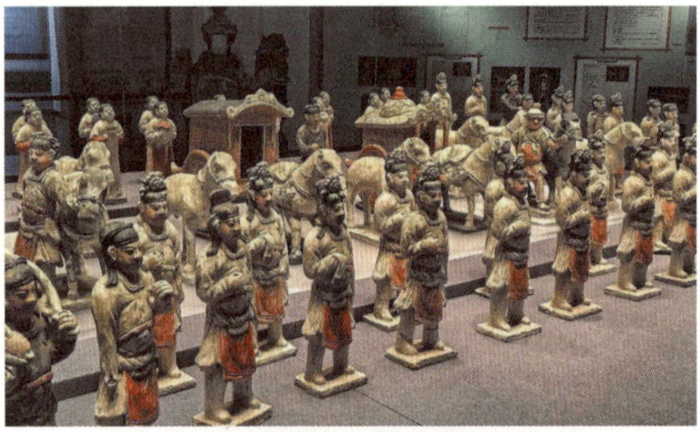

图2-73　元代河南焦作靳德茂墓出土彩绘陶俑（焦作市博物馆藏）

二、元代民间版画

元代的木刻版画继承了宋、金的佛教木版画传统，受尊道崇佛、包容外来宗教的政策影响，开始被用于为道教、儒家书籍配图，同时也出现了大量以山水文人画为主的题材。此时期的作品在刀法上有着一股遒劲和韵味。

欧阳询《九成宫醴泉铭》：在元代印刷的书画作品中，最有代表性的是欧阳询的《九成宫醴泉铭》（图2-74）。这是一篇篆书作品，印刷版的制作非常规范，版面也非常精致，整体效果非常出色。

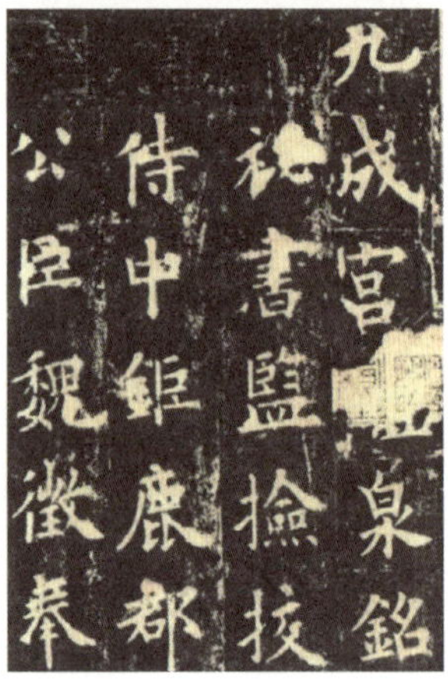

图2-74　元代印刷的欧阳询《九成宫醴泉铭》局部（现存于陕西麟游县碑亭景区）

三、元代民间家具

元代少数民族游牧文化独特的生活方式和豪放不羁、繁缛华美的审美情趣，影响了元代民间家具的整体风格。元代家具的整体风格是游牧民族文化、中原文化、藏传佛教文化和伊斯兰文化融合的产物。民间家具色彩淡雅柔和，装饰纹样丰富多彩，整体尺寸较大，造型丰满、浑圆厚重。

元代较具代表性的家具可以分为：桌椅类、架类、床榻类。元代民间家具色彩淡雅、清秀，明度和纯度都较低，喜用蓝色和木材天然色的搭配，红色、黑色调和其间。从风格特征来说，元代家具较多地继承了辽金家具的部分风格，并逐渐走向成熟。元代还首次出现了装饰为罗锅枨的家具，还出现了展腿式桌和霸王枨等极具特色的家具样式。元代家具常用曲线造型和倭角线型，家具整体尺寸较大，造型丰满，呈现出浑圆厚重、雄健豪迈、动感十足的特征。

陶长方形供桌：1957年大同白马城元代王青墓出土的陶长方形供桌，桌面与足相接处装饰有云纹花牙子，这两张桌子均属于矮桌（图2-75）。

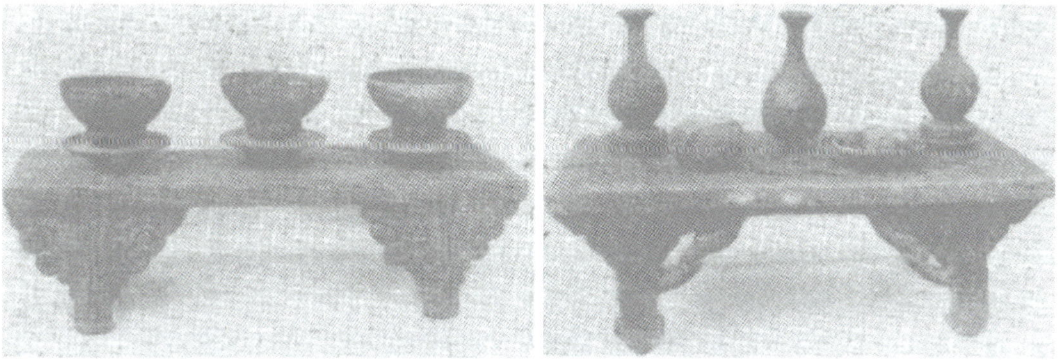

图2-75 陶长方形供桌（摘自《山西省大同市元代冯道真、王青墓清理简报》，1962年）

四、元代民间农具

元代是我国农具发展史上的全盛时期。元代农具在前代农具制作的基础上，有了不少的改革和创新，这些新制农具广泛地运用了机械原理以及采用了机械零件，提高了生产效率，给农业发展带来了极大的推动力。元代农具造价低廉，就地取材，结构简单精巧，合乎力学原理，巧妙运用动力，适用性强，通用性广，经济实用。元代新式的工具牛套，已经被推广起来。

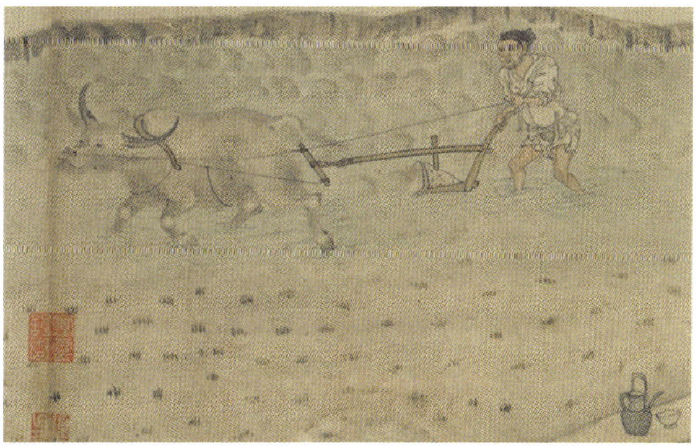

图2-76 元代程棨《摹楼璹耕作图》（美国弗利尔·赛克勒美术馆藏）

元代程棨《摹楼璹耕作图》：在元人程棨的作品中，牛套也已经出现（图2-76）。

五、元代民间瓷器

元代代表性的民窑有磁州窑、景德镇窑、钧窑、龙泉窑。从整体上而言，元代瓷器造型上的特点是浑厚凝重、气魄雄伟，特别是高级的细瓷以及至正型青花瓷，这个特点尤为明显。这与蒙古族人豪爽的性格有关，同时也与瓷器大量出口有关。

（一）元代磁州窑瓷器

磁州窑瓷器的胎质较粗，有黑、白釉各种器皿，创造了在白釉上画黑色图案的技法。磁州窑瓷器按装饰技法可分为白地黑花、白地剔花、白地黑花褐彩、黑釉剔花等。装饰纹样多取材于生活中喜闻乐见的事物，如龙凤、花鸟、婴戏、云雁、鱼虫、卷云，还有民间传说、历史故事、诗文、词曲等。其中龙凤纹是磁州窑瓷器的典型装饰纹样。磁州窑瓷器的显著特点是粗犷、淳朴，器型较大的瓷器外形浑圆厚重、雄伟豪放，神态端庄古朴，而器型较小的瓷器如碗、盘、碟类则制作精巧，更加注重灵巧实用，线条干净利落。

元代磁州窑白地黑花折枝纹梅瓶：该瓶小口、短颈、丰肩，上腹圆鼓，下腹内收，但相比传统梅瓶，该瓶胫部逐渐外撇，圈足接地的面积增加了，形似鱼尾。该瓶整体轮廓富有变化，线条优美（图2-77）。

（二）元代景德镇窑瓷器

元代的景德镇窑在宋代的基础上继续发展，除了继续烧制青白釉瓷外，还创烧出青花瓷、釉里红瓷、卵白釉瓷、青花釉里红瓷、高温钴蓝釉瓷、高温铜红釉瓷等五光十色的瓷器新品种，其中青花瓷是景德镇最为普遍的瓷器品种。

元代青花瓷：元代景德镇窑青花瓷的器类较多，纹饰丰富多彩。按纹饰主次，可以分为主纹和辅纹两类，主题纹饰有人物故事、植物花卉等，辅助纹饰有变形莲瓣、蕉叶纹、回纹等。按纹饰内容分类，可以分为植物、动物和人物三类，植物类纹饰包括牡丹、莲、松、竹、梅、鸡冠花、芭蕉等，动物类纹饰包括鱼、马、麒麟、鸳鸯等。整体来说，元代民间景德镇窑青花瓷朴实大方、色调柔和，实用又不失美感（图2-78、图2-79）。

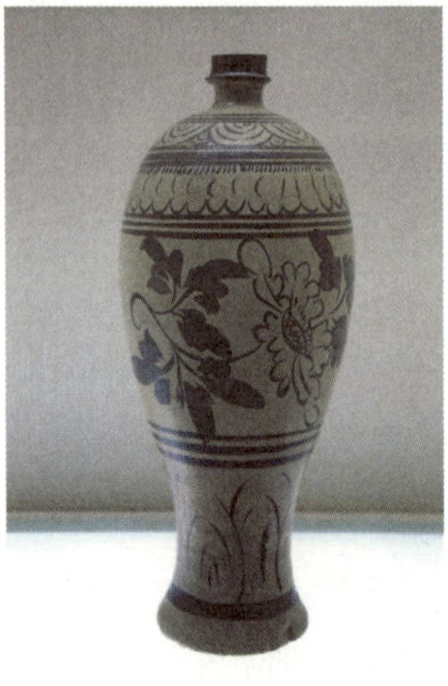

图2-77　元代白地黑花折枝纹梅瓶（邯郸博物馆藏）

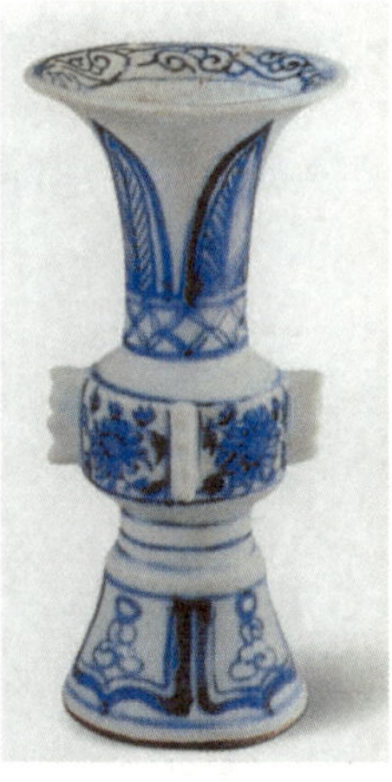

图2-78　元青花出戟觚（首都博物馆藏）

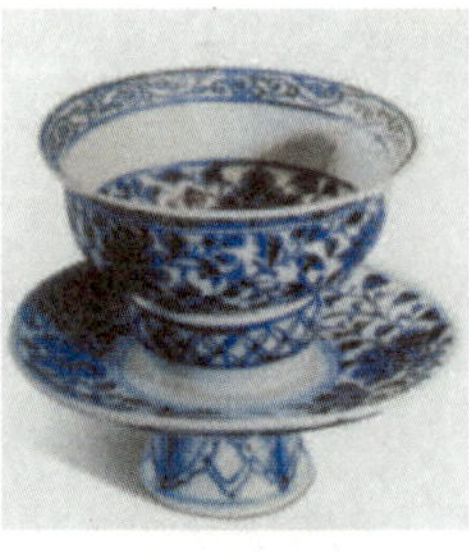

图2-79　元青花缠枝花卉纹盏（首都博物馆藏）

（三）元代钧窑瓷器

元代钧窑烧造区域扩展到黄河以北的广大地区，这一时期钧窑瓷器开始复苏发展，并开始形成自己的特色。元代民间钧窑瓷器工艺相比于金代较为粗糙，胎质较宋、金的更厚，杂质较多，颜色多呈黄白色、褐红色。瓷器造型种类多，器型较大；釉色以天青、天蓝为主，带紫红斑点，釉质较粗、颜色暗、光泽度差、多棕眼和气泡，釉层厚薄不均，施釉多不到底。

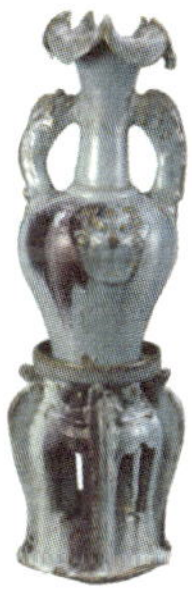

图2-80　元代钧窑天蓝釉贴花兽面纹双耳连座瓶（首都博物馆藏）

元代钧窑天蓝釉贴花兽面纹双耳连座瓶：是元代钧窑瓷器的代表之作。此瓶胎体厚重，由上下两部分组成，上为瓶、下为座，瓶座相连；口沿为花口，颈间附对称的摩羯形双耳，腹部前后两面雕贴对称的虎头铺首；通体施天蓝色釉，造型新颖美观，釉色艳丽明快（图2-80）。

（四）元代龙泉窑瓷器

元代龙泉窑在宋代的基础上继续发展，品种丰富，产量增加。龙泉窑瓷器的胎质比宋代的要粗厚且坚致，白中闪灰，施釉厚，釉面不太润泽，玻璃质感强，呈黄绿或绿中闪黄。元代龙泉窑青瓷种类繁多，装饰变化万千、风格多样，造型庄重大气而又雄浑饱满，釉色纯正，胎体厚重且粗糙，胎骨坚实。

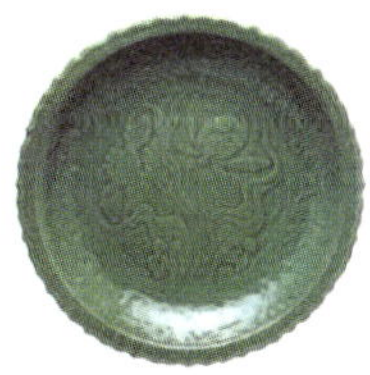

图2-81　元代龙泉窑刻花菱口大盘（托普卡帕宫藏）

元代龙泉窑刻花菱口大盘：青瓷大盘是元代龙泉窑最有代表性的产品之一。该盘口径34.5厘米，高7.2厘米，盘口外撇，折沿，浅弧腹，圈足。整体造型浑圆大气，釉色青翠而温润典雅，纹饰有莲瓣纹、水波纹等，动静结合，生动有趣（图2-81）。

六、元代民间杂剧与南戏

元代是我国戏曲繁荣兴盛的时期。元代戏曲主要分为杂剧和南戏两大类，二者各有自己的发展轨迹。

元代是杂剧的鼎盛时代，名家辈出，佳作如云。元杂剧有完整的艺术形态，剧本主要由唱曲、宾白和表演三部分组成。元杂剧用北曲演唱，乐器主要使用琵琶等弦乐，风格豪放激越。在角色设置上，分为三大类别：末类、旦类和净类。一个剧本中，通常仅由一位角色担任主唱。在元朝近百年的历史中，北杂剧的创作达到了鼎盛，涌现了大量杰出的戏剧作家和演员，创作的剧本数以千计，蔚为壮观。在这些杰出的剧作家中，关汉卿、郑光祖、白朴、马致远四人被誉为“元曲四大家”。关汉卿广受欢迎的佳作有

《窦娥冤》《望江亭》《单刀会》等。戏剧家王实甫创作了被称为“天下夺魁”的《西厢记》，成为元代戏曲最高成就的代表。

元代杂剧砖雕俑有着不同的造型，他们的发型与服饰，都非常鲜明地带有北方草原游牧民族浓重的风格、风貌。这些民间俑生动有趣，十分逼真，真实地反映了元代杂剧和民间舞队普遍流行和空前繁荣的景象。图2-82 ~ 图2-87展示了河南博物院藏的一些砖雕俑。

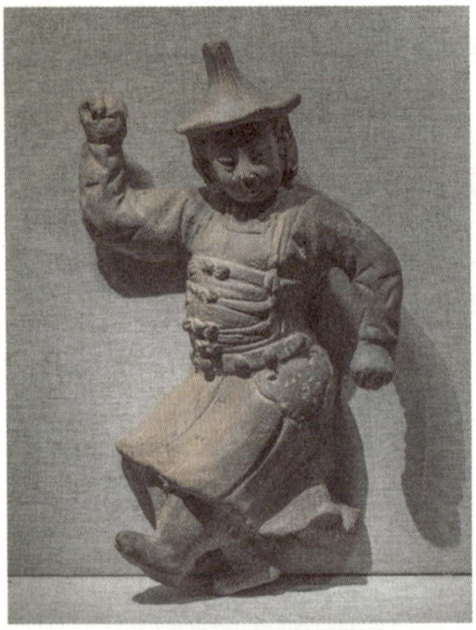
图2-82　元杂剧砖雕跳舞俑

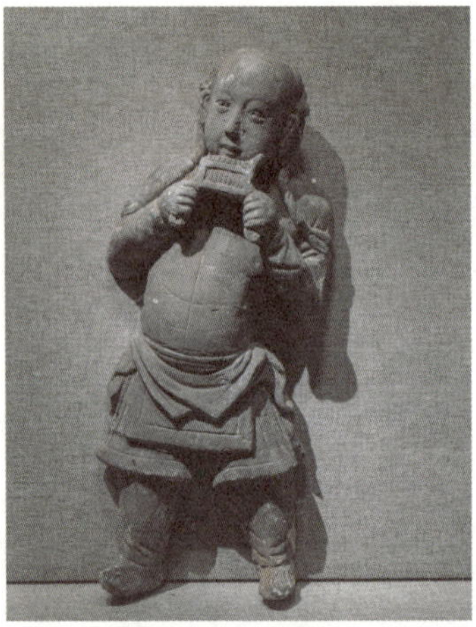
图2-83　元杂剧砖雕吹排箫俑

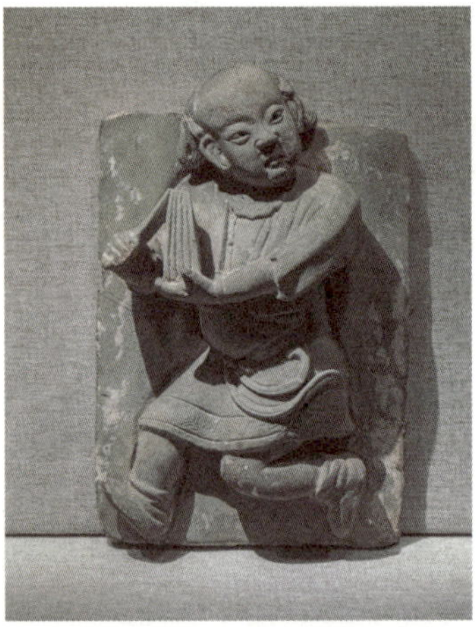
图2-84　元杂剧砖雕打节板俑

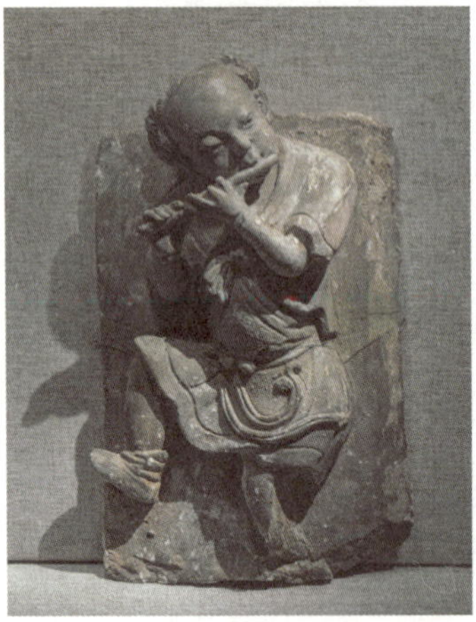
图2-85　元杂剧砖雕吹笛俑

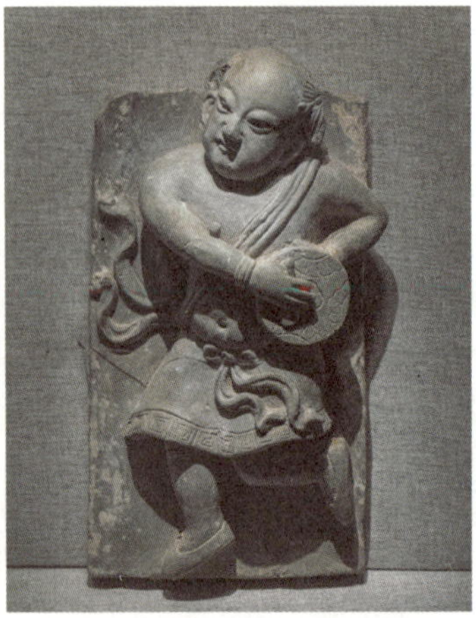
图2-86　元杂剧砖雕鼓舞俑

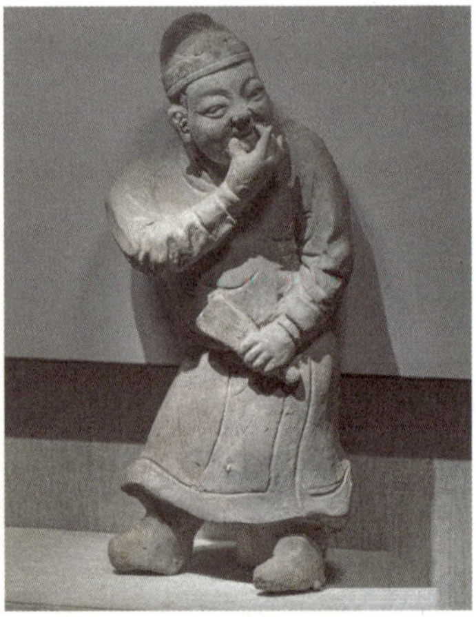
图2-87　元杂剧砖雕吹口哨俑

元代南戏是中国最早成熟的戏曲形式，起源于北宋末、南宋初的浙江温州，当时被称为“温州杂剧”“永嘉杂剧”等。南戏在元代经历了一定的中衰过程，但在南方一些地区的民间仍然颇为流行。到了元末，南戏的艺术性进一步提高，高明的《琵琶记》等作品的出现，标志着南戏达到了成熟的阶段，并为明清传奇的兴起奠定了基础。

元代昆曲：昆曲又称昆山腔、昆剧等，属于南戏的一种，是中国最古老的剧种之一，起源于元代末年的昆山地区（今江苏苏州），兴盛于明清。昆曲最早受到昆山人顾坚的注意与改革，形成了极具地方特色的昆山腔。到了明代，又由魏良辅改革，吸收北曲及海盐腔、弋阳腔的长处，形成了委婉细腻、清远悠长的“水磨调”风格，同时建立了昆腔歌唱体系。《琵琶记》是昆曲的代表曲目之一。

第六节｜明代民间艺术

自明代以来，“海禁”制度被打破，抑商政策放松，郑和下西洋等政治活动的开展，促进了明代民间艺术的发展。同时民间艺术明显有追溯唐、宋风格的痕迹，加上受文人士大夫艺术的影响，更注重对生活细节的描绘和表现，在技巧方面注重实用性和简洁性，呈现质朴、自然和生动的特点。明代民众思想的解放和科技的发展，为民间艺术的发展奠定了一定的内在基础。明代民间工艺在纺织、制瓷、制茶等方面均有建树，其中明代景德镇青花瓷更是享誉海内外的精品。

一、明代民间雕塑

从整体风格来看，明代民间雕塑呈现出程式化和装饰化的特点。民间建筑、民间家具上所附加的小物件雕塑，常常突破陈规，呈现出不同的风貌，取得了卓越的成绩，成为明代民间雕塑艺术的一大亮点。

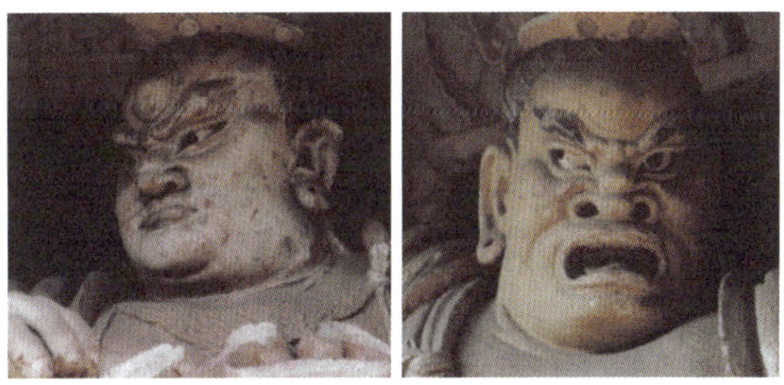

图2-88　山西双林寺十八罗汉（现存于山西平遥双林寺）

山西双林寺十八罗汉：明代的罗汉造像和前代相比，主要的变化在于罗汉造像所传达的情感更加具有人情味道。这种转变体现在人物塑造上，其造型更为细致、精美，更注意装饰效果的表达。人物的眼神更为多彩，或知睿深邃、闭目思禅，或神色飞扬、高谈阔论，或嬉笑怒骂、左顾右盼，性格姿态各不相同（图2-88）。

二、明代民间服饰

明代的民族服饰，继承了唐宋两代的传统，是华夏民族服饰的精髓。它崇尚古典，又不拘泥于古人的思维，擅长创新与变革，所以其造型、纹样、用料、工艺都超越了前一个时代。明代服饰中，人们在图案中或寄予寓意，或取其谐音，来表达自己的向往，各种花鸟图案组合在一起有着特定的含义，已经形成一套完整的体系。

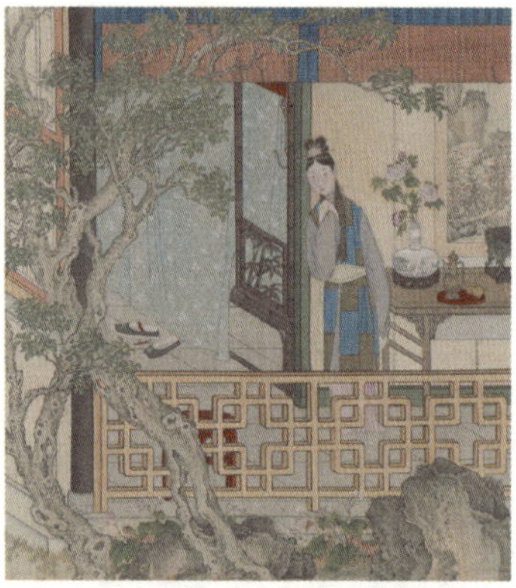

图2-89　晚明《燕寝怡情图》中穿水田衣的女子（波士顿美术博物馆藏）

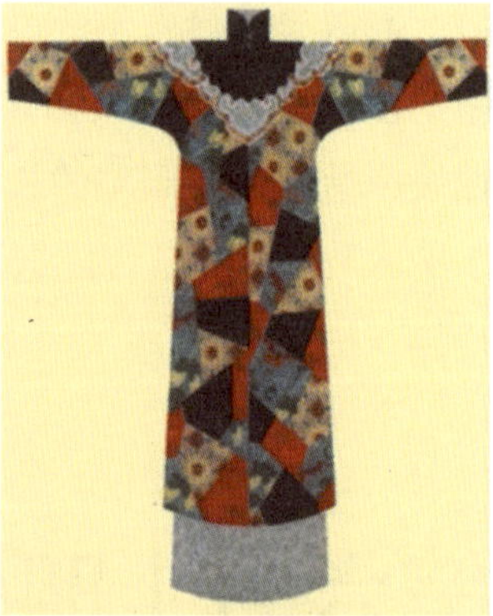

图2-90　水田衣

水田衣：明代的水田衣注重拼接的规则性，即把不同色彩的布料裁成等长的矩形，再按一定的顺序进行缝纫。水田衣所传递出的分割、解构和重组的观念，颠覆了以往以整体为美的美学逻辑，在破碎重组的过程中，会有更加强烈、鲜明、新奇的视觉图案涌现。明代大力倡导勤俭，大力推行“惠农”政策，营造了良好的社会氛围，这是水田衣盛行的主要社会条件（图2-89、图2-90）。

三、明代民间家具

明代成为我国传统家具发展的黄金时代。明式民间家具的造型简洁大方，注重结构，少装饰，突出了木质的纹理，将材料的美感表现得淋漓尽致，有一种“天然去雕饰”的艺术风格。明代民间家具雕刻题材包罗万象，有植物花卉、飞禽走兽、山水人物、喜庆吉祥及几何类雕饰等，不同的题材有着不同的含义。明代民间家具注重意境美、材料美、结构美和工艺美。

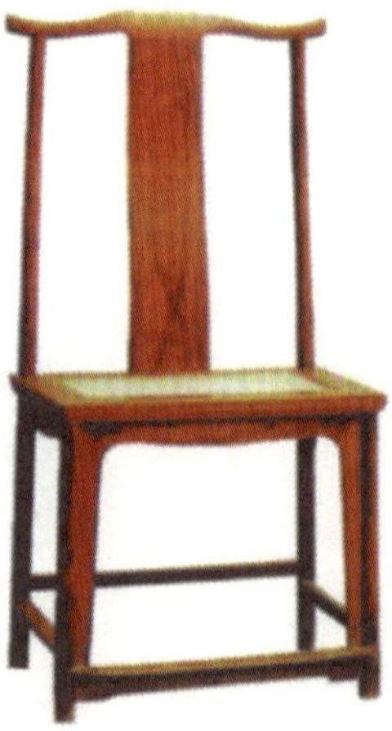

图2-91　灯挂椅（观复博物馆藏）

灯挂椅：灯挂椅是明代最为普及的椅子样式，以圆足为主，搭脑往两边突出，整体简单，仅作局部修饰；椅子背板上嵌一小块玉，或者嵌石、嵌木，或者雕一简练的图案；座面下大都用牙条或券口予以装饰。明代灯挂椅的造型整体感觉是挺拔向上、简洁清秀的，是明代民间家具的代表作（图2-91）。

四、明代民间剪纸

明代剪纸艺术的题材和内容也很丰富，呈现出一派欣欣向荣的景象，其品种不断增多，使用面越来越广泛，作品的记载也越来越多。明代民间艺人通过雕削，使剪纸线条呈现出三维效果，使剪纸不再是平面艺术，而是具有三维效果的作品。通常使用彩笔和墨笔为作品增色，会让艺术品变得更加醒目，深受人们喜爱。

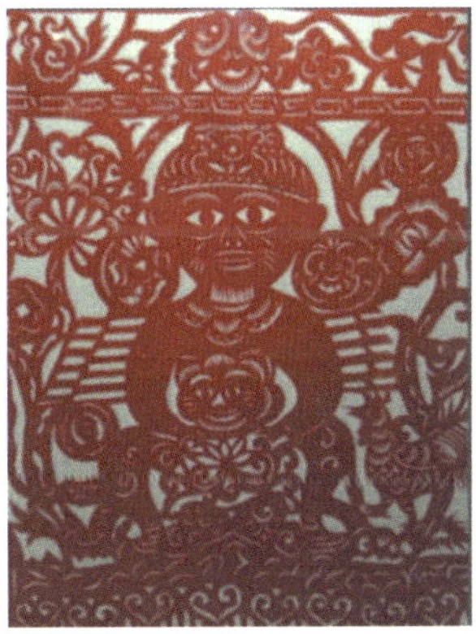

图2-92 安塞剪纸

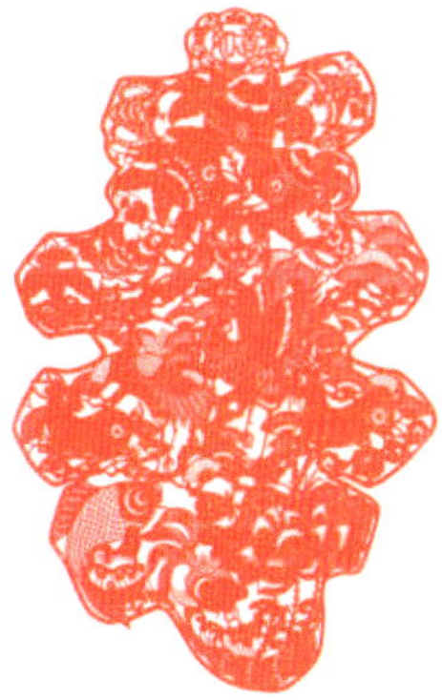

图2-93 蔚县剪纸

安塞剪纸：安塞女子剪纸不用草图，而是先把图样的大致轮廓剪下来，然后利用各种花卉、锯齿等纹饰，对局部进行夸张、象征等修饰，以加强剪纸的艺术性与美感。安塞剪纸有多种形式，如窗花、门画、炕围花、挂帘花、窑顶花等。表现内容大致分为四类。一是用于春节装饰，图个喜庆吉祥；二是用于婚嫁装饰洞房；三是用于制作玩具、刺绣；四是用作祭祀（图2-92）。

蔚县剪纸：是在国内外享有盛誉的传统民间艺术，有以阴刻为主、阳刻为辅的特点，深受儒家思想的影响，被称作“中华民族一种美丽的象征性符号”（图2-93）。

五、明代民间染织、刺绣

明朝的刺绣工艺发展迅速，绣品因其优美的线条、精巧的技艺而享誉海内外。中国东海一带，是明朝时期麻织技术最发达的地方。

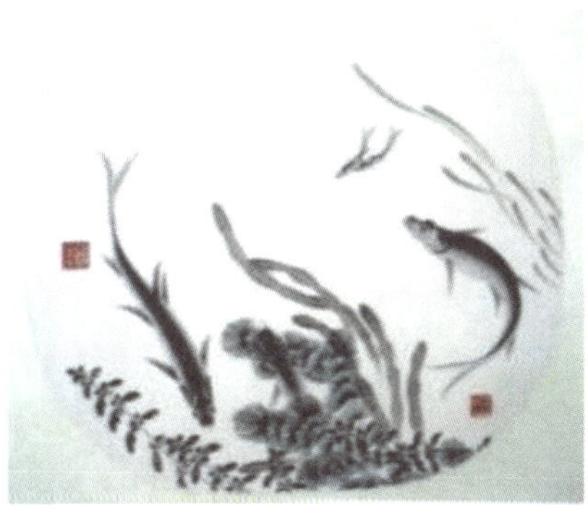

图2-94 顾绣作品《群鱼戏藻》（故宫博物院藏）

顾绣：明代在上海地区兴起的刺绣艺术流派。它得名于明代嘉靖年间进士顾名世家族，发源地“露香园”（今上海市黄浦区）不仅是其诞生的摇篮，更成为后世识别其艺术风格的重要标志，史称“露香园顾绣”。顾绣作品多取材于宋元名家的山水、花鸟和人物，以刺绣代替绘画，这是其一大特点（图2-94）。

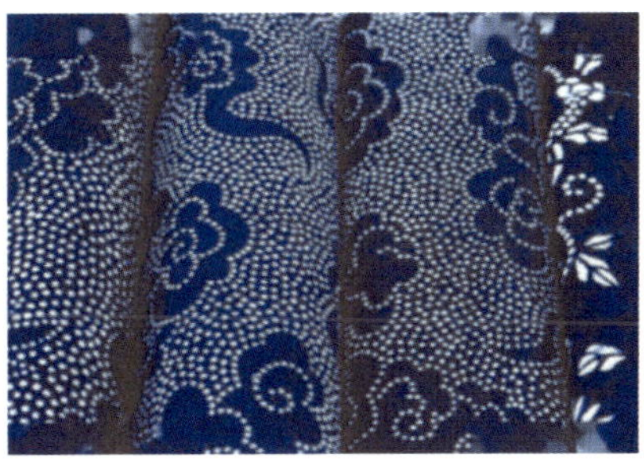

图2-95 浇花布

浇花布：明代浇花布是一种以夹缬或蜡缬等防染工艺制作的印花棉布，因图案繁复如泼洒花朵而得名。其图案多为花卉与几何纹，用天然植物蓝草的液汁浸泡手工印染制成，广泛应用于衣物与日用品中，既展现了民间审美，也反映了当时印染技术的成熟与棉布使用的普及，成为明代生活美学的重要体现（图2-95）。

六、明代民间玩具

明代玩具造型生动活泼且种类众多，儿童的游戏玩具多取材于民间的世俗生活，扎根于民间。

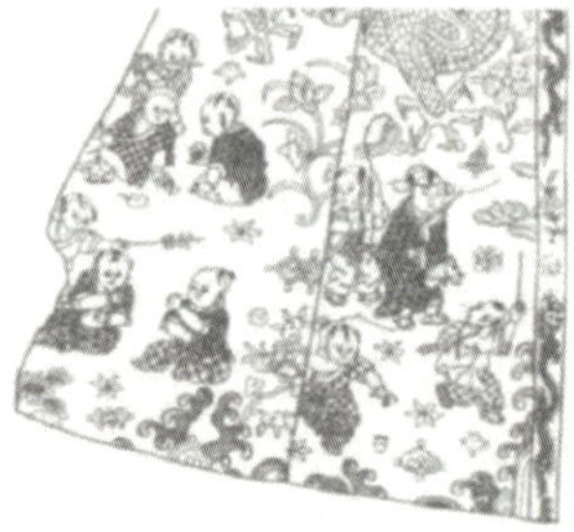

图2-96 百子衣中所绘玩捻转图（出土于明代定陵）

捻转：明代流行于民间的儿童玩具，一般由纸、竹片或木片制成，通过手指轻捻，使其在轴心上快速旋转，玩法简单却充满乐趣。图2-96中百子衣上所绘的玩捻转图，一人盘腿席地而坐，右手平托一枚正在旋转的捻转，左手五指并拢凭空护持，神情严肃；另一人也坐在地上，转身凝神注目，其捻转翻置在地。后面另有一人一边吹笛子一边观看。它不仅是儿童日常娱乐的重要方式，也承载着家庭手工制作的温情记忆。捻转的广泛使用体现了当时民间巧手造物的智慧，以及对童年生活的重视与想象力的表达，是明代儿童文化与民间技艺融合的生动体现。

七、明代民间瓷器

明代民间制瓷工艺有了长足进步，其民间瓷物件以千姿百态、色泽艳丽而著称，是中国制瓷业发展史上的一座高峰。江西景德镇陶瓷烧制技术依然遥遥领先，其下属下的崔公窑、周公窑、壶公窑、小南窑等地窑口也各具特色，形成产区内多样化的风格；而在景德镇之外，北方的磁州窑也以其独特的装饰手法和地域风格在民间广为流传。

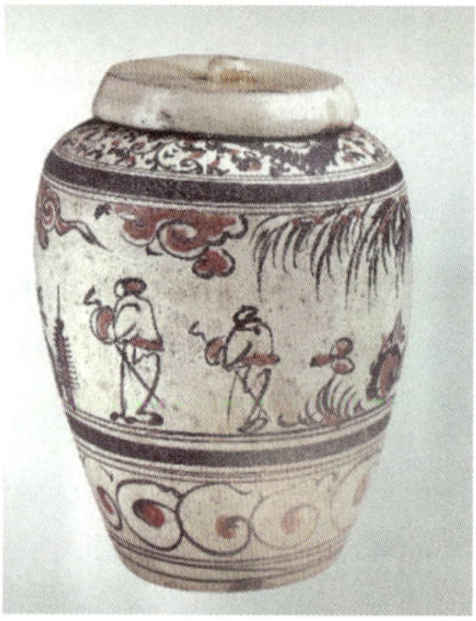

图2-97 白地褐彩人物纹罐（邯郸市博物馆藏）

磁州窑白地褐彩人物纹罐：罐身以黑褐色弦纹分为三个部分，即肩部饰缠枝花卉，胫部为变形云纹，腹部以两色突出层次，绘有两位士人持杖行走在云下，前有楼阁，后有杨柳，宛如中国写意画（图2-97）。

八、明代民间戏曲版画

明代民间戏曲版画是随着戏曲艺术兴盛而发展起来的一种图像表达形式，它以通俗易懂的画面记录和传播戏曲故事，深受普通百姓喜爱。这类版画多采用木版印刷，线条简练、生动传神，常通过手工上色增添视觉效果。内容以传统戏曲中的人物、场景和故事片段为主，不仅反映了当时大众的审美趣味，也展现了戏曲文化在民间的广泛影响力。作为日常生活中的视觉娱乐，它既是艺术作品，也是一种贴近生活的文化传播方式。

凤翔明代戏曲版画：凤翔戏曲版画是明代流传于陕西凤翔地区的一种民间木版年画，主要以戏曲人物和经典剧目为题材，由凤翔县南肖里村的画师家族世代传承制作。版画采用木版雕刻、黑线印刷的方式完成，再由人工手工着色，画面色彩鲜明、形象夸张生动，富有浓厚的民间气息（图2-98）。这类作品不仅是当时民众了解戏曲的重要途径，也反映了地方文化与戏曲艺术的深度融合。

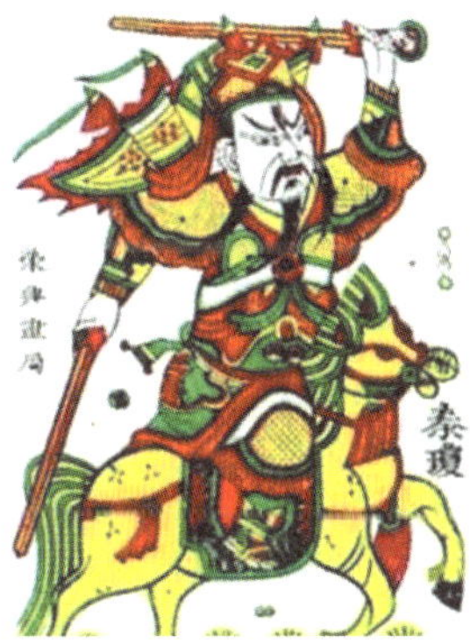

图2-98 凤翔明代戏曲版画

第七节｜清代民间艺术

清朝是中国历史上最后一个封建王朝，城镇商业的发展，使清代民间艺术呈现丰富多彩的状态。清朝时期，各地商品交流频繁，商业贸易较为发达，加之地域辽阔、民族众多、民俗丰富多彩，使清代民间艺术呈现出强烈的地域特色和个性特征。

一、清代民间雕刻

清代民间手工雕刻受到了人们的重视，具有很好的市场前景。清代雕刻所表现出来的风格特色，是封建制度日益衰落、半殖民地半封建社会的一个缩影，标志着中国雕刻艺术由宫廷性向民间化发展，为写实性雕刻开辟了一条新路。

嘉定派竹刻：嘉定派生产中心主要在江苏嘉定（今上海市嘉定区）。嘉定派的开拓者、代表者是朱鹤、朱缨、朱稚征祖孙三代，合称“嘉定三朱”，他们共同创新了多层浮雕与镂雕的风格，开启了嘉定竹刻的艺术传统。嘉定派竹刻作品能表现丰富的画面层次及立体效果，因此在中国竹雕史上占有极其重要的地位（图2-99）。

福建木雕：其图案均疏密有致、主题突出、层次分明，所雕人物栩栩如生、眉目清晰、表情生动，服饰、花叶、云朵等无不动感十足，显示了福建地区木雕工艺的高超水平（图2-100、图2-101）。

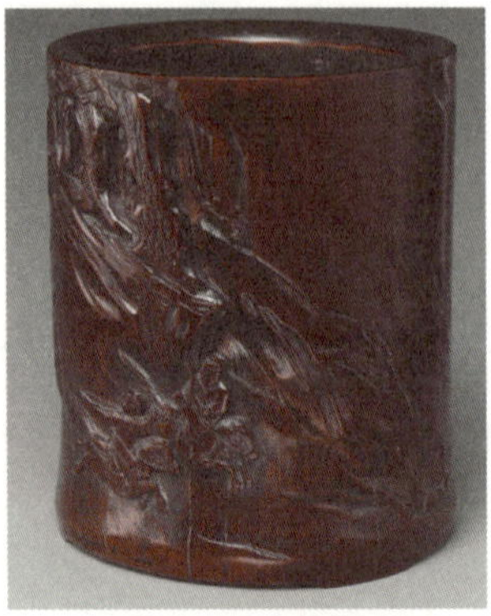

图2-99 《狩猎图笔筒》

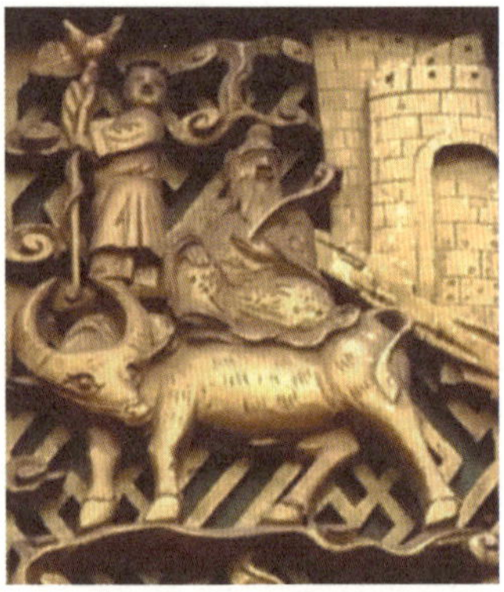

图2-100 《老子出关》

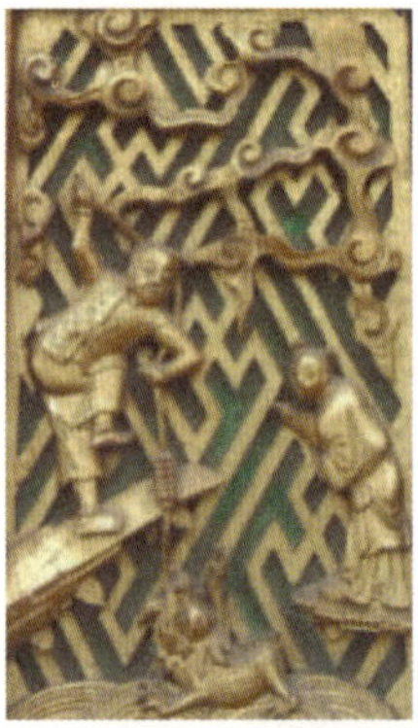

图2-101 福建木雕作品《刘海戏金蟾》

二、清代民间服饰

清朝的服装文化，是由满族、汉族两种文化碰撞、融合而成的一种文化形态。清代衣冠制度既保留了满族的骑射服特点，又吸纳了明清时期的服装等级观念。清朝服饰大体上追求清秀、简洁、窄袖紧身，反映了清朝的保守性。清代满族妇女的服饰，一般是旗袍（图2-102）外罩马甲以及高跟在脚心的花盆底鞋。满汉妇女装束相互影响，各自都有明显变化。清代妇女服装仿效中心几经变更，乾隆时以苏州为中心，嘉庆时以南京和扬州为中心，后又以上海为中心。辛亥革命后，服饰禁锢被打破，加之西洋服饰工艺的传入，妇女的服装产生了新的变化。马褂是清朝特有的服装。它多为圆领，有对襟、大襟、琵琶襟等式样，有长袖、短袖、大袖、窄袖之分，但均为平袖口。直到清末西洋服装传入后，我国的服装才产生重大变化，逐步迈入了近现代服装发展阶段。

凤尾裙：凤尾裙是一种做成条状的女裙。用各种颜色的绸缎裁剪成条，其中两条比较宽阔，其余的均制作成狭条，每条都绣上不同的花纹，两边镶滚上金色线，或者缀上花边（图2-103）。

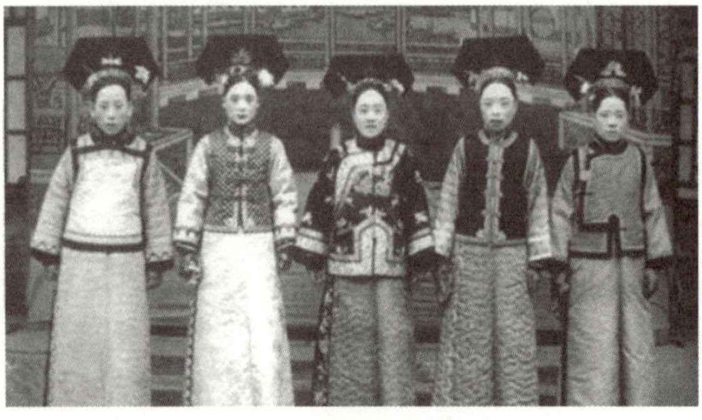

图2-102 清代旗袍

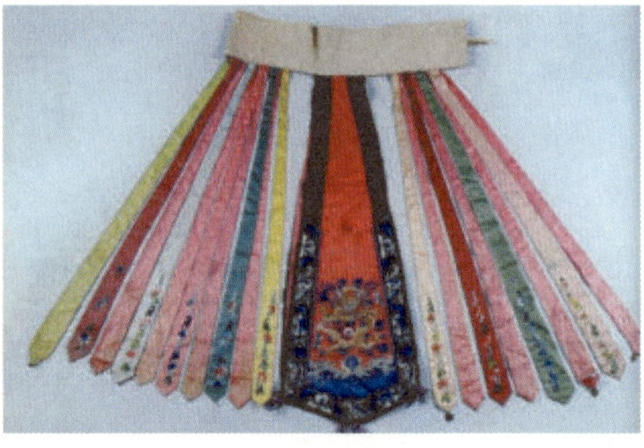

图2-103 凤尾裙

三、清代民间年画

清代民间年画以乾隆、嘉庆年间最为发达，尤其在工商业经济繁荣的小城镇比较活跃。民间画工还组织了各种行会。清代民间年画以天津杨柳青年画、苏州桃花坞年画、山东杨家埠年画最为突出。

天津杨柳青年画：杨柳青木版年画具有题材广泛、内容丰富、结构丰满、寓意吉祥、风格高雅等特点。它在继承宋元绘画的基础上，吸取了明代的木刻版画、工艺美术、戏剧舞台的表现形式，以木版套印与手工彩绘的方式，创造出了鲜明生动、喜气吉祥、富有感人主题的独特风貌。采用工笔画晕染手法，人物的头脸衣饰等重要部位多以粉、金晕染，别具风格（图2-104、图2-105）。

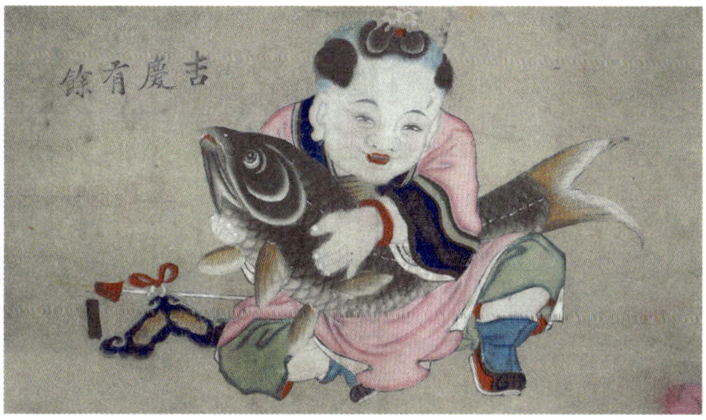

图2-104　天津杨柳青年画《吉庆有余》

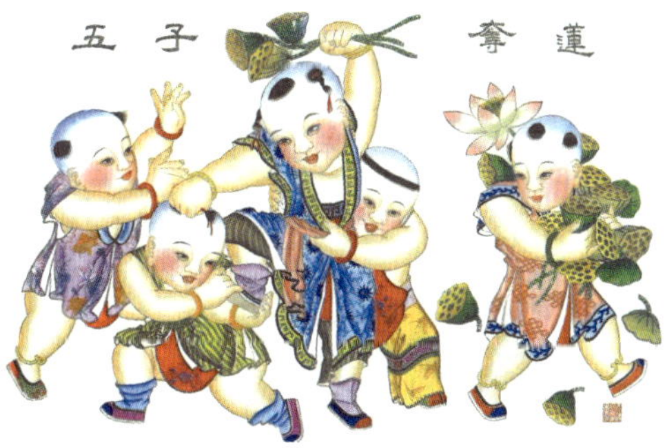

图2-105　天津杨柳青年画《五子夺莲》

山东杨家埠木版年画：杨家埠年画画面饱满，内容红火，造型简洁，装饰效果好。多采用对比色，年画的颜色多用植物和矿物颜料直接制成原色，很少用调和色。多以吉庆、劳动题材为主，符合广大民众生活需要（图2-106、图2-107）。

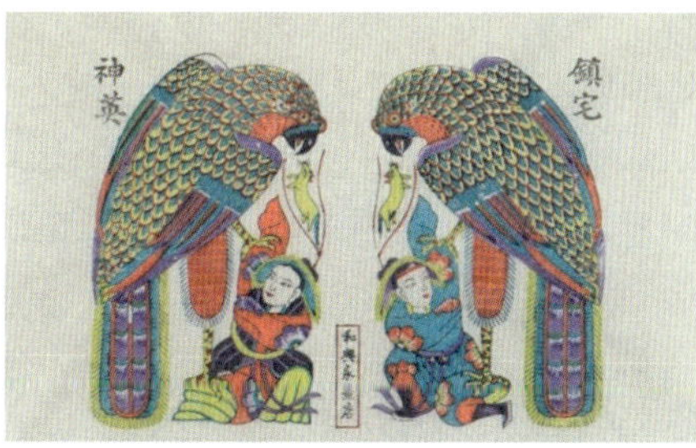

图2-106　杨家埠木版年画《神英镇宅》（重庆中国三峡博物馆藏）

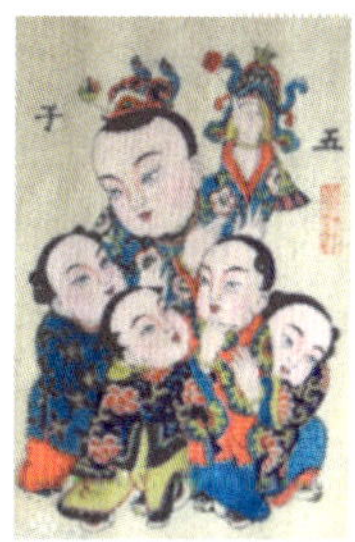

图2-107　杨家埠木版年画《孝五了门神》

四、清代民间家具

清代民间家具造型上多用方材，显得稳重大方。从纹饰来看，多采用传统的缠枝纹、回字形纹和缠枝牡丹纹等吉祥图案，寓意吉祥富贵。从结构来看，一般都采用榫卯结构，使得家具更加牢固耐用。清代民间家具在康熙末年至嘉庆时期兴盛，到了清朝

“盛世”时期，制作工艺达到了无以复加的精良程度，但在后期逐渐没落。

江南民间家具：明清时期，江南太湖一带的一些市镇，尤其是苏州一带，已经是民间家具生产的主要基地。木工器具的研究开发，使家具在制造工艺上有了很大的发展（图2-108、图2-109）。

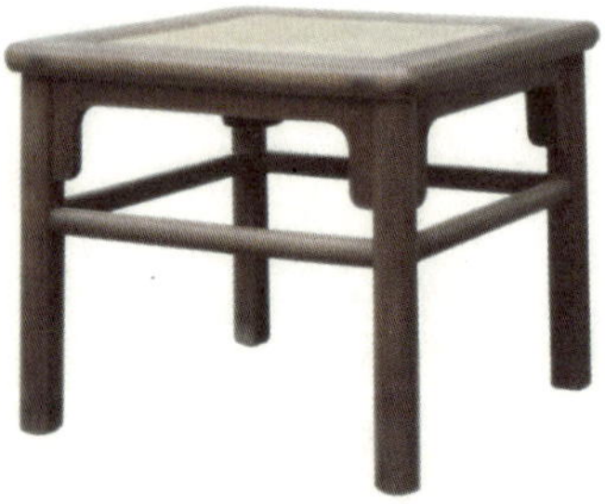

图2-108　榉木刀牙方凳（纽约苏富比藏）

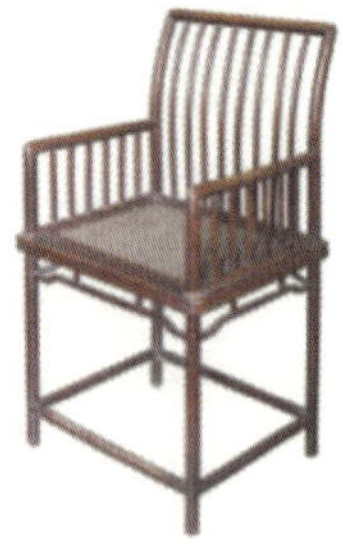

图2-109　楠木梳背式扶手椅（颐和园藏）

湘南民间家具：湘南地区以其丰富的木材资源和上乘的质量著称。这里盛产的楠木、红豆杉、银杏木、香樟木、铁力木、杉木和梨木等木材，都是制作家具的理想材料。这些优质的木材为湘南地区的家具制作提供了得天独厚的条件，使工匠能够充分发挥自己的才艺，打造出精美的家具作品。明清时期，湘南民间木质家具以其精湛的雕刻装饰手法而闻名，这些家具的精美性得益于当地丰富的木材资源。在湘南家具的设计中，人类工程学被当作重要的依据。无论是具有躺卧、倚坐、盛装等功能的家具，还是满足摆放、摆设、悬挂等需求的家具，其设计的尺度都是基于人类工程学原理，同时考虑到建筑和环境空间的实际情况。这种设计理念使得湘南家具既实用又美观，深受人们的喜爱（图2-110、图2-111）。

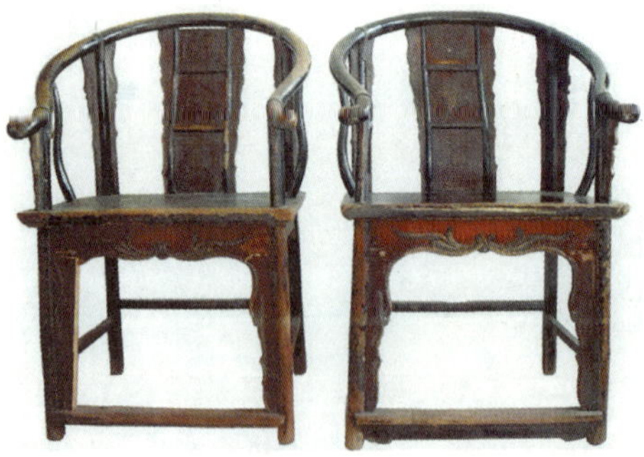

图2-110　樟木圈椅（摘自《明清时期湘南民间木质家具装饰风格研究》，作者：许长生）

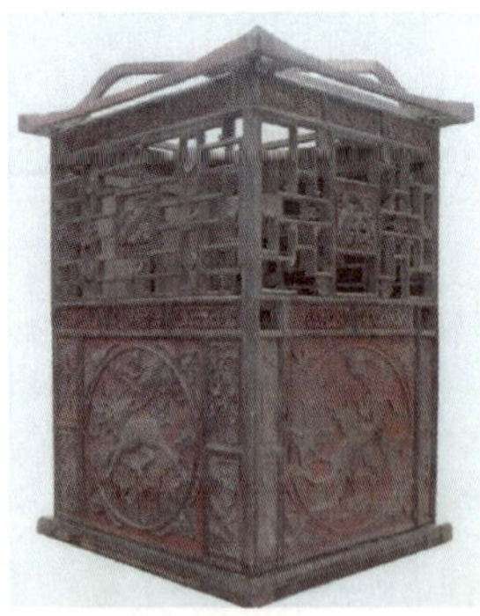

图2-111　樟木轿子（摘自《明清时期湘南民间木质家具装饰风格研究》，作者：许长生）

五、清代民间剪纸

清代民间剪纸的发展呈现出欣欣向荣的局面。剪纸的题材内容、形式种类、应用范围都超过前代，技巧也达到了前所未有的水平，常常用于装饰门窗墙壁等，增添了节庆的喜庆气氛。其种类主要分为岁时民俗剪纸和礼仪信仰民俗剪纸。剪纸受到当时的绘画、戏曲、小说插图、画谱、年画等艺术的影响，体现出当时的文化氛围和人民群众的审美情趣，呈现出或华丽或质朴的特点。清代民间剪纸利用象征、寓意、谐音、比拟、符号、文字等手法，做到图必有意、意必吉祥。

胶东剪纸：清代胶东剪纸是山东胶东地区流传较广的一种民间手工艺品，主要采用红纸剪刻成各种花鸟、人物和吉祥图案（图2-112）。其造型简洁生动，富有装饰性，既反映了当地人民的审美趣味，也富有民俗文化的象征意义。胶东剪纸常用于节日、婚嫁和庙会等重要场合，作为装饰和祝福的载体，体现了人们对幸福、吉祥生活的追求。整体来看，胶东剪纸不仅是一种艺术形式，也反映了清代胶东地区丰富的民间文化传统和生活风貌。

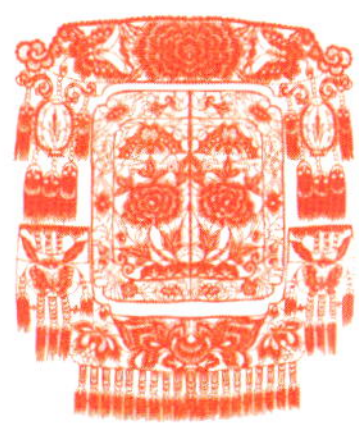
a.《蝶恋花》

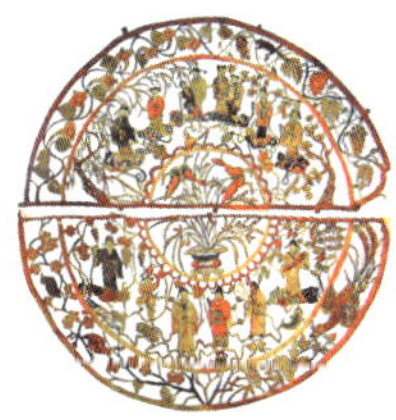
b.《八仙人物》

图2-112 胶东剪纸
（摘自《明清剪纸》，鲍家虎）

六、清代民间染织

清代民间染织纹样除了自身发展的因素和对外来风格的借鉴外，也受到了年画、国画、剪纸的影响和启发。染织行业发展到清代，其产品花色更为丰富，品种也更加繁多。民间印染业也比较发达，色彩比较丰富，民间工艺比明代又有较大的进步且逐渐形成各具特色的地方体系。

吉庆有余、双鹤延年：在染织艺术上，清代早期具有明代风格，吉祥图案的运用无处不在。整幅被面的纹样，皆由具有吉祥含义的动物、植物和器物图案组成，动物纹样衬托在四周，象征吉庆祥和（图2-113）。

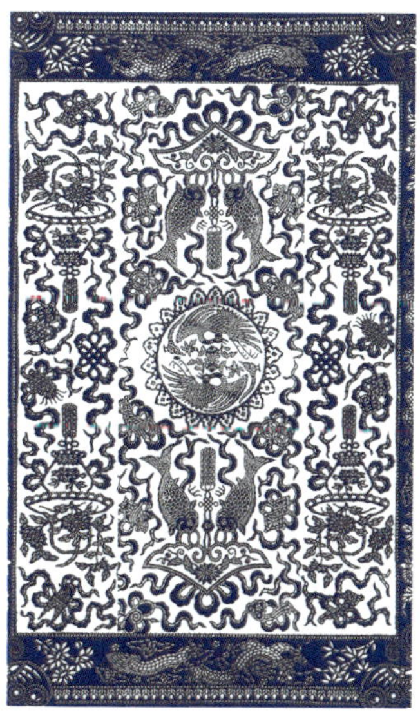

图2-113 吉庆有余、双鹤延年

七、清代民间食具

清代民间食具以瓷类和锡类为主。瓷类饮食器具质量精良，品种丰富多彩，器形多种多样，向着成套化、系列化、专门化发展。造型普遍较为简洁，一般为圆形或椭圆形。锡质饮具广为普及，多为民间百姓常用的日用器皿，种类多样、造型丰富。

清乾隆粉彩花卉纹提梁壶：清代粉彩和珐琅彩技术兴起，黄色、紫色、红色、绿色等不透明釉色被引入瓷器的装饰中，通过光影变化和透视技法，使画面更具立体感和层次感。这种表现手法也开始出现在同期的欧洲瓷器上（图2-114）。

清青花花卉纹大碗：敞口、深腹、圈足，器型端正，线条流畅。碗口微微外撇，方便使用；深腹设计增加了容量，也更实用。圈足平稳，便于烧制和摆放。整体比例协调，造型简洁大方，既适合日常使用，也有一定的观赏价值（图2-115）。

温酒壶：是清晚期的一种常见锡壶，以大抱小。此壶分内外两层，使用时，将热水注入外壶与内壶之间的空隙，再放入装好酒液的内壶，热水可随时更换，从而得以持续保温。这是清末期至民国时期常见的一种饮具（图2-116）。

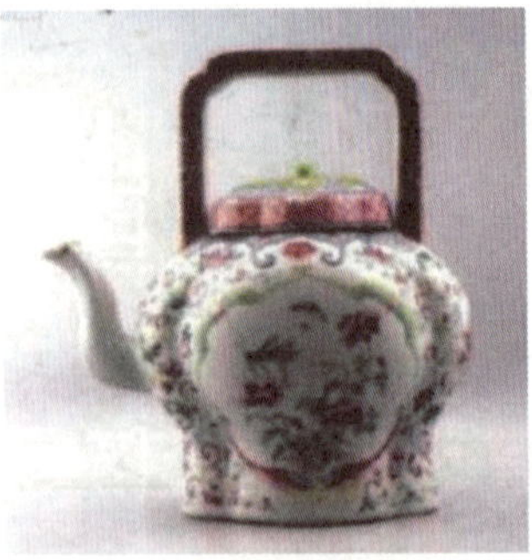

图2-114 清乾隆粉彩花卉纹提梁壶（台北故宫博物院藏）

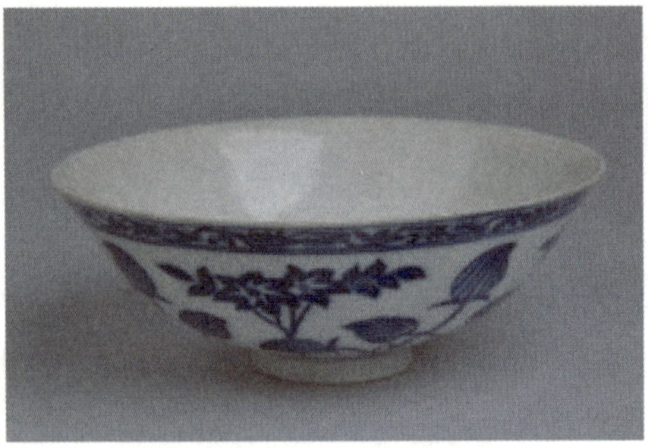

图2-115 清青花花卉纹大碗（重庆中国三峡博物馆藏）

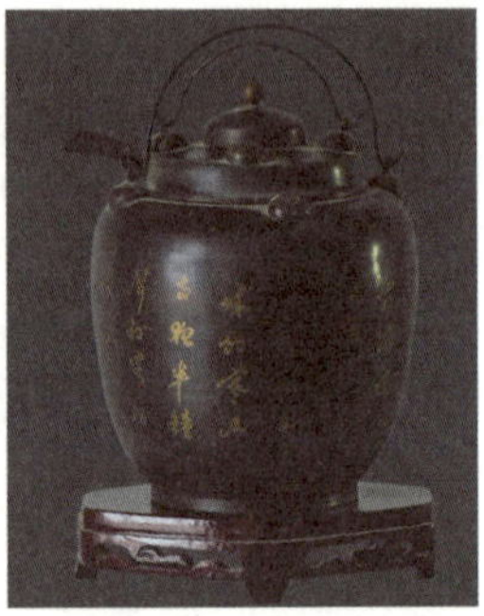

图2-116 温酒壶（华夏酒文化博物馆藏）

八、清代民间玩具

清代是民间玩具重要的发展阶段，民间玩具承载了清代民间的信仰和习俗。当时的玩具品种极为丰富，远超如今保留下来的品种。清末的风筝中，就有许多采用西方的明暗手法绘制的，令人眼前一亮。清末琉璃厂的市场上，出现了微型欧洲士兵和水手形象的玩具。

兔儿爷：兔儿爷是清代北京中秋节民间流行的时令风物，也是北京中秋节民间文化的一个重要组成部分。"兔儿爷"在清代中期以后，其作用由祭月拜兔与庆贺皇帝寿辰相融合，其形象的拟人化色彩增强，并穿上了具有明确等级象征意义的黄衫。可以说这时的兔儿爷是宫廷文化与民间文化结合的产物（图2-117）。

凤翔泥塑：明清时期陕西民间玩具的发展先后经历了繁荣和衰落。明朝时一批来自景德镇的士兵在陕西凤翔安家，他们带来了泥塑技术，同时在平时生活中制作小玩具赚钱，据传这就是凤翔泥塑最初的起源，这在一定程度上促进了泥塑的发展。清朝初期，陕西民间玩具的生产不断发展，影响力不断扩大，到清朝末期，社会动荡致使陕西民间玩具逐渐衰落（图2-118）。

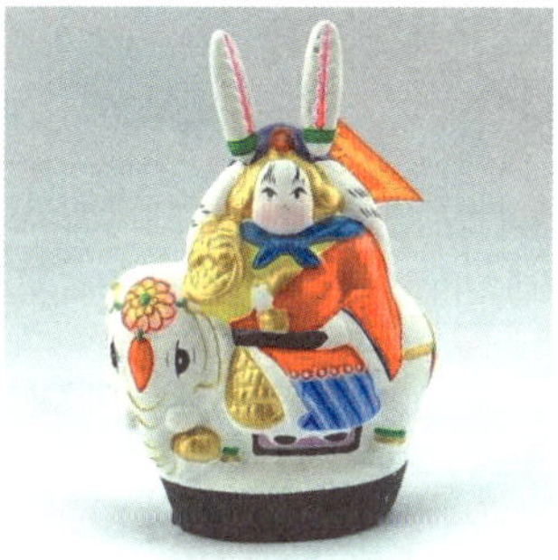

图2-117 兔儿爷

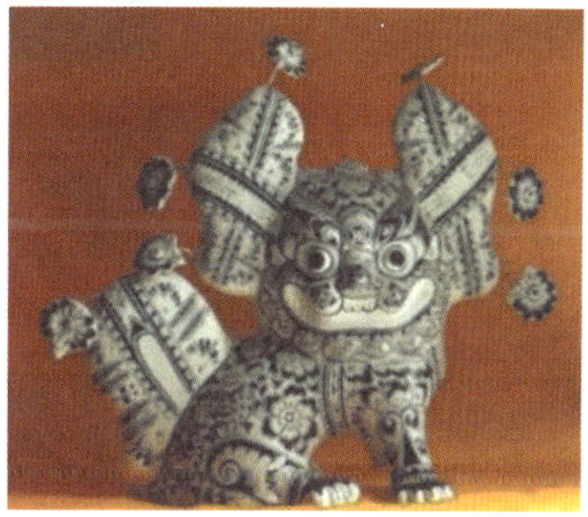

图2-118 凤翔泥塑

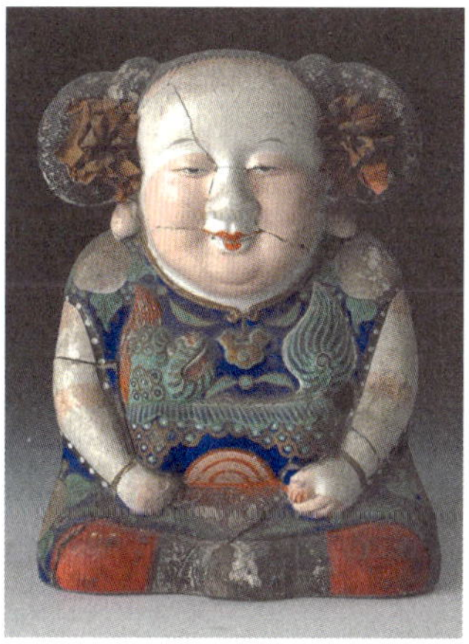

图2-119 惠山泥人《大阿福》（无锡博物院藏）

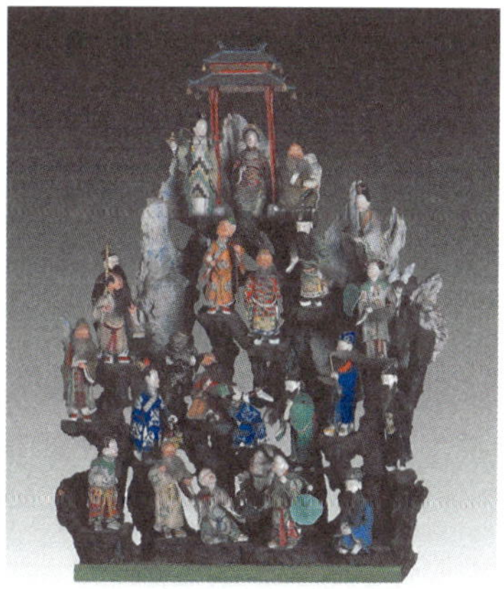

图2-120 清 周阿生塑、陈杏芳彩《蟠桃会》（无锡博物院藏）

惠山泥人：惠山泥人因其色彩鲜明、造型简练、线条流畅，具有浓郁的装饰性和生活情趣而备受欢迎。其作品大体分为三类。一是以“大阿福”为代表的胖娃娃（图2-119），民间称之为“玩偶”，艺人称作“耍货”；二是以“财神爷”为代表的偶像，统称为“烂泥模模”，民间也称之为“菩萨”；三是以表现戏文故事和风俗故事为主的塑作，艺人称之为“戏文”。后在苏州、无锡、天津、北京、福州、长沙等地流行起来，使清代的民间泥塑更上一层楼。

周阿生塑、陈杏芳彩《蟠桃会》：作品以王母娘娘开蟠桃会、群仙庆贺为场景，整体似山，顶端是书有“蟠桃会”三字的大红色阁楼，阁楼下方24位神仙分4层站立，王母娘娘坐最上层，南极仙翁和麻姑居两侧，神仙表情、服饰各异，依传统戏曲《蟠桃会》手捏戏文创作，迎合慈禧看戏癖好，是惠山泥人“细货”巅峰之作，体现高超手工技艺与深厚文化内涵（图2-120）。

九、清代民间农具

清代农业技术的发展，离不开完整耕作程序和耕作原则的提出。清代流传“欲求足食之道，先明力耕之法”的观念。小型农具在清代进一步完善，如稻田整地灭茬的农具辊轴，作用是把田间杂草和秧苗同时滚压入泥，过宿之后，秧苗长出，而草不能起。

深耕犁：清朝出现了“深耕犁”（图2-121）。随着生产水平的提高、生产工艺的不断完善，在对农业生产规律的系统性理解下，清代农业生产力水平也有了较大提高。开垦荒地用“坚重大犁，或二牛，或三牛以开之”，这说明当时的犁有大小和轻重之分，不同的土质，使用的工具也不同（图2-122）。

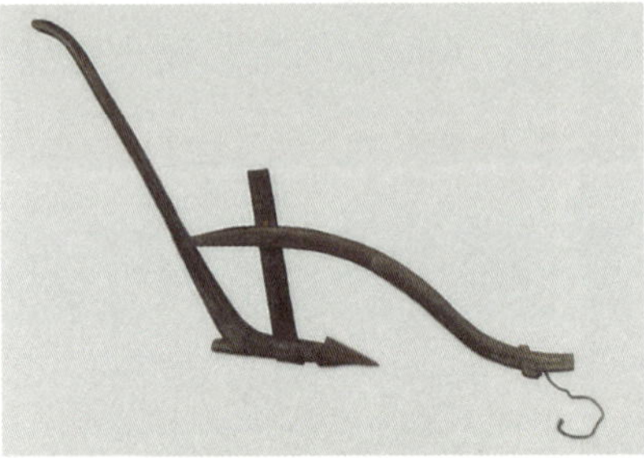

图2-121 深耕犁

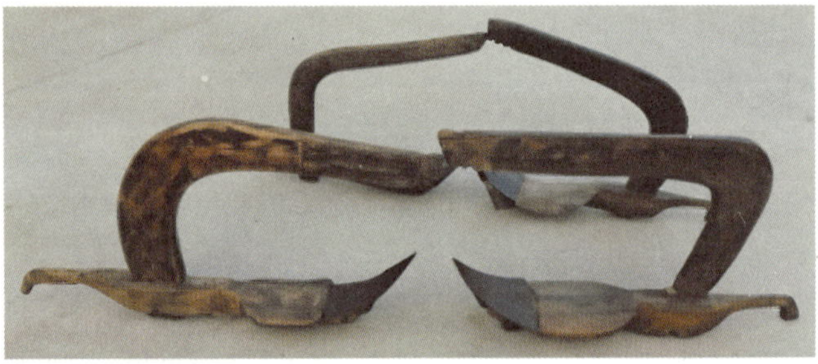

图2-122 木制犁

十、清代民间瓷器

民窑以明、清两个朝代最为兴盛。民窑的产品称客货，风格与官窑迥异，除去一些限制生产的花纹和器型，可以说民窑瓷器的造型和纹饰题材更丰富自由。清代民间瓷器釉色以白为主，青釉次之，青花和五彩最多，瓷胎很细，瓷质坚密，胎体薄而轻，器型规整。清代民间彩瓷题材广泛，釉色丰富，图案生动活泼，构图形式多样。民窑陶瓷的烧制，由于少了烧制官窑陶瓷的种种限制，主要用于满足国内外市场的消费需要，因此装饰题材丰富多彩，构图生动活泼，体现出中国民间艺术思想的意境美。

五彩花篮图大盘：清康熙青花瓷的青花用料有两种，一种是珠明料，一种是浙料。康熙青花的用料提炼方法是明代晚期使用的火煅烧提炼方法。青花发色更纯，更浓艳亮丽（图2-123）。

青花红彩瓶：瓷器直口、短颈、筒形腹、圈足，胎质坚硬细密，胎色洁白，釉面光润。口沿绘青花如意纹，腹部饰青花釉里红缠枝牡丹，胫部绘莲瓣纹，圈足外有青花回纹（图2-124）。

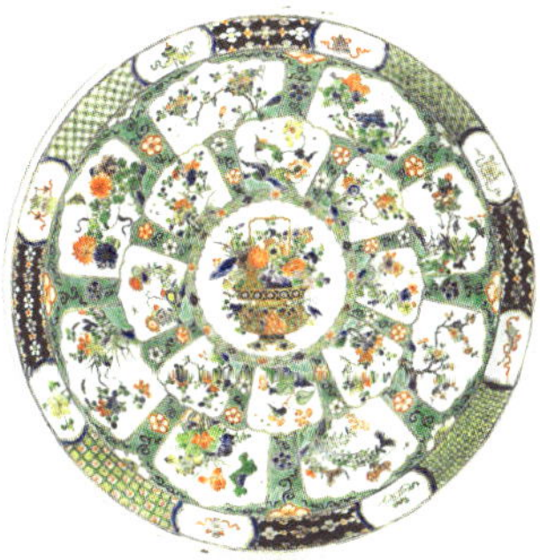

图2-123 五彩花篮图大盘（洛阳树威古瓷鉴藏博物馆藏）

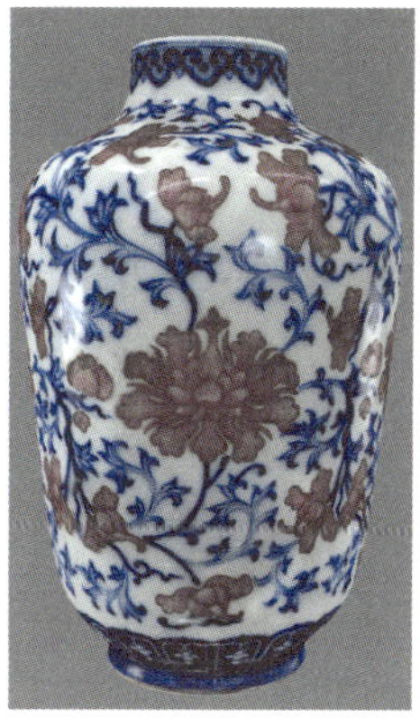

图2-124 青花红彩瓶（河北博物院藏）

十一、清代民间戏曲

清代民间戏曲是在清政府文化专制的政策下，由元明传统的民间戏剧形式分化演变而来的、多元化风格的、带有地方特色的戏曲表演艺术。清代民间新兴地方戏曲大量出现。

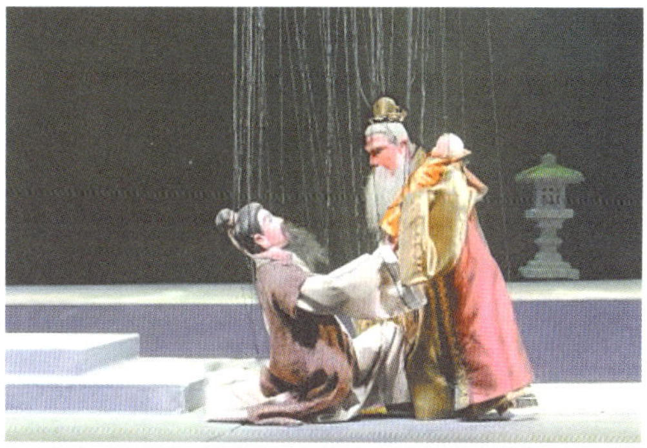

图2-125 泉州提线木偶

泉州提线木偶：泉州提线木偶是福建泉州地区传统的民间戏剧形式，至迟于唐末五代已在泉州及周边地区流行。此后历经宋、元、明、清以至当代，传承不辍。通过操控木偶身上的细线使其灵活动作，演绎各种故事和戏曲。木偶造型精致，表情生动，动作细腻，配合唱腔和音乐，展现了丰富的戏剧表现力。泉州提线木偶不仅是当地重要的民俗艺术，也反映了闽南文化的独特魅力，至今仍有传承和演出（图2-125）。

十二、清代民间金属工艺

清朝的民间金属工艺博采众家之长，兼容并蓄，取得了前所未有的发展，使得清朝的金器艺术呈现出一种多姿多彩、欣欣向荣的景象。

《芦蟹图》：画面以芦苇丛与三只螃蟹为核心构图元素。画面底部左侧，两只螃蟹形成强烈的动态对抗关系：一只伸展大螯，摆出捕捉姿态，目标直指另一只螃蟹的步足；而受威胁的螃蟹身体后倾，步足微曲，做出准备逃逸的应激反应。在这组对抗场景的右侧不远处，第三只螃蟹呈静态卧姿附着于芦苇籽串上，其螯足自然收拢，展现出取食时的闲适之态，与左侧的紧张动态形成鲜明的动静对比。芦苇丛以写意手法分布于画面上部，其茎秆与蟹群在垂直方向上形成视觉分隔，不仅构建出生态场景的空间层次，更通过物象组合暗喻自然环境中的生存状态（图2-126）。

吉祥花卉纹银发簪：此发簪以吉祥花卉装饰，从枝到叶构图疏密有致、富有层次，极具中国特色。明清之际，文学作品、戏曲人物、历史故事广泛进入了装饰领域，年画、剪纸、木雕、玉雕、瓷器、刺绣、印染等均受到影响，金银器也不例外（图2-127）。

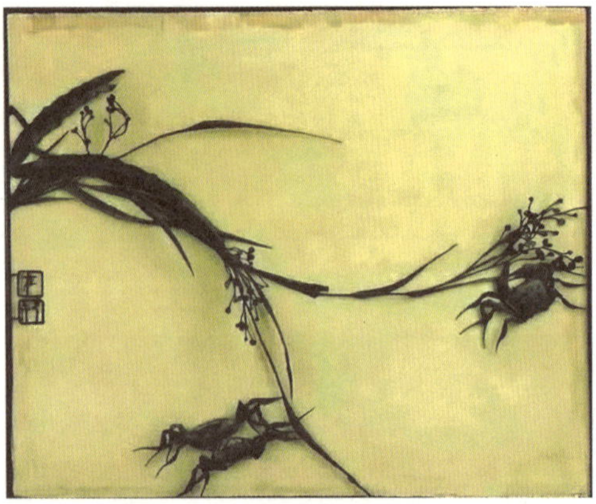

图2-126　清《芦蟹图》

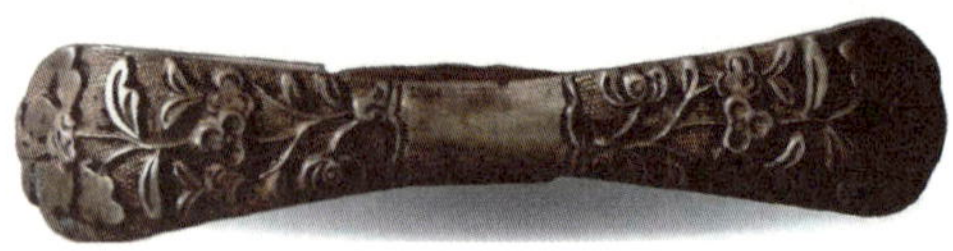

图2-127　吉祥花卉纹银发簪

第八节｜民国民间艺术

民国时期的民间艺术呈现了对传统的保留与对现代的探索，经历了从传统走向现代的过渡阶段，这种艺术文化的交融在作品中得以体现，形成了具有创意和独特魅力的新颖表达形式，富有时代感、民族性。此时的民间艺术在传统与现代、东方与西方之间似乎找到了一种平衡，成为中国文化艺术传承中不可或缺的一部分。

一、民国民间剪纸

民国时期，中国的剪纸艺术迎来了新一轮的蓬勃发展。与之前的民间剪纸相比，这一时期剪纸艺术更加专业化，艺人逐渐成为从事剪纸的专职人士。剪纸的风格也呈现出中西融合的趋势，写实造型特征显著，大量表现现实生活题材的剪纸作品反映了当时客观存在的社会文化。这种对现实生活的关注与表达，与20世纪文化中“西风东渐”的背景及时代强调关注现实生活主题的氛围密切相关。因此，民国时期剪纸艺术不仅在风格上呈现出多样性，同时也与当时社会文化的发展趋势紧密相连（图2-128、图2-129）。

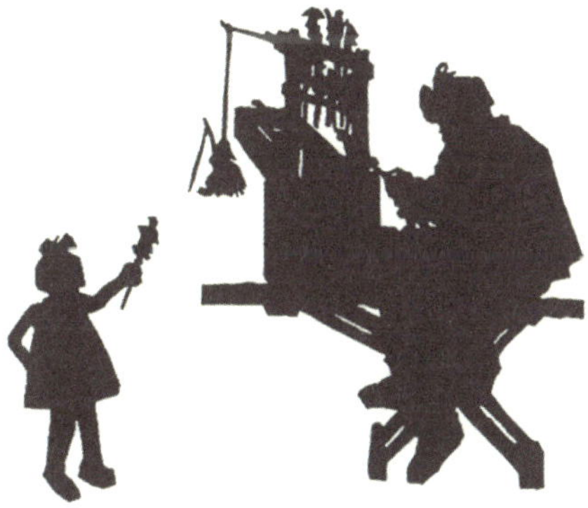

图2-128 陈志农作品《捏江米人儿》

图2-129 陈志农作品《卖烤白薯的》

胶东剪纸：民国胶东剪纸以其独特之处引人注目，其特点是将几幅或数十幅剪纸巧妙地组合成一个生动的故事，如一部连环画册。这些胶东剪纸作品囊括了成语俗谚、神话传说、历史故事以及艺人们日常所见的各种事物。在创作胶东剪纸的过程中，剪纸艺人们运用了染色、衬色、填色以及熏样等多种技法，赋予剪纸作品更加生动和独特的艺术表现力，推动了剪纸艺术走向多彩创作的领域（图2-130、图2-131）。

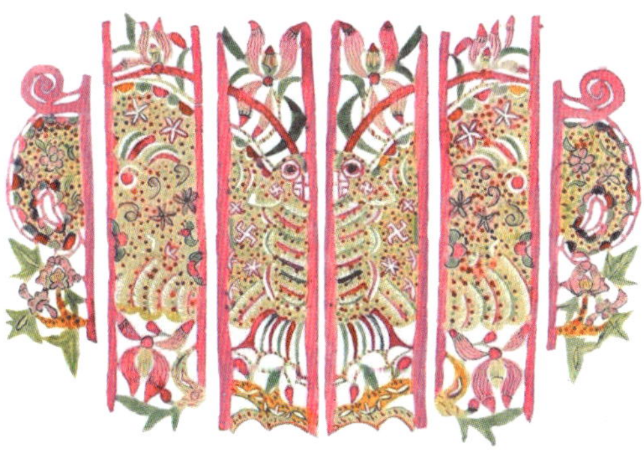

图2-130 胶东剪纸作品《蝙蝠》

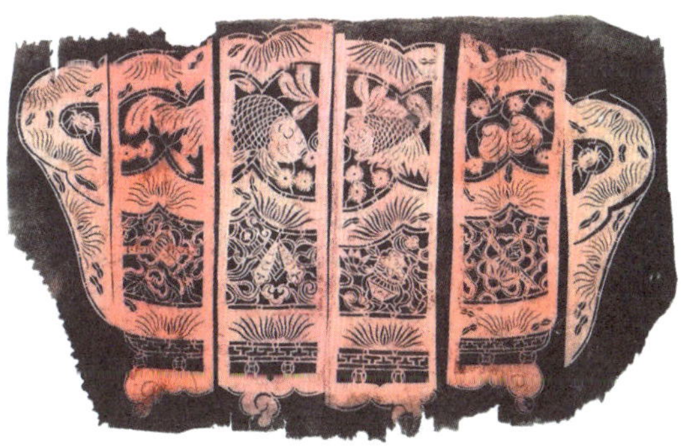

图2-131 胶东剪纸作品《金玉满堂》

王老赏剪纸：河北剪纸艺人在传承传统剪纸技艺的基础上，创作了大量人物剪纸作品，将河北的剪纸艺术推向了艺术的高峰，其中王老赏是备受瞩目的剪纸艺人之一。王老赏以其独特的创作风格和特色而闻名，展现了剪纸艺术的出神入化和巧夺天工之美（图2-132、图2-133）。

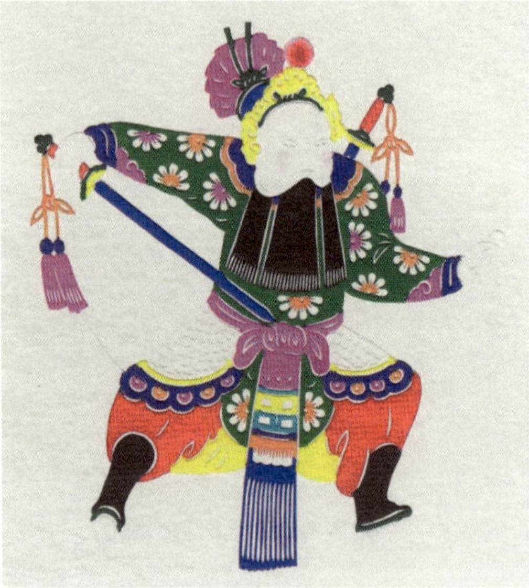

图2-132　王老赏剪纸作品（1）

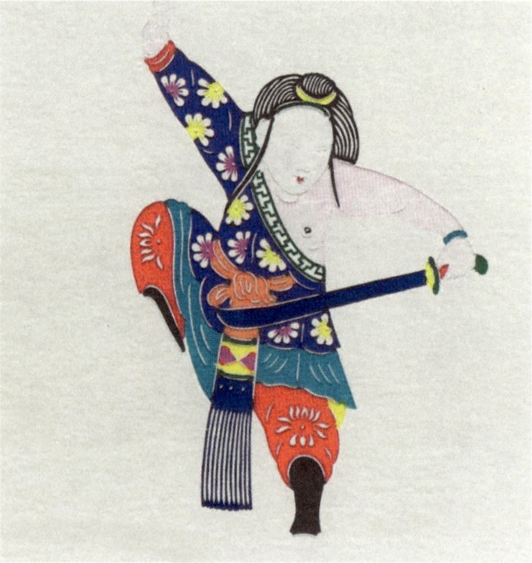

图2-133　王老赏剪纸作品（2）

二、民国民间服饰

在民国时期，城市生活中最显著的变革之一体现在服饰风尚中，中西融合的服饰逐渐走向主流。都市社会的时尚潮流蓬勃发展，各种新颖的服装款式首先在上海和江浙地区涌现，并迅速传播到全国各地。

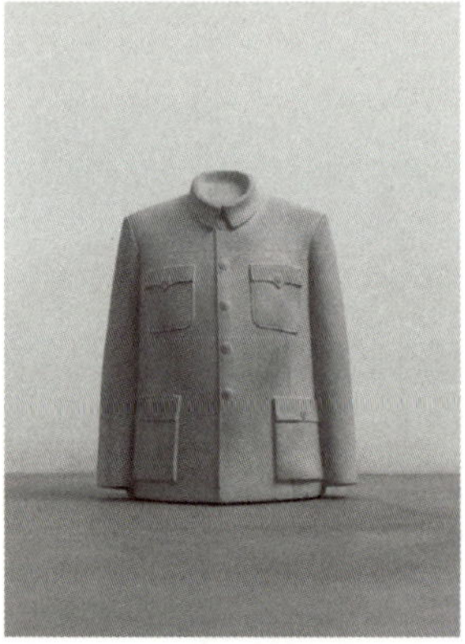

图2-134　隋建国雕塑《中山装》

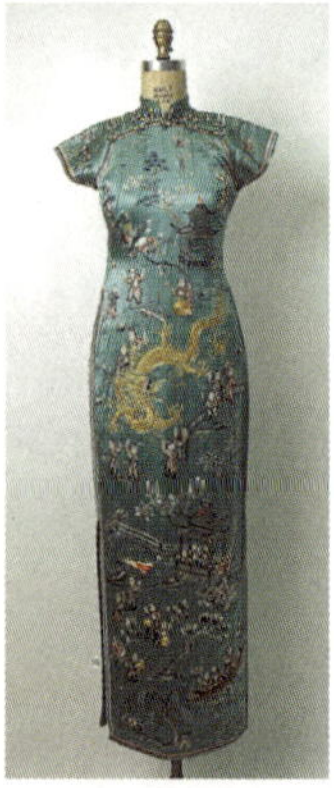

图2-135　大都会艺术博物馆收藏的中国旗袍

民国中山装：这一时期具有代表性的男子礼服即中山装，以其独特的设计和富有政治内涵的形式语汇备受推崇。中山装的形式语汇蕴含浓厚的政治内涵和人文道义，例如，中山装的四个口袋喻意“礼、义、廉、耻”，胸前五粒纽扣喻意“五权分立”，袖口三粒纽扣喻意“三民主义”之说（图2-134）。

民国旗袍：辛亥革命后，封建清王朝被推翻，这一时期的旗袍经历了巨大的变革——保留了一些体现特征的传统元素，如衣襟、盘扣，但在设计上注重与时代潮流的结合。开衩设计从低到高，巧妙展现双腿的线条，而色彩则选择了与肤色相近的调子，更显得自然和谐。这一设计风格反映了当时西方审美观对国内大众的影响（图2-135）。

三、民国民间家具

鸦片战争后，中国被迫签署《南京条约》，不得不向帝国主义列强开放通商口岸。这一历史性事件为西方建筑在中国合法兴建铺平了道路。随着建筑的西化，民间家具也自然而然地出现了西化趋势。在这一时期，民国家具的设计受到了西方古典家具和现代家具风格的影响。

民国沙发：民国时期的沙发，直接从“SOFA”音译而来，意味着柔软的坐卧具。沙发在当时的上层社会成为时尚的象征，打破了中国传统家具正襟危坐的风格，为人们提供了更为舒适的体验（图2-136）。

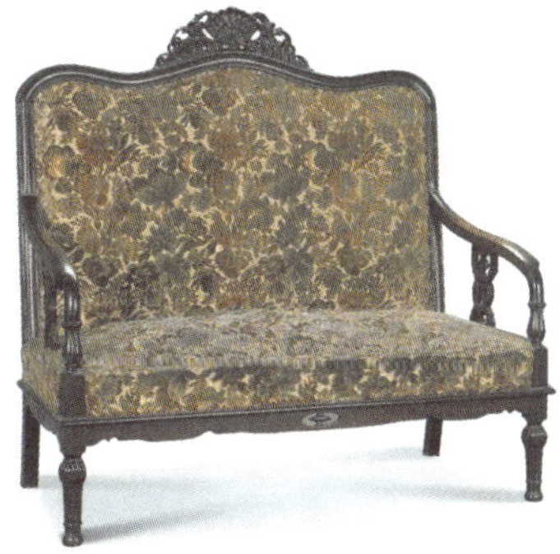

图2-136 民国红木沙发

民国梳妆台：梳妆台在民国时期成为闺房中不可或缺的家具。这些梳妆台通常精致而灵巧，配备了银镜、小箱、抽屉等空间，以容纳化妆品。梳妆台的工艺更加复杂，装饰华丽，体现了主人高贵的身份。梳妆台通常根据使用者的要求进行定制，呈现出简约、繁复、典雅或富丽等多种风格（图2-137）。

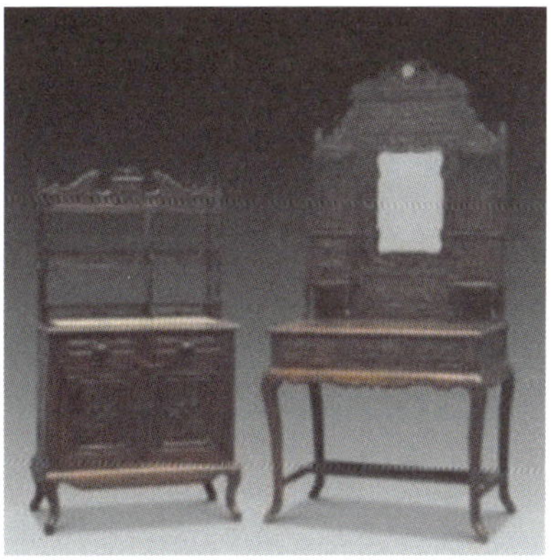

图2-137 民国红木梳妆台

四、民国民间雕刻

民国的民间雕刻工艺吸收了西方技术，融合中西文化，展现出多样化的文化风格。雕刻艺术家们巧妙地将中国画的意境和笔法融入雕刻艺术中，有些作品不仅展现了中国传统书画的韵味，还呈现出西方绘画的明暗层次，笔法精致，形态生动。

朱子常黄杨木雕：朱子常存世的黄杨木雕作品数量较少，但他创作的黄杨木雕作品，如婴戏和佛像，极具艺术价值。或许受到海上画派和西方文化影响，除了常见的题材外，他还尝试一些大胆的题材，在当时堪称惊世骇俗之举（图2-138）。

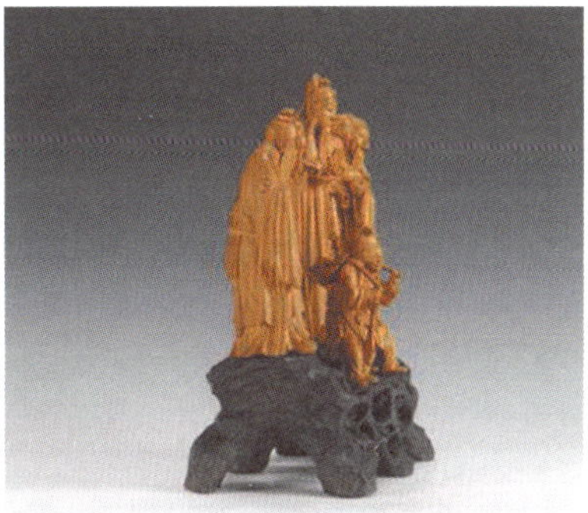

图2-138 朱子常黄杨木雕《三星送子》

史家庄花厅：史家庄花厅作为“江南第一花厅”，结合了传统戏曲故事，运用了透雕、深浮雕等技法，在粉墙飞檐中生动地呈现了文化内涵，在两边侧门的门楣上还书写着“种德锄经”四个大字，充满了耕读文化气息。这座宅院由东阳木雕名家卢连水创作，是民国时期东阳木雕与建筑结合的代表性杰作（图2-139）。

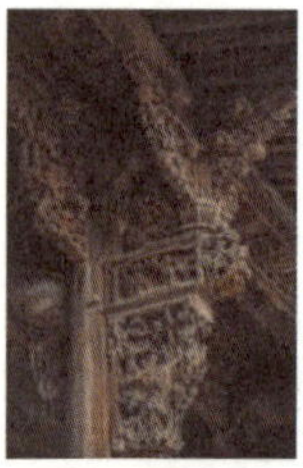

图2-139 浙江东阳史家庄花厅木雕

五、民国民间玩具

国产玩具在民国时期开始迎头赶上工业革命的潮流，当时的国产玩具在质量和种类上都有了极大的提升。国产玩具制造厂如雨后春笋般涌现，如大中华赛璐珞制造厂、爱国玩具厂等。许多国产玩具模仿了西方玩具，甚至出现了欧美轿车和外国儿童的形象。后来流行的爱国玩具，如枪炮、轮船和飞机等玩具，也受到欢迎。

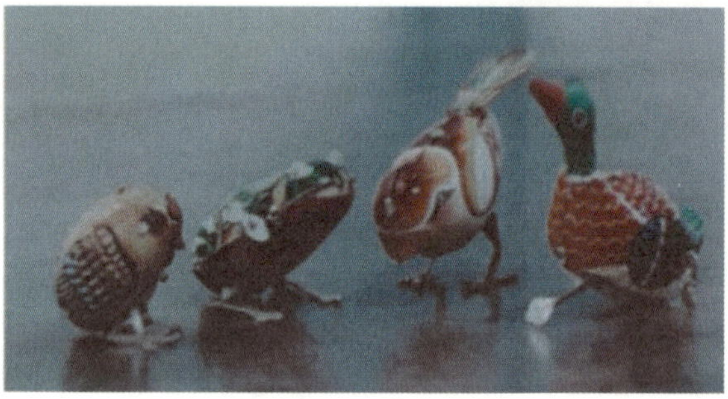

图2-140 金属发条玩具
（摘自《中国小玩意》，作者：陈国泰）

康元制罐厂：康元制罐厂是20世纪30年代中国儿童玩具行业的标杆，在生产铁皮玩具方面颇受欢迎，该厂生产的可动汽车和火车、女孩敲木琴的精巧发条玩具深受欢迎。其不断发展，先后推出了能做机械动作的金属发条玩具和电动玩具，形态美观、价格低廉，深受人们喜爱（图2-140、图2-141）。

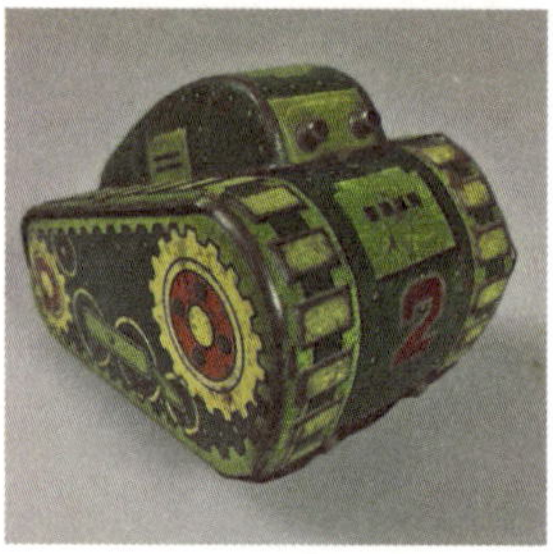

图2-141 铁皮发条坦克
（摘自《中国小玩意》，作者：陈国泰）

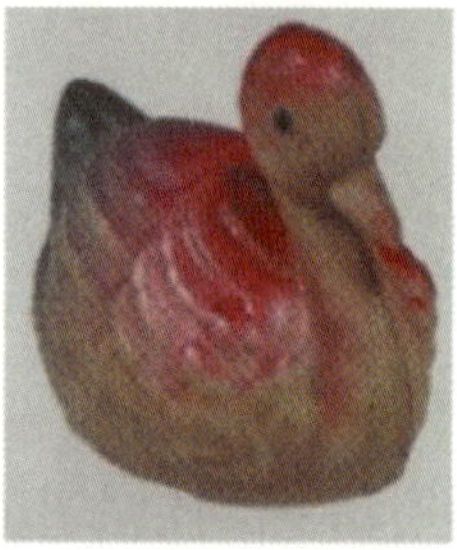

图2-142 赛璐珞小鹅玩具
（摘自《中国小玩意》，作者：陈国泰）

大中华赛璐珞制造厂：大中华赛璐珞制造厂是上海第一家赛璐珞玩具工厂。他们生产了各种儿童玩具和日用品，种类达到百余种。玩具形状大多是动物形态和可爱人物形态。这些玩具造型逼真、颜色鲜艳，不会伤害儿童皮肤，大部分还对开发儿童智力有很大帮助，备受社会好评。图2-142是一个小鹅形状的赛璐珞玩具。

六、民国月份牌

月份牌是19世纪末到20世纪初上海出现的一种商品广告画。这些画多以美女人像、都市风光等为题材，以擦笔画与水彩画等技法表现整体画面，形式上类似于卡片式的年历，融合了传统年画和西方美术风格，迎合了都市民众的审美趣味。代表画家有郑曼陀、杭穉英、谢之光、胡伯翔、金雪尘、李慕白等。月份牌的绘画技法在这些画家对画技的不断创新探索下进入了新的境界。

郑曼陀月份牌画：郑曼陀是著名的月份牌画家，他创造了一种在当时极为新颖的擦笔水彩画法，先用细线勾画出人物的轮廓和造型，后进一步淡化线条和笔触，减少线条的存在感，然后用水彩不断晕染。这种方法画出来的画面光影效果柔和，人物光鲜靓丽、栩栩如生（图2-143）。

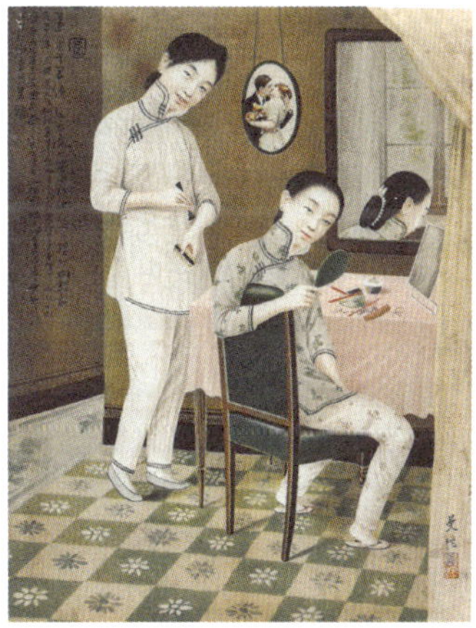

图2-143　郑曼陀月份牌画

七、民国民间染织

民间染织业在工业化进程中显示出中西文化的冲突与融合，其中也蕴含着民国时期中国人生活方式逐步转变的历史情况。民国的丝织工业主要集中在江浙沪地区，特别是上海、杭州、苏州等地，民间丝织品种和图案得到了极大发展，为当代丝绸产业发展打下了基础（图2-144）。

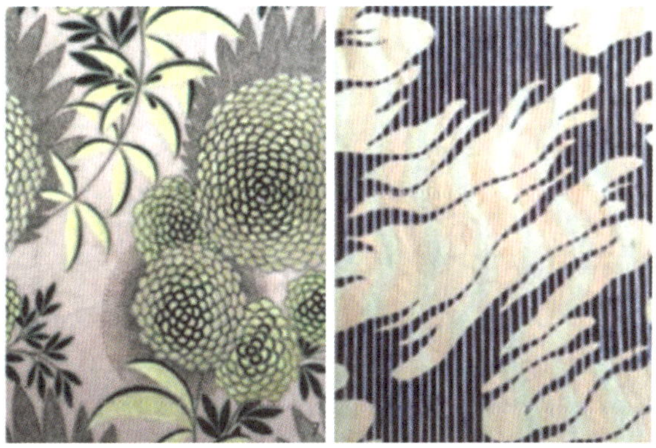

图2-144　民国民间染织

“阴丹士林”染料：在民国时期，备受瞩目的棉布染色产品即“阴丹士林”染料。这种染料广泛应用于染色服装和旗袍面料，包括各式丝光细布和府绸。“阴丹士林”染色的产品成为学生、一般职员以及平民阶层女性旗袍面料的首选，在当时的棉质旗袍市场中占有显著份额。相较于传统染料的产品，“阴丹士林”色彩更为朴素、鲜嫩、素雅，色牢度优越，价格也相对经济实惠（图2-145）。

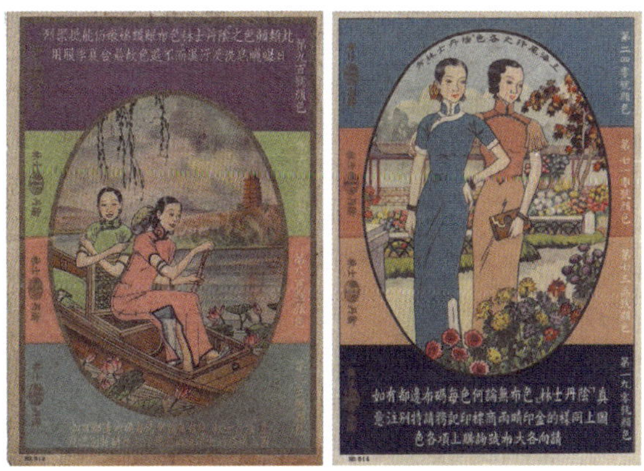

图2-145　晴雨牌“阴丹士林”染色布广告

八、民国民间瓷器

景德镇是民国时期瓷器制作的重要基地，其生产的瓷器代表了当时瓷艺的最高水平，精品多数出自景德镇。民国时期的景德镇民间瓷器以彩绘装饰为主，图案内容丰富多彩，整体装饰由过去的单一图案逐渐演变为图案和诗词文字的结合。

粉彩瓷：民国时期，一批在绘画和书法方面具有造诣的人才汇聚于景德镇，投身于陶瓷美术行业，诸如王晓棠、潘陶宇、周小松、王琦等人。不同于传统瓷器艺人使用的浅绛彩，他们选择使用粉彩进行瓷器绘制，色彩效果华丽细腻，很快得到大众青睐，从而催生了新式的粉彩瓷（简称新粉彩）。这些艺术家可谓是景德镇新粉彩的奠基人，使新粉彩在二十世纪二三十年代成为景德镇彩绘瓷器的主流。其中，“珠山八友”代表着新粉彩技艺的最高水平。他们深受中国画的启发，创作的新粉彩瓷器，无论是山水、人物、花卉还是走兽，都逼真写实，光彩照人（图2-146、图2-147）。

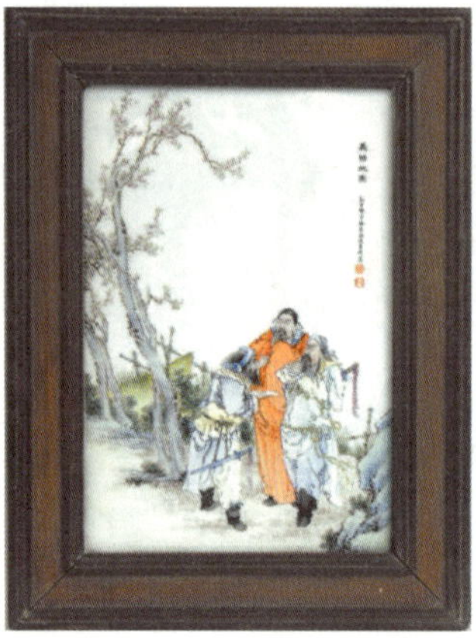

图2-146　**粉彩桃园结义瓷板画（景德镇中国陶瓷博物馆藏）**

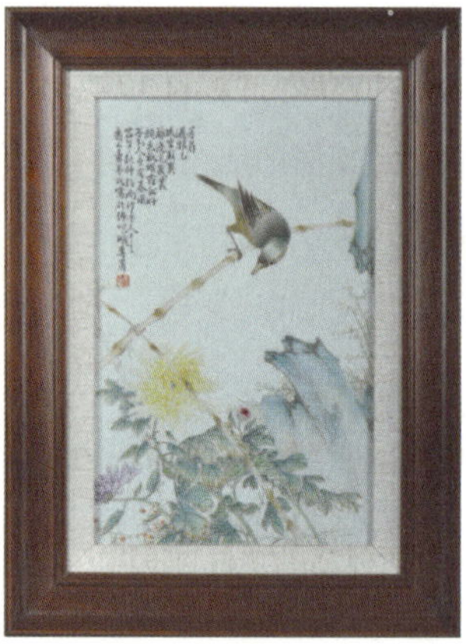

图2-147　**程意亭绘粉彩花鸟图瓷板画（景德镇中国陶瓷博物馆藏）**

第三章

民间艺术造物方式

学习目标

- 掌握民间艺术造物的二维平面符号表达、色彩呈现、三维立体表达的基本概念、特点和表现形式。
- 通过分析民间艺术的造物方式，理解其背后的文化内涵、民族情感和审美观念。
- 培养对民间艺术的鉴赏能力，能进行民间艺术创作，提升个人的艺术素养和创作能力。

学习重点

熟悉二维平面符号表达的多种形式，理解色彩呈现在民间艺术表现中的作用，掌握三维立体表达的独特性。

学习难点

理解二维与三维造物方式的差异，初步具备民间艺术创新设计的实践能力。

民间艺术造物反映民间大众的生活理想，从日常需求着手，以满足其物质和精神需求为核心，融合民间艺人的设计智慧，形成了思考人生、表达情感的造物方式。民间造物的思维基于适地、适材、适时、适俗，追求节材、致用、新巧和美感，这种造物设计智慧不是服务于精英阶层的对奇技淫巧的过度追求，而是为了满足民众在岁时、礼俗和日常生活中的物质需求和精神寄托，也是民间艺术造物产生的基础。民间艺术传统造物方式包括二维平面符号表达、色彩呈现、三维立体表达。民间艺术造物设计的理念对现代设计有着至关重要的启示作用。

第一节｜民间艺术造物的二维平面符号表达

在某种程度上，符号是人类用来记录生活和表达情感的一种特殊手段，表征着人类文明的传承和发展。在历史长河里，民间艺人一直运用各种符号来传递思想和情感。根据索绪尔的符号学理论，民间造物具有象征或指示含义，与民间文化紧密相关，既反映了民间物质文化的发展，又传达了民间信仰和观念，它们在日常活动中有实用价值，也具有更深层的符号意义。由于各民族和地区的文化差异，不同民间造物符号的意义呈现出多样化特点。民间造物符号呈现出的丰富含义，可从不同符号类型的功能和价值角度来分析。民间造物内容丰富，包含行业工具、生活用具或宗教器物，承载不同的功能；同时，民间符号受到文化价值、社会价值、经济价值、审美价值、情感价值等方面的影响。以下为民间造物的平面符号所表达的不同意义。

一、吉祥符号的表达

尽管随着社会的发展，部分民间符号语言已被取代，但是仍有部分民间符号语言保留了下来，且应用于多个领域，如民间文化创意产品中，这不仅能更好地满足消费者的需求，还能增强人们对自己民族文化的认同感和自豪感。

民间吉祥符号蕴含民族精神和民族旨趣，题材十分广泛，花草树石、鸟兽虫鱼都囊括其中。动物方面包括仙鹤、喜鹊、鸳鸯、鸽子等，植物方面包括梅、竹、松、南瓜、长春花等。这些元素被赋予吉祥的含义，可以单独使用，也可以组合在一起，象征着幸福和吉祥，被广泛应用于建筑雕塑、木制装饰、陶瓷绘画、窗花剪纸、壁画挂历和商标徽章等领域（图3-1）。

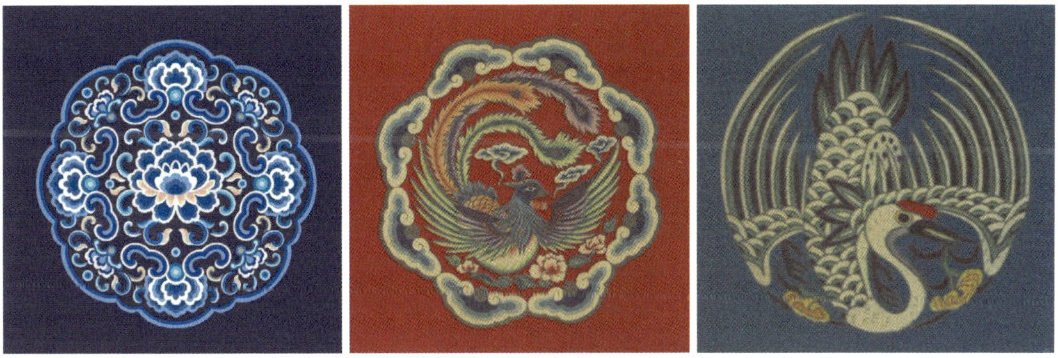

图3-1 吉祥符号

吉祥两字的组合使用最早出现在《庄子·人间世》中：“虚室生白，吉祥止止。”唐代成玄英对此进行解释：“吉者，福善之事；祥者，嘉庆之征。”这一解释可以用来说明各种吉祥纹样的生成原因，这些纹样将美好故事和吉祥征兆呈现为图像，用以表达对吉祥和避凶的愿望。因此，吉祥纹样的主题和构图常常以“福善之事”和“嘉庆之征”作为创作的灵感来源（表3-1）。

表3-1 历代吉祥符号

年代	名称	民间艺术吉祥符号	寓意	实例
战国	祥云纹	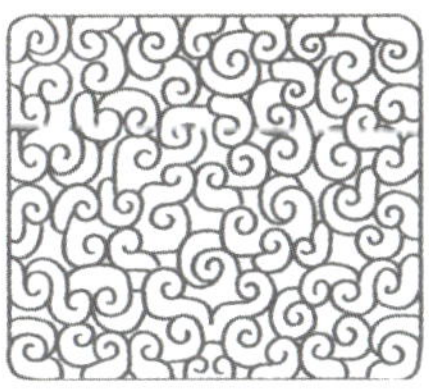	“祥云”寓意祥瑞之云气，表达了吉祥、喜庆、幸福的愿望以及对生命的美好向往	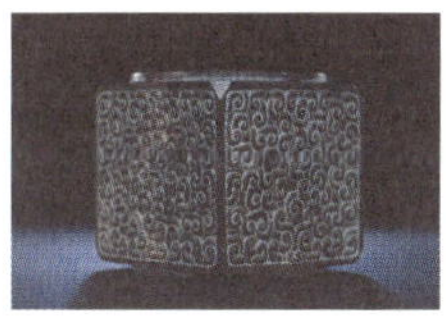 战国云纹玉琮
秦汉	大利富贵	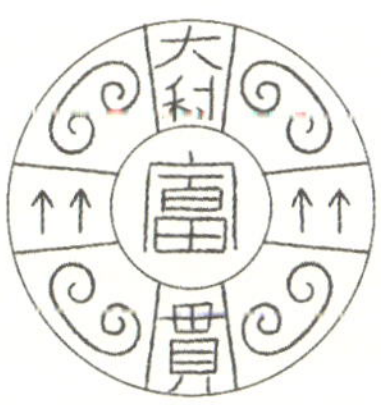	“大利富贵”四个字，非常直观地表达了古人“大吉大利、富且贵”的美好生活愿望	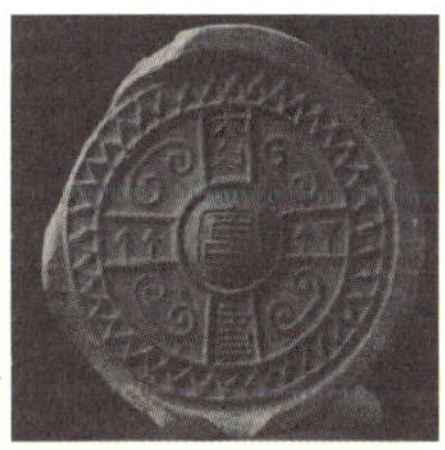 四川省汉代吉语瓦当
唐代	卷草纹		主要以S和C相切的造型为主，象征生命往复、阴阳调和、动静结合	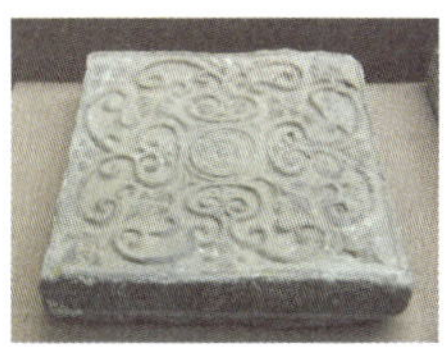 唐代宝相卷草纹砖

续表

年代	名称	民间艺术吉祥符号	寓意	实例
宋代	八达晕	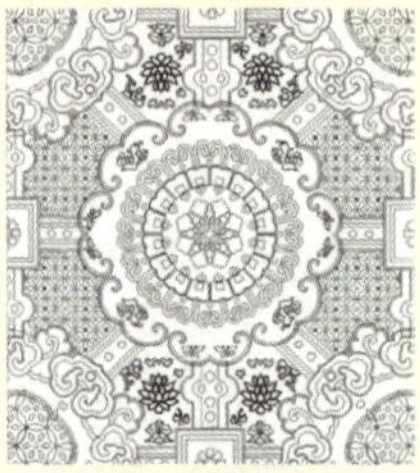	八达晕寓意四通八达、财路亨通，盛行于宋代，是宋锦的主要纹样之一	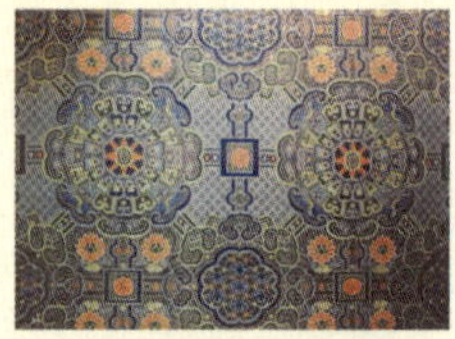 宋八达晕锦复原图
明代	杂宝纹		杂宝纹饰有葫芦、如意、羽扇、书册、方胜、龟背等多种吉祥纹样	 明清杂宝纹暗花织物
清代	万寿花	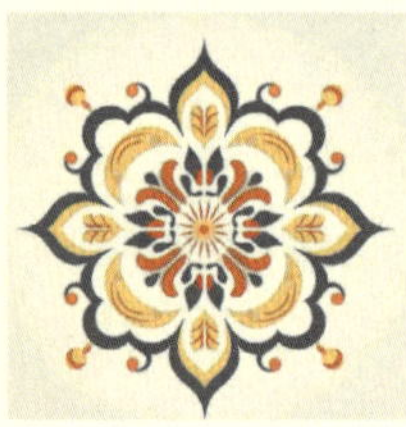	万寿花，又名“长寿花”。低矮万寿花株丛终年翠绿，象征长寿吉祥	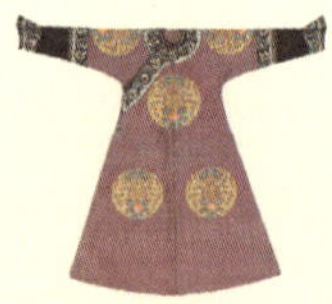 清代衣服上的花纹
民国	狮头衔剑	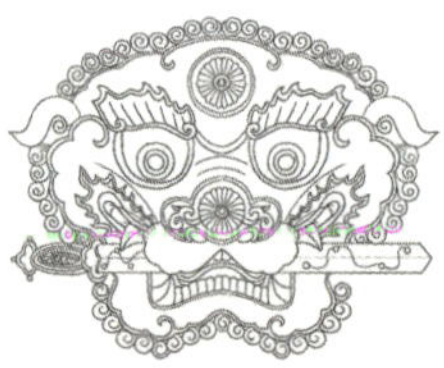	正面是华丽的狮头，巨口獠牙，口衔七星宝剑，既富有装饰性，又能镇宅驱邪	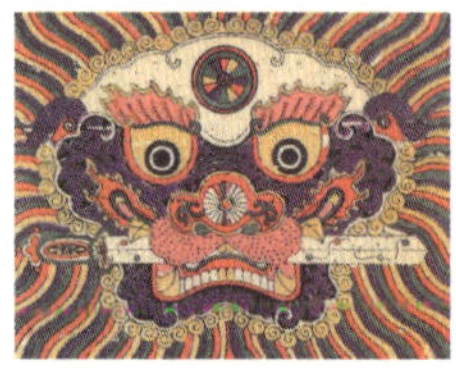 民国“狮衔剑”木版年画

二、生命符号的展示

人类对生存和繁衍有着深刻的渴望。在原始社会，人们对生殖的认知缺乏科学依据，因此生殖和生命变得神秘而神圣，人们虔诚地祭拜生殖之神，这构成了生殖崇拜的基础。这种崇拜在中国文化中表现为阴阳哲学，如《易经》中的“男女构精，万物化生”，以及民间俗语中的“好事成双”。古代哲学的“观物取象”和“类比推衍”启发了人们，将生命力强的动植物，如葫芦、莲蓬、石榴、鱼、蛙等视为象征生命力旺盛的符号。这些符号广泛应用于民间艺术，演化出各种主题，如瓜瓞绵绵、莲里生子、榴开百子等。这突显了民众的生殖观念与他们的世界观。

抓髻娃娃（图3-2）是黄土高原地区的一种团花剪纸，其中心代表“宇宙之神”。这位神祇具有男阳和女阴的特征。宇宙之神的双目饰以牡丹象征太阳，双乳饰以蝉目象征子孙繁衍、蝉联不断，笙和莲花图案也与生育有关，表示子孙绵延不断。该符号是宇宙之神的象征，通常反映了生育和繁衍的愿望。

图3-2 抓髻娃娃

三、力量符号的运用

民间艺人通过世代相传的技艺，如剪纸、刺绣、雕刻等，将力量符号融入作品，在传承中不断创新，使其形态和内涵更丰富，如剪纸艺人灵活运用折叠、镂空技法，使龙、凤等力量符号造型多样、栩栩如生。同时，随着时代发展，力量符号不断重塑以适应审美和价值观念变化。古代力量符号多强调神秘威严，现代则更注重吉祥美好寓意，如传统门神形象逐渐演变为富有创意、色彩鲜艳的现代装饰图案（图3-3）。这些符号代代相传，成为文化记忆的重要载体，不仅美化生活，还传承民族历史、信仰和价值观，成为民族文化的重要象征。

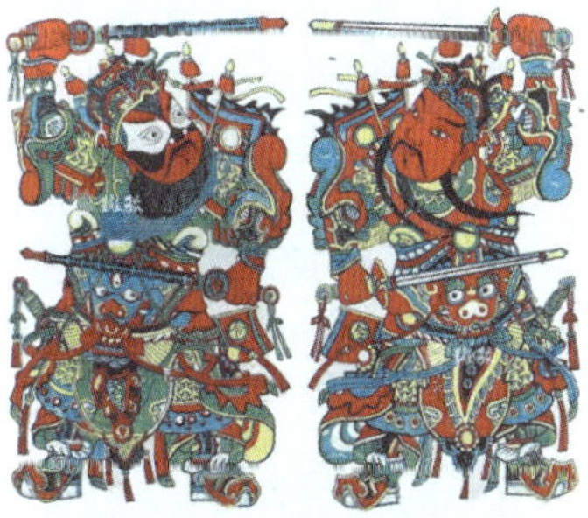
图3-3 门神

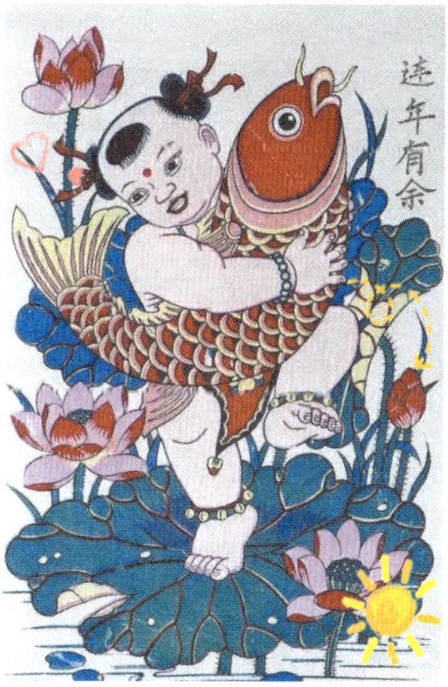

图3-4 连年有余

四、意念和象征符号的呈现

意念符号是民间艺术表达方式之一，民间艺术通过具体的符号（点、线、面）传达民众的观念和感觉。民间艺术创作只有内部融合民间文化观念和态度，才能创造出民间意念符号。民间艺术使用的符号是一种带有真实意义的暗喻，这种暗喻也成为民间艺术的表达方式之一。

象征符号通过某一特定的具体形象表现与之相似或相近的概念、思想、情感，分为惯用性的象征符号和综合性的象征符号。惯用性的象征符号是约定俗成的，或本身就隐含象征的意义，如鸳鸯象征爱情；综合性的象征符号则通过多义的联结，并经由联想来达成另一种新的象征意义，如莲藕和鲤鱼图案合并以表示“连年有余”（图3-4、图3-5）。

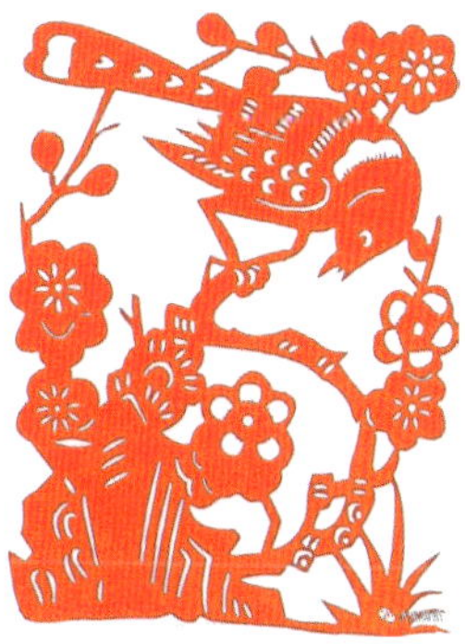
图3-5 喜上眉梢

五、自然符号的表达

自然符号是相对于人工符号而言的一种符号系统，是人们利用自然事物作为能指，根据民间认知或交际的需要赋予其意义后而成为符号的。自然符号由民间独特的能指和所指组成，它的能指就是一切现成的自然事物——从物体到现象，所指是人们赋予这个特殊能指的意义（图3-6、图3-7）。例如，当人们赋予鸳鸯“象征爱情”的含义之后，它就成了一个民间艺术的自然符号。

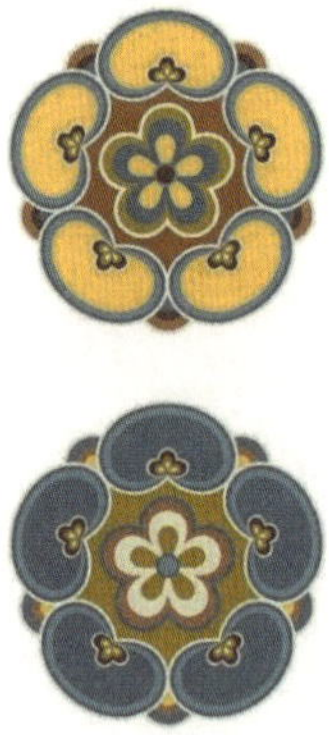

图3-6 榆林植物符号

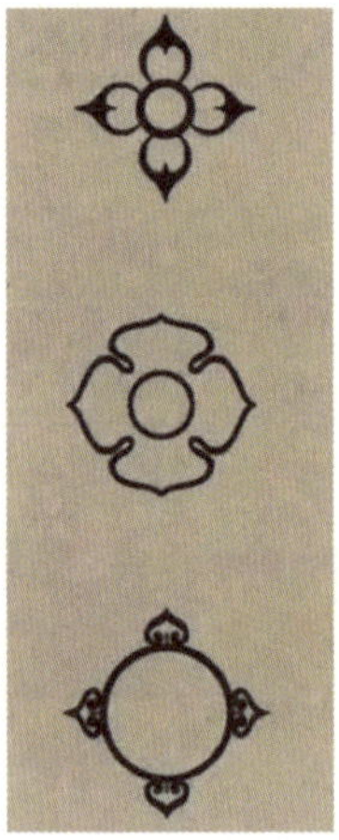

图3-7 传统四叶草符号

在中国史前时期，存在日月崇拜的迹象，如文物和岩画上出现的太阳和月亮图案，表现了远古时期人们对太阳和月亮的崇拜。在古代埃及、两河流域和古希腊，自然崇拜占有重要地位，表现为崇拜太阳、月亮等自然神。相比之下，中国古代更偏向祖先崇拜，自然崇拜不占主导地位，导致自然符号发展较慢。

六、抽象符号的提炼

民间抽象造型可以追溯到新石器时代出土的彩陶，表现形式有圆点角、漩涡、波折、鱼纹、蛙纹等抽象纹样。民间抽象符号基本用极简单的线条概括抽象现实的形象，抓住主要特征，集中概括，夸张变形，饱含浓厚的文化内涵和古老的造型意识。民间艺术主要表现为概括的抽象几何图形，其造型既有程式化的特征，又有奇特的轮廓外形，体现出抽象的符号韵味（图3-8）。

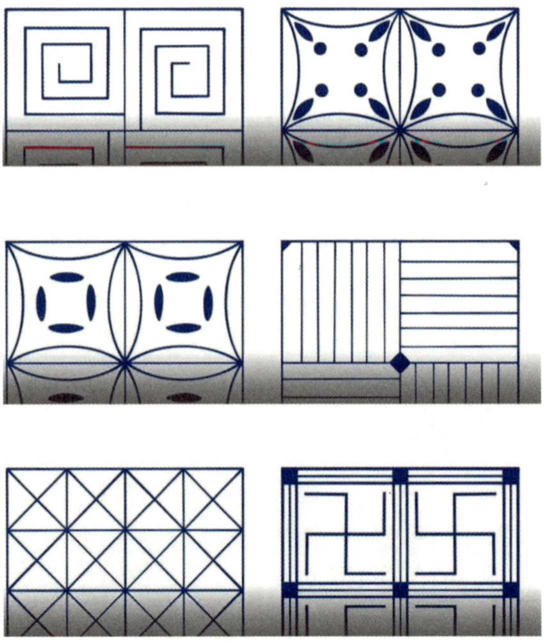

图3-8 敦煌古代几何纹样

第二节｜民间艺术造物的色彩呈现

民间用色常常呈现素朴与喧闹并存、色彩对比强烈、共性与个性兼容的特点。受礼制规限和实用考量以及由此派生出的民众心理的影响，民间艺术作品往往神圣性和世俗性共构，促成了民间艺术造物色彩的丰富性。

一、民间艺术中的“五色观”

民间艺术色彩斑斓，依时代的不同而呈现出不同的特色，同时因民间艺术的种类、地域、材质、创作目的、装饰用途、象征寓意等的不同而催生不同的民间色彩。民间艺术的色彩大体遵循着中国传统色彩中的“五色观”，这与中国传统哲学观念、宗教观念、道德观念、风俗习惯息息相关。

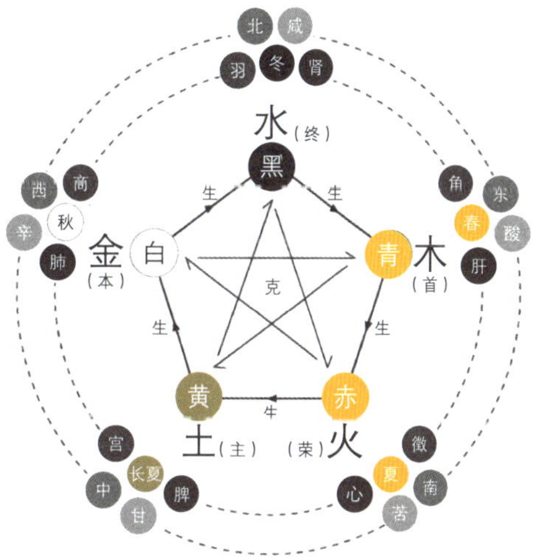

图3-9　五色示意图

“五色”是指青、赤、黄、白、黑五种颜色，与“金、木、水、火、土”五行学说有关，代表了中国人传统的“东、西、南、北、中”宇宙时空观念，还与“春、夏、秋、冬”时间观念和方位神兽相配，衍生出了人们熟知的东青龙（青色）、西白虎（白色）、南朱雀（赤色）、北玄武（黑色）、中黄龙（黄色）等。总而言之，五色是中国艺术色彩的起源，是民间色彩意识的基本框架，对中国民间传统色彩观影响最为广泛（图3-9）。

（一）青色

在民间艺术运用上，青色被赋予了丰富的文化内涵，被誉为五色之始，象征着万物复苏的春天，有如“青如翠羽”“青如浴蓝”“青如秦碧”的说法。而在现代，青色则更多地被用来形容扎染、印染等蓝靛染织工艺，蓝靛扎染制品成了一种时尚的元素（图3-10）。青色常与其他色彩如红色、黄色、绿色等搭配使用，形成鲜明的对比或和谐的统一。在民间绘画中，青色往往与红色形成对比，增强画面的视觉效果；而在剪纸和刺绣中，青色则常常与黄色或绿色搭配，营造出温馨和谐的氛围。

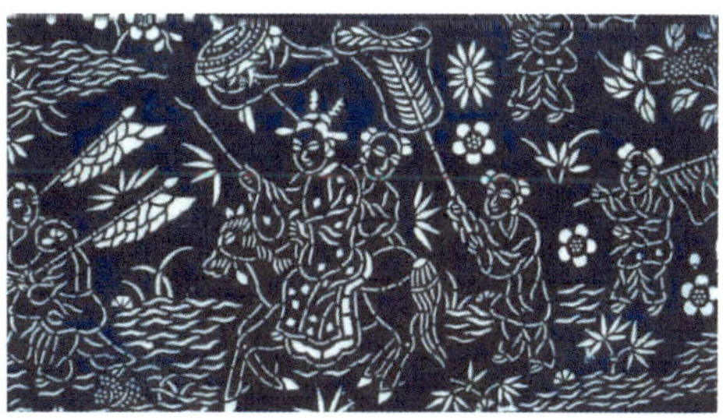

图3-10　民间蓝印花布

（二）赤色

在传统文化中，赤色（即红色）一直被视为吉祥的颜色，这与古代人们对自然的敬畏、对生命的热爱、对驱散邪恶的愿望等息息相关。比如在汉代的年画、壁画和雕塑中，红色被大量使用，寓意着吉祥和繁荣，表达了人们对美好生活的追求。此外，在汉代的剪纸艺术中，红色是最为常用的颜色，寓意着喜庆、吉祥和繁荣。红色的运用，不仅增添了艺术作品的视觉冲击力，更传达出喜庆、欢乐和热情的情感氛围（图3-11）。

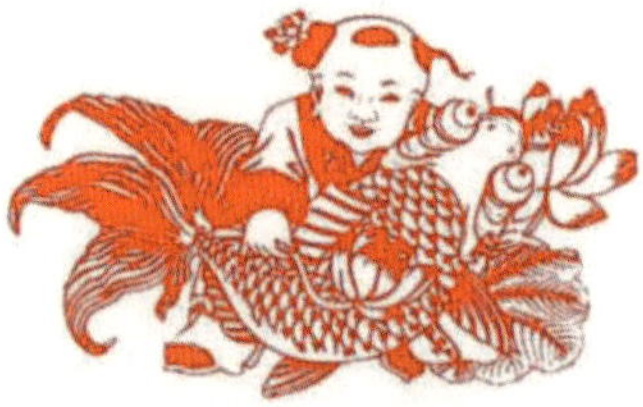

图3-11　民间剪纸

（三）黄色

民间艺术也把黄色列为五色之主，象征富丽堂皇和权力。“黄者，天地之正色也”，则强调了黄色作为五色之主的地位，代表着天地之间的中正之色。黄色在古代还代表着黄金，贵重而尊荣，是财富与地位的象征。黄为“地之色也”，将黄色与大地相联系，寓意着丰收与富饶。民间艺术作品常采用黄色与其他颜色搭配，形成绚丽多彩的效果。比如唐代的《羊木臈缬屏风》，巧妙地将黄色作为主色调，通过多层次叠加印染出羊、树干、山石图案，粉绿色的树叶和部分野草在黄色背景下也显得更加鲜活亮丽，这种色彩搭配不仅丰富了画面的层次感，更增添了几分清新与自然的气息（图3-12）。

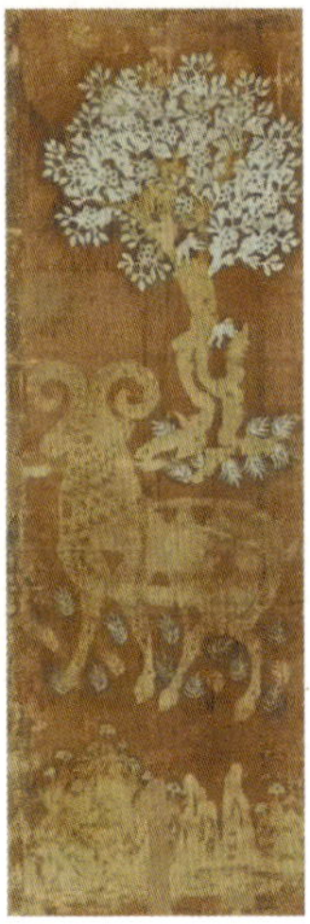

图3-12　唐代《羊木臈缬屏风》

（四）白色

白色为五色之本，它纯净、无瑕，象征着光明和清净。在色彩学中，白色是所有颜色的基础，古人曾说：“色者，白立而五色成也。”有了白色，其他颜色才能得以显现。在特定的语境中，白色也被称为“帛”，寓意着纯洁和高雅。白色在民间艺术中有着广泛的应用。被称为“九大镇国之宝之一”的定窑孩儿枕，体施牙白色釉，底素胎无釉，呈现温润柔和的暖色调，给人一种温馨、亲切的感觉，仿佛能够触摸到孩儿稚嫩的肌肤（图3-13）。此外，在一些少数民族文化中，白色也被视为吉祥和幸福的颜色，比如在藏族文化中，白色被视为神圣和纯洁的象征。

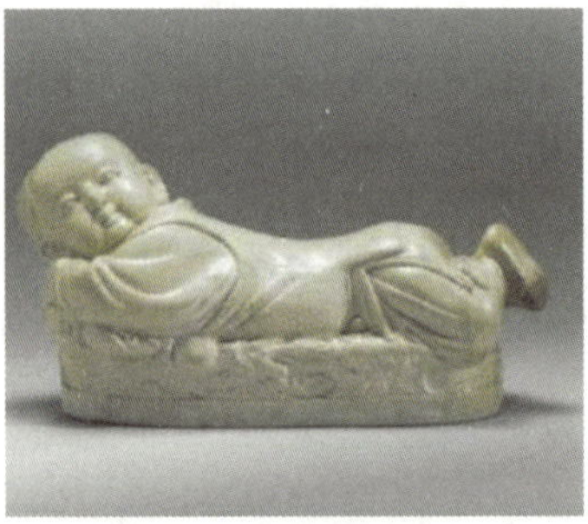

图3-13　定窑孩儿枕

（五）黑色

黑色为五色之终，它深邃、神秘，充满着无尽的魅力和韵味，在各少数民族的民间艺术中有广泛运用。在古代文献中，黑色常常用玄、乌、皂、黧、缁等字来指代，这些词语都蕴含着深邃、神秘的意味，从不同的角度描绘了黑色的不同面貌，展现了黑色的丰富内涵。在传统民间艺术文化中，黑色也有特殊的象征意义。它既可以代表神秘、庄重和沉稳，也可以代表死亡、哀悼和阴暗。淮阳“泥泥狗”的起源充满着神秘色彩，至今淮阳民间还流传着许多有关“泥泥狗”的神话传说。“泥泥狗”全身以黑色为基色，然后用青、红、黄、白四色画出各式各样的图案，不拘一格的点或线条色彩对比强烈却不失沉稳与庄重，把“泥泥狗”古朴、原生态的原始美表达得淋漓尽致（图3-14）。

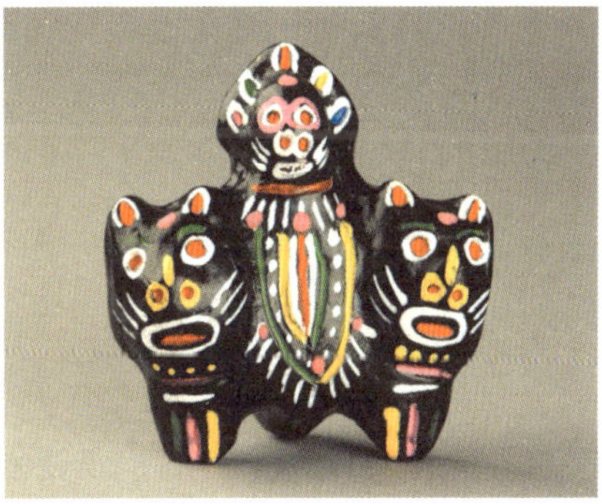

图3-14 **淮阳“泥泥狗”**

二、民间艺术色彩特性

（一）象征性

民间艺术的色彩蕴含了象征意义，在色彩的选取上注重视觉效果，强调色彩对心理的影响。由于民间艺术色彩紧密关联着民众的自然观、社会观和人生观，因而被赋予强烈的主观性和深厚的情感。例如，在中国传统民间艺术中，红色常被视为吉祥和喜庆的代表，青色则体现了朴素、自然和安静的特质，而黑色则给人以肃穆与沉稳的感觉。“五色”不仅被大量运用，而且各自都蕴含着丰富的象征意义。

（二）地域性

民间艺术的色彩因地域的不同而呈现出不同的特征。不同地域的人们基于本身的历史背景、文化习俗，塑造了具有鲜明乡土气息和地域特色的民间形态，导致了民间艺术的多样性。在色彩方面，各地有着不同的特色和偏好。如开封朱仙镇的木版年画色彩艳丽厚重，以绿、橙、桃红为主，左右对称，构图饱满夸张，线条苍劲有力，展现了整体古朴粗犷的风格；而苏州的桃花坞木版年画则更多地体现出江南的精巧秀气。

（三）装饰性

民间艺术的一个显著特征就是追求色彩的装饰性。民间艺人在创作的过程中总是追求作品表现形式的丰富性、装饰性。民间艺术装饰性表现在善于运用强烈的对比色彩，形成独特的夸张审美特征，在色彩表达上追求个性化，强调色彩的饱和度，展现出单纯明快的色彩特点。总的来说，民间艺术在整体效果上追求统一与和谐，在此基础上进一步追求色彩的夸张化和个性化。民间艺术色彩的装饰性为人们的日常生活增添了更多的乐趣。通过色彩的运用和图案的设计，民间艺术使得生活空间更加温馨、舒适。

（四）情感性

色彩在民间艺术中往往承载着人们的情感和愿望。由劳动人民在日常生活和劳动中创造出来的民间艺术作品，其内涵与表达往往具有深刻的情感性。这些作品通常以亲情、友情、爱情、乡情等为主题，通过独特的构图、表现手法和色彩运用，传递出作者对生活的感悟和对美好情感的向往。例如，苗族刺绣中的“蝴蝶妈妈”故事就是一个典型的情感性表达案例。这个故事讲述了蝴蝶妈妈生下十二个蛋，并孵化出龙、雷公、虎、蛇等生灵，最后一个是人类的始祖姜央。苗族人赋予了蝴蝶妈妈最美好的情感，通过彩色刺绣将其故事呈现在衣物和饰品上，以此表达对祖先的敬仰和感激之情。

三、民间艺术色彩与民俗相互促进

传统民俗是一个社会群体在长期的历史发展过程中形成的生活习惯、信仰、仪式和庆典的总称。传统民俗和民间艺术相互依存、相互促进。民间艺术用色细腻、丰富而热情，与西方的纯理性色彩分解以及追求淡雅超俗、含而不露的审美观的中国文人画用色都有很大区别。民间艺术色彩在民俗运用中遵循一套独特的规律，具有鲜明的寓意性以及实用性，是民俗生态的符号表达。因而民间艺术作为传统民俗的载体，与传统色彩观念联系十分紧密，比如木偶、泥塑、风筝等玩具通常会运用鲜艳的色彩来吸引孩子们的注意。

四、民间艺术色彩表现案例

民间艺术在色彩运用上表现出丰富多样的特点，这些色彩不仅美化了作品，还传达了深厚的文化内涵和人们的情感愿望。图3-15～图3-23是对民间艺术的色彩案例分析。

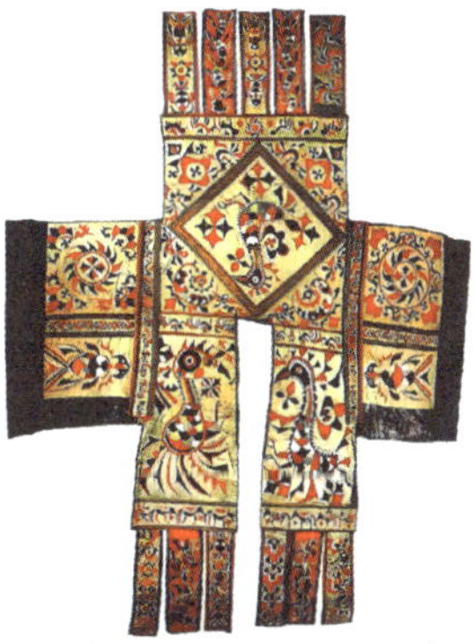

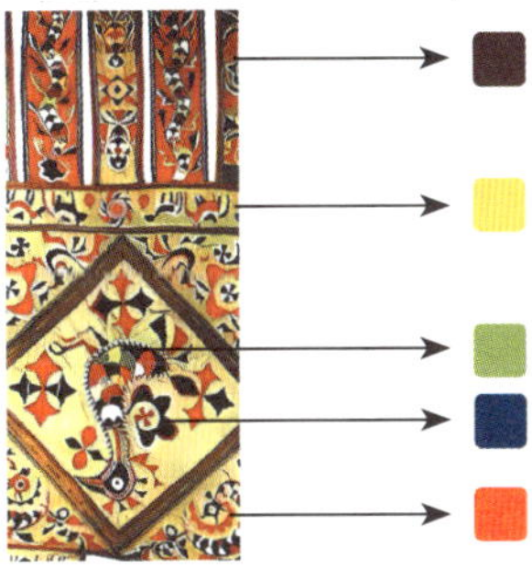

贵州苗族百鸟衣，中央美术学院民间美术陈列室藏品。

苗绣艺术起源于苗族女首领通过彩线记事记录苗族南迁的行为，现今苗绣分为黔东南型、湘西黔东型和川黔滇型三种，黔东南型最为古朴神秘。苗绣纹样体现苗族的神灵崇拜及苗族人文内涵，图案记载苗族神话传说中的形象内容，装饰效果强烈。如集多种手工绣技艺于一体的苗族百鸟衣，被誉为“穿在身上的苗族史诗”。苗绣染料提取自栀子、紫草、苏木、茜草、蓼蓝、五倍子等自然植物，设计继承五行色彩系统。搭配上通常以黑、深蓝、大红等色彩为底色，上面再绣以绿、红、黄、蓝、紫等相近色和对比色进行调和，色彩具“桃夭杏好、绀宇晨融”的自然诗意美学，对比鲜明的苗绣作品呈现出强烈生命力。

葡萄酱紫	石榴红	淡蕊香红	桃夭
C35 M100 Y80 K54	C3 M97 Y100 K0	C0 M82 Y44 K0	C0 M35 Y10 K0
R90 G18 B22	R242 G12 B0	R238 G72 B102	R246 G190 B200

绀宇	翠虬	苹果绿	栀子
C100 M85 Y35 K0	C80 M55 Y100 K0	C41 M4 Y76 K0	C0 M15 Y70 K0
R0 G61 B116	R68 G106 B55	R186 G207 B101	R254 G220 B94

图3-15 民间艺术色彩表现案例——苗族刺绣

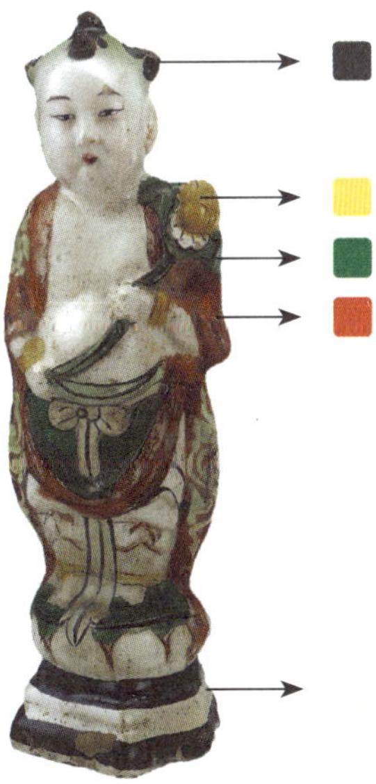

《东京梦华录》中提到：“七月七夕，潘楼街东宋门外瓦子、州西梁门外瓦子、北门外、南朱雀门外街及马行街内，皆卖磨喝乐，乃小塑土偶耳。”

磨喝乐，又称摩睺罗，是宋代七夕用来供奉的土偶。后来，它演变成了一种常见的儿童玩具。磨喝乐的尺寸大小不一，造型精致，装饰华丽，最显著的特征是手持荷叶。民间多用泥质的、相对朴素的磨喝乐，如有身穿红背心、系青纱裙的形象，有戴帽子的，有执荷叶伞的等。男童左手持莲花与荷叶，莲花红彩描绘，荷叶黑彩描绘，右臂自然下垂，坐于鼓上。在售卖时，与磨喝乐一同出售的还有各种衣服，以供人们为磨喝乐换装打扮。到了南宋时期，磨喝乐还被作为贡品进献给朝廷，其装饰更为精美。例如，此时的磨喝乐衣看装饰上常见金玉翠珠等，也出现了纱罩之类的围护物，但仍以童了和莲花组合为主流。

宫殿绿	丹臒	凝脂	黄栗留
C100 M17 Y92 K5	C20 M100 Y100 K0	C5 M6 Y11 K0	C0 M15 Y70 K0
R0 G136 B75	R200 G22 B29	R244 G241 B232	R254 G220 B94

京元
C80 M75 Y80 K45
R49 G50 B44

图3-16 民间艺术色彩表现案例——宋代“磨喝乐”

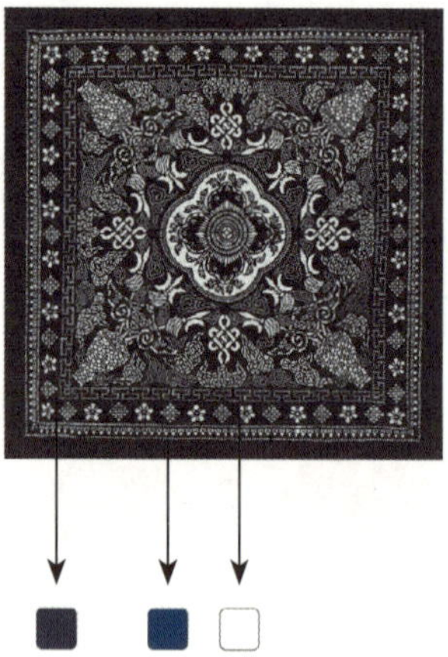

蓝印花布，又称为靛蓝印花，是一种历史悠久的传统工艺，起源于药斑布，在明清时期已普遍流行于民间，在元代达到兴盛。

蓝印花布的制作工艺独特，需要经过多道工序才能完成。《光绪通州志》中描述了种植蓝靛的过程，即通过在池中汲水浸泡石灰，搅动千次后即可制成靛，用于染布，称为小缸青。在《中国传统色：故宫里的色彩美学》中，关于蓝印的四色描述分别是：柔蓝、碧城、蓝采和与帝释青。柔蓝，源于浸揉蓝草后的浅蓝色，给人清新淡雅之感；碧城，寓意人间天上的美好景色，充满了神秘和浪漫的色彩；蓝采和，来源于古代传说中的一位神仙，名取其蓝衫之色，人笑之似采和，代表生动活泼；而帝释青，则是以帝释天神的靛蓝宝石为灵感，深邃且庄重，其所代表的蓝色，是一种高贵、典雅的象征。总的来说，蓝印花布是中国传统工艺的重要代表之一，它的独特制作工艺和美丽图案，既展示了中国文化的魅力，也给人们带来了美的享受。

柔蓝	碧城	蓝采和	帝释青	白色
C85 M50 Y20 K10	C90 M65 Y30 K15	C95 M75 Y35 K15	C100 M85 Y40 K20	C0 M0 Y0 K0
R16 G104 B152	R18 G80 B123	R6 G67 B111	R0 G52 B96	R255 G255 B255

图3-17 民间艺术色彩表现案例——蓝印花布

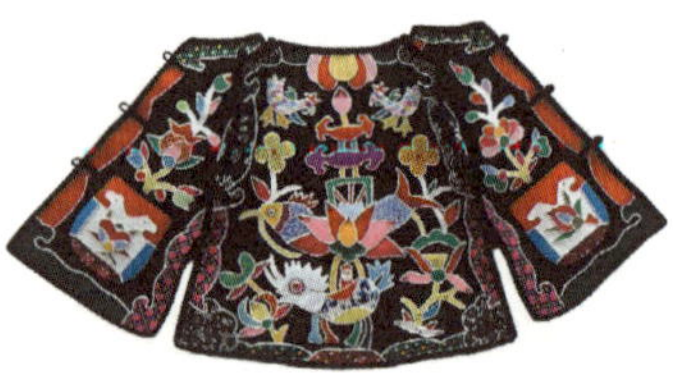

阳新布贴是传统手工艺“挑、补、绣”中的补花范畴，制作时通过剪样、拼贴、缝制、辅助刺绣，形成具有浅浮雕效果的民间实用工艺。它广泛流传于我国民间，是民艺百花丛中的一朵奇葩。为了打破题材的相对局限性，阳新布贴的制作者们在取材物象的元素组合、造型手法和色彩搭配上巧妙运用，使得阳新布贴呈现出纷繁多样的形态。阳新布贴的实物底布（即面布）多为黑色和深蓝色，里布绝大多数为红，因为喜气、仙气、贵气、福气在中国画传统里，都离不开一抹丹雘色。贴花色布主要选用红、黄、蓝、绿等饱和色，辅以其色阶，并间以黑白极色（黑底黑贴本无效果，但黑贴部分借助于白线绕边则会出彩）。面布与里布的一黑一红，底布与贴布的黑地起色，恰好印证了“楚国民间美术追求‘精彩绝艳’的效果，在色彩的配置上深受楚漆器艺术的影响，以朱红和黑色为主调……”。

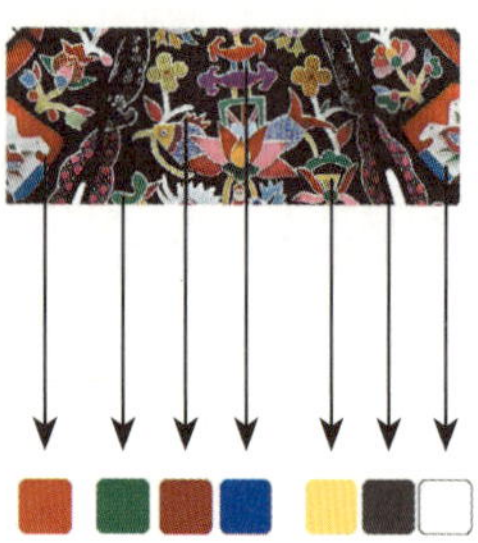

水华朱	丹雘	群青	黄栗留
C40 M100 Y100 K0	C20 M100 Y100 K0	C85 M65 Y0 K0	C0 M15 Y70 K0
R167 G33 B38	R200 G22 B29	R46 G89 B167	R254 G220 B94

宫殿绿	京元	白色
C100 M17 Y92 K5	C80 M75 Y80 K45	C0 M0 Y0 K0
R0 G136 B75	R49 G50 B44	R255 G255 B255

3-18 民间艺术色彩表现案例——阳新布贴

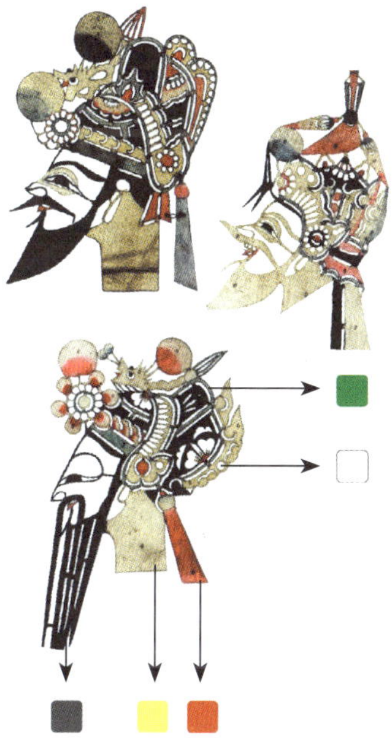

宋代无名氏《百宝总珍》“影戏”条载：“亡国十八国，《唐书》《三国志》《五代史》《前后汉》，并杂史头，一千二百头。”记述了一个影戏箱中头茬的数量达1200件，可以表演历代故事。

皮影头茬具有程式化的特点。皮影头茬面部造型生、旦角色一般为五分脸，净角七分脸，完全正面的十分脸很少，这主要是配合皮影在幕布后投影演出的需要，因此形成了一定的程式。按照不同的颜色，可以分为红净、黑净、绿净、黄净、白净等，红色忠义、黑色正直、绿色凶猛、黄色沉寂、白色奸佞。皮影色彩运用传统“五行五色”原理，红、黄、绿、黑、白五种颜色穿插并置在一起，显得色彩缤纷；皮影图案寓意吉祥美好。这也是中国传统民间艺术的共性，有图必有意，其意必定美好。

丹麝
C0 M100 Y100 K0
R230 G0 B18

松花
C0 M5 Y65 K0
R255 G238 B111

鲜绿
C88 M0 Y99 K0
R0 G161 B68

白色
C0 M0 Y0 K0
R255 G255 B255

黑色
C0 M0 Y0 K100
R35 G24 B21

图3-19 民间艺术色彩表现案例——皮影头茬

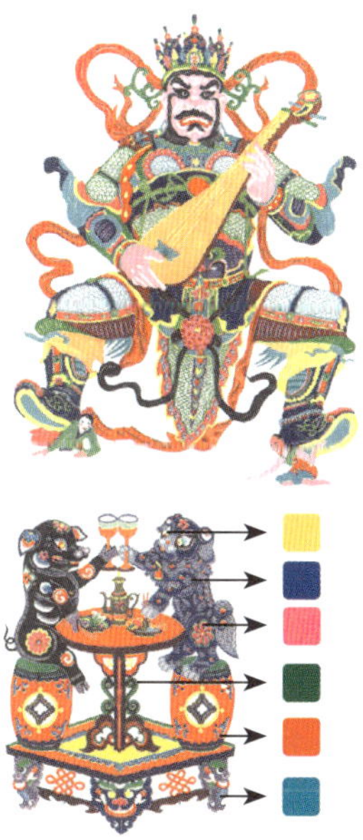

中国民间艺术家．蔚县剪纸开宗立派者王老赏的戏剧人窗花作品。

蔚县地处河北省西北部，是“全国文化先进县”“中国民间艺术之乡”“中国剪纸艺术之乡”“中国剪纸艺术研究基地”。蔚县剪纸又叫窗花，是全国唯一一种以阴刻为主、阳刻为辅的点彩剪纸，点彩剪纸迄今已有二百多年的历史。它是用薄薄的宣纸，拿小巧锐利的雕刀刻下来，再点染上鲜艳的颜色，形成空灵、艳丽的艺术品。色彩浓艳响亮，红要红到底，绿要绿到家。在色彩的对比上强调热闹，以色彩的明度和纯度提升响亮的色彩调子。2006年5月蔚县剪纸以剪纸项首位的身份入选第一批国家级非物质文化遗产；2009年10月，蔚县剪纸又名列中国剪纸之首，入选世界人类非物质文化遗产代表作名录。

京元
C80 M75 Y80 K45
R49 G50 B44

枫叶红
C10 M96 Y82 K2
R194 G31 B48

翠蓝
C94 M11 Y33 K1
R30 G158 B179

薄荷绿
C100 M31 Y91 K25
R26 G104 B64

淡茧黄
C1 M19 Y66 K0
R248 G215 B112

玫瑰红
C4 M89 Y21 K0
R210 G53 B125

野葡紫
C80 M73 Y21 K6
R82 G82 B136

图3-20 民间艺术色彩表现案例——蔚县剪纸

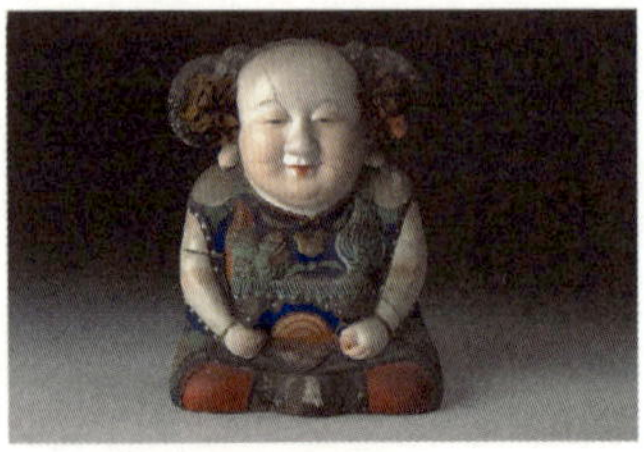

大阿福，江苏无锡惠山泥人的代表作品。

大阿福是根据民间传说所创作的。传说古时山中居住一对人形巨兽，名“沙孩儿”，力大无比，山中野兽只要见它一笑，即俯首投入其怀中，任其吞噬。后雄的因故死了，雌的见了撞树殉情。人们就据此创作了一个不同凡响、神化的，但又是民间壮健孩子的可爱形象。主要取其镇邪、降福之意。图中这件大阿福泥塑传为清代乾隆年间原模，现藏于惠山泥人研究所。通高22厘米、宽16.5厘米、厚7.2厘米，是高浮雕型的印制泥人。造型极其简练，盘膝而坐，面型饱满，笑盈盈，胖墩墩，怀抱青狮，服色明丽，具有强烈的江南民间情调。

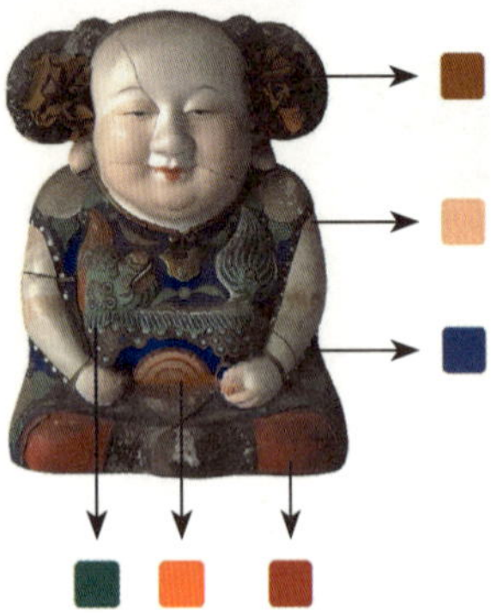

玉粉红
C3 M38 Y39 K0
R232 G180 B154

飞泉绿
C82 M32 Y60 K20
R73 G117 B104

苋菜红
C19 M99 Y86 K11
R166 G27 B41

野葡紫
C80 M73 Y21 K6
R82 G82 B136

胭脂红
C0 M83 Y81 K0
R240 G63 B36

芒果棕
C25 M80 Y100 K20
R149 G68 B22

图3-21 **民间艺术色彩表现案例——彩塑**

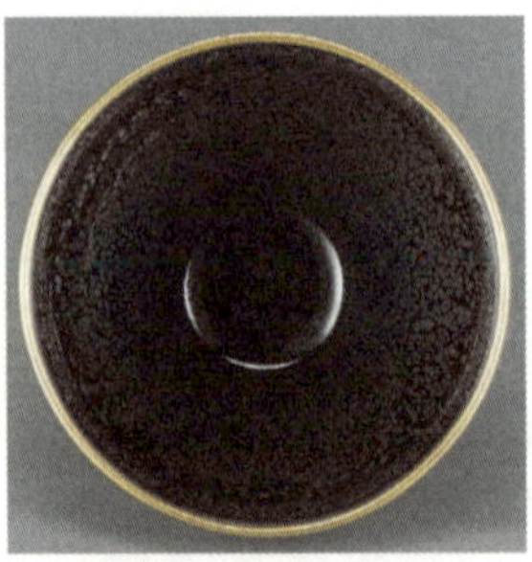

南宋建窑黑釉油滴盏，现藏于日本根津美术馆。它的形状口大底小，形似漏斗，圈足较浅，足根有修刀，造型古朴浑厚。

采用了黑釉工艺，即在木胎上涂抹多层含铁量较高的石灰釉，然后在高温还原气氛中烧制，形成深黑色的釉面。黑釉工艺是建窑的特色，与宋代的斗茶风尚相契合，体现了宋人的审美趣味和情趣。选用了油滴纹饰，即在黑色釉面上密布着银灰色或金色的小圆点，形似油滴。油滴纹是建窑的名贵釉色之一，宋人称之为鹧鸪斑。油滴纹的形成是由于釉料中的铁形成结晶体，并聚合成油滴状，冷却后以赤铁矿和磁铁矿的形式从中析出晶体所致。油滴纹具有强烈的金属光泽和镜面感，与黑色釉面形成鲜明的对比和层次感。

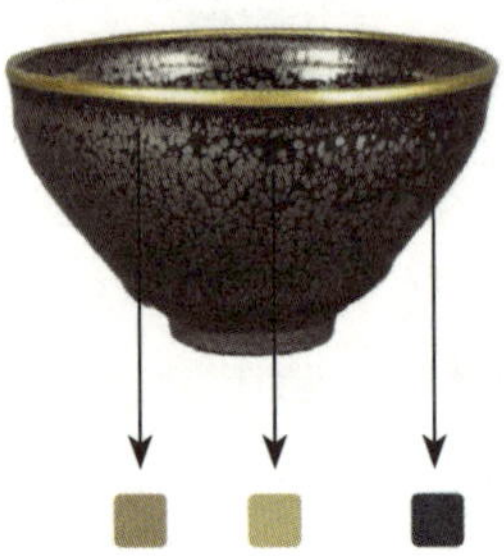

京元
C80 M75 Y80 K45
R49 G50 B44

象牙色
C30 M37 Y53 K0
R193 G165 B124

雌黄
C88 M72 Y56 K20
R43 G70 B88

石绿
C19 M22 Y49 K0
R220 G200 B143

象牙黄
C67 M32 Y38 K0
R94 G150 B157

白色
C0 M0 Y0 K0
R255 G255 B255

图3-22 **民间艺术色彩表现案例——宋代油滴盏**

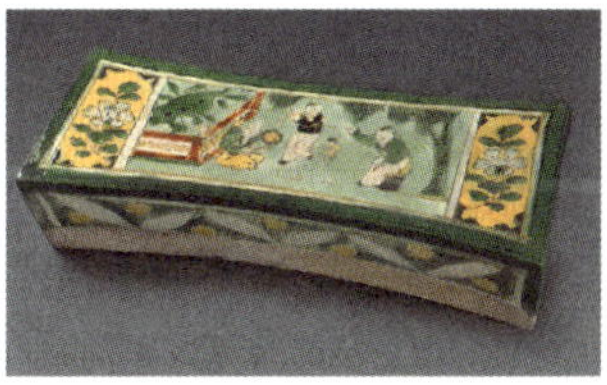

三彩童子傀儡戏枕，陶器，宋代，高约10厘米，面长约48厘米，面宽约17.5厘米，于1976年在济源县勋掌村镇安寺发现，现藏于河南博物院。枕呈长方形，模制而成，胎质坚硬细密，施绿、黄、褐红、黑、白色釉。

三彩童子傀儡戏枕采用了绿、黄、褐红、黑、白五种颜色的釉，形成了丰富的色彩效果。这些颜色是在高温下烧制出来的，具有较高的稳定性和艺术性。采用了对比和协调的色彩搭配，例如在枕面中部的婴戏图中，三个儿童的服饰颜色各不相同，既形成了鲜明的对比，又和周围的环境颜色相协调，增强了画面的生动性和层次感。采用了色彩的象征意义，例如在枕面两端的折枝牡丹纹中，牡丹是中国传统的富贵之花，而红色是喜庆之色，寓意着主人的富贵吉祥。在枕四侧的连续花叶纹中，花叶是生命的象征，而绿色是生机之色，寓意着主人的健康长寿。

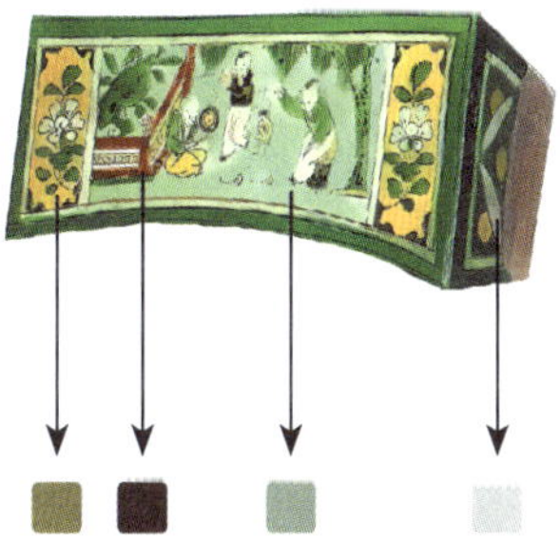

京元
C80 M75 Y80 K45
R49 G50 B44

灰豆绿
C39 M14 Y37 K0
R172 G199 B173

鸭屎棕
C56 M82 Y93 K37
R103 G51 B32

浅灰
C11 M9 Y9 K0
R231 G231 B231

深菊黄
C39 M38 Y73 K0
R173 G157 B88

白色
C0 M0 Y0 K0
R255 G255 B255

图3-23 **民间艺术色彩表现案例——宋三彩童子傀儡戏枕**

第三节 | 民间艺术造物的三维立体表达

民间造物是民间文化的衍生物，是生活智慧的物化，必然占有一定的物理空间。这种物理空间的存在一方面体现为活态化的使用，另一方面体现为静态空间的展示表现，综合表现为动态传承性、时空复合性、开放共享性。民间造物表现为空间多样性、不同价值再现（文化价值、社会价值、经济价值、审美价值、情感价值）、不同时段表现的多样性以及材料的多样性，还表现为民间技艺的丰富性、功能的实用性、文化的融合性、审美的独特性等。

一、民间艺术造物的空间呈现

在传统社会，生产力有限，民间造物空间主要用于满足生活需求。这种实用需求从传统社会延续到现代社会。现代社会中，民间造物更多地基于俗信而非迷信，使民间艺术的造物神性功能逐渐减弱，人们更加关注其艺术性和实用性，这种艺术常常会表现在民间艺术非遗空间。

不同时期的民间造物具有不同的美学和文化价值，还具有极高的艺术价值，常常被陈列在专门的展示空间中供公众观赏研究。由于它们承载着丰富的文化信息，具有时代性、艺术性和典型性，因此成为了解古今民俗、艺术、历史、民族、宗教等领域的媒介或窗口。各种类型的民间造物被汇集到博物馆、非遗场所等固定场所空间中，以供保存和展示。民间造物空间在当下的生活场域中广泛存在，包括民间个体和集体生活空间。与固定的展示空间不同，民间个体和集体生活空间具有流动性，这种动态空间的存在意味着民间造物在不断进行个人或集体创作，并用于日常生活。

（一）民间艺人个体生活空间动态传承

民间造物主要用于个体的日常生活，比如服饰、工具等。在传统社会，服装除了要符合社会礼仪和习惯外，还受到个体偏好的影响。妇女在自给自足的农业时代通常需要学习织布、裁剪和缝制衣物，满足个人与家庭其他成员之需。有些少数民族要求女孩亲手准备婚礼服饰。例如，广西北部的瑶族红瑶女子常常自己动手制作红色服装，这成了一种风俗。当地民谣这样唱："五岁六岁玩泥巴，十三四岁学绣花。十七十八方出嫁，十九二十抱娃娃。"她们或是制作自己日常穿用的服饰，或是精心地准备送给意中人的礼物。这些服装从设计到使用的整个过程都需要一定的生活空间来完成（图3-24），个体生活空间为民间艺人提供了艺术创作的土壤和条件，而动态传承则使得民间艺人作品得以在实践中不断得到验证、完善和发展。

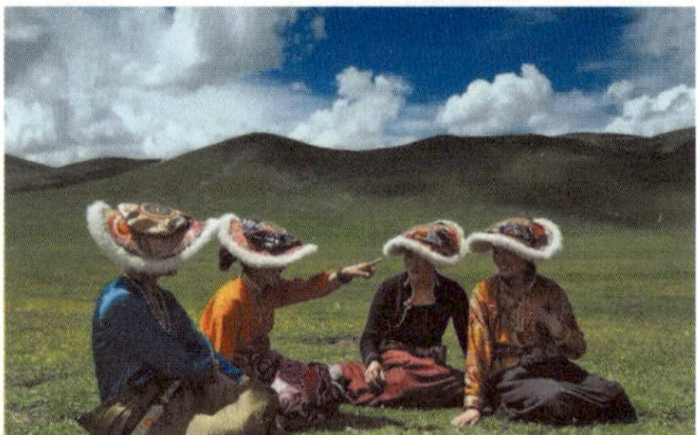

图3-24　民间个体生活空间

（二）时空复合的社会生活空间

民间造物在社会中服务于各种生活、人生仪式和季节习俗，且在广泛的社会生活空间中呈现出来，通常与民间群体参与和使用相关。民间造物活动空间存在的流动性和变化性带来时空的复合，这种时空复合的社会生活空间表现为以下五种类型：

①节日庆典和民俗活动：节日庆典是民间艺术展示的重要舞台。在春节期间各地的庙会、花市等活动中，民间艺术表演如舞龙、舞狮、打鼓等常常成为活动的亮点。这些表演不仅增添了节日气氛，也让观众近距离感受到民间艺术的魅力，空间交错，呈现时空复合特点。

②公共艺术装置和展览：在公共场所如公园、广场、博物馆等陈设民间公共艺术装置或艺术展览，可以让更多的人欣赏到民间艺术的美。可以定期更换主题和内容，以吸引不同年龄段和背景的观众。

③商业和文化空间：商业和文化空间也是民间艺术展示的重要场所。在购物中心、

酒店、餐厅等场所设置民间艺术表演区或展示区，可以让观众在购物或休闲的同时欣赏到民间艺术。同时，这些表演和展示也可以为商业空间增添文化氛围，提升品牌形象。

④社区文化活动：社区是民间艺术展示的重要基地。社区可以组织各种形式的民间艺术活动，如民间艺术创作比赛、展览、工作坊等，鼓励居民参与。这些活动不仅可以增强社区凝聚力，也可以提升居民的文化艺术素养。

⑤数字媒体平台：随着科技的发展，数字媒体平台也成为民间艺术展示的新渠道。通过网络直播、短视频、社交媒体等，可以让更多的人在线欣赏到民间艺术。虚拟博物馆、数字档案等也为民间艺术的保护和传播提供了新途径。

二、民间艺术造物的价值再现

民间艺术造物不仅仅是物质财富，更是精神财富。它们代表着一种生活态度和价值观，是民族精神的重要组成部分。民间艺术造物是民间工匠或手工艺人创造出来的具有独特民俗文化和艺术特色的物品。这些物品不仅仅是日常生活的实用品，更承载了深厚的艺术和历史文化价值。

（一）民间艺术造物的艺术价值

民间艺术造物凭借其独特的创意、精湛的工艺、深刻的寓意以及丰富的地域特色，展现了其独特的艺术价值。

①创意价值：民间艺术造物往往是由工匠或手工艺人根据自己的生活经验和观察创作出来的。它们的设计独特，充满了想象力。这些手工艺品不仅美观实用，还蕴含着深厚的文化内涵。

②工艺价值：民间造物在制作工艺上往往非常精湛。工匠们通过世代相传的手艺，将各种材料巧妙地组合在一起，创造出各种兼具实用价值和审美价值的物品。这些工艺品展现了工匠们的高超技艺和对材料特性的深刻理解。

③寓意价值：很多民间造物都具有象征性，比如一些图案或符号可能代表着吉祥、幸福、团圆等美好愿望。这使得民间造物不仅仅是实用品，更寄托了人们对美好生活的向往和追求。

④地域特色价值：由于地理、文化等因素的差异，不同地区的民间造物往往具有独特的风格和特色。这使得民间造物更加丰富多彩，也更具吸引力。

（二）民间艺术造物的历史文化价值

民间艺术造物是历史文化的生动体现，通过民间艺术造物，我们可以了解一个民族的历史、习俗和生活方式。这些物品的制作工艺、材料选择、纹样设计等都反映了当时的社会风貌和人们的审美观念，是历史文化的重要载体。

①历史见证：民间艺术造物作为历史的见证者，能够反映出一个时代、一个地区、

一个民族的生活方式和文化特色。通过欣赏和研究民间艺术造物，我们可以了解过去的历史事件、社会风俗、宗教信仰等信息，从而更深入地理解历史。

②文化传承：民间艺术造物是传统文化的重要载体。在漫长的历史长河中，民间工匠和手工艺人通过一代又一代的传承和创新，将传统文化元素融入造物之中。这些物品不仅承载着传统技艺和智慧，还传递着民族精神和价值观。

③社会记忆：民间艺术造物往往与人们的日常生活紧密相连，是社会记忆的重要组成部分。通过民间艺术造物，我们可以了解一个社区、一个家族、一个民族的历史变迁和社会生活，感受到他们的喜怒哀乐和悲欢离合。

（三）民间艺术造物的实用价值

①日常生活需求的满足：许多民间艺术造物，如家具、器皿、服饰等，都是为了满足人们的日常生活需求而制作的。它们的设计充分考虑了人们的实际需求。

②工艺技术的巧妙运用：民间艺术造物的制作者们利用世代相传的手艺，将各种材料巧妙地组合在一起，制作出美观实用的物品，帮助人们提高生产效率。

③人体工程学的考虑：在制作民间艺术造物时，工匠们还会考虑到人类工程学原理，以确保物品的舒适性和易用性。比如，一些工具的设计会考虑到人体的手部结构和用力习惯，使得人们使用起来更加省力和舒适。

④经济实用：民间艺术造物通常采用当地常见的材料和简单的制作工艺，因此成本较低，价格相对容易被民众接受。这使得更多的人能够拥有这些实用且美观的物品。

（四）民间艺术造物的生态价值

民间器物创造的意义在于它们的产生与历史发展的客观规律相契合，具有适时、适地、适俗和实用的特征。民间艺术造物的创造和使用是一个紧密且相互关联的系统，它受到外部环境因素的制约。这个系统中包括地理环境的影响、资源条件的限制、时代潮流、礼仪规范和季节风俗等多种外部因素，它们共同影响着民间艺术造物的过程。例如，我国的地理环境和气候条件多种多样，在不同地理和气候条件下，人们创造的器物具有不同的属性，反映了各自的特色。举例来说，贵州的山地地形和多雨气候促使当地水族人民创造了一种防滑雨鞋，被称为“者毕”。他们将十余个尖头空心钉固定在鞋底上，用桐油浸泡后干燥，这种简单实用的鞋子在雨天既防水又防滑。而在我国的东北地区，寒冷的冬季气候促使人们创造了适应这种环境的特色防寒服饰。这些服饰通常采用狐狸、狼、狗、貂等动物的皮毛制成，既保暖又具有装饰效果（图3-25）。

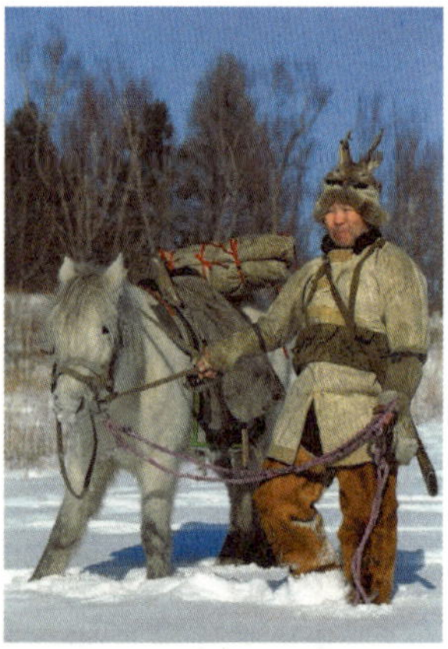

图3-25 东北地区的服饰

三、民间艺术造物的时段表现

关于民间艺术的存在，可以通过考察民间艺术造物的现存状况来进行时段划分。尽管民间艺术造物源远流长，但在不同历史时期，它们的命运各异。有些曾一度盛行，但后来渐渐被遗忘；另一些则持续传承至今，仍然在当今社会中发挥着重要的作用。历史上的民间造物为现代仍在活跃的民间造物提供了基础，现代的民间造物则是对历史传统的延续。从保存状态的角度来看，前者可能已被废弃或遗失，而后者则继续存在和发展。

（一）延续态

数千年来民间文化传统保持着连续性，形成了一种持续存在的状态，称为“延续态”。尽管在民间造物的制作和使用方面，有些物品失去了它们的原始功能，但一些传统造物艺术仍然坚强地生存下来，常体现在物质和精神两个方面。

在物质生产和日常生活中，一些传统的民间造物在形状和功能方面早已达到了完善的状态。例如：斧、锤、刀、剪刀等常用工具，锹、镐、叉、锄头、铲子、犁、翻车、风扇车、石碾、石磨、面罗等用于农业耕作、收获和粮食加工的基本农具，缫车、纺车、经具等用于纺纱织布的工具，以及各种手工行业的基本工具。这些工具依然在现代民众的生活中发挥着实际的作用。

在精神生活方面，各种传统的泥质、木质玩具仍然为孩子们带来欢乐。年画、剪纸、灯彩、皮影、五彩绳、布老虎、香荷包、食品捏塑等在各种节令和节日中仍然发挥着不可或缺的作用。各类吉祥物依然深受人们喜爱，例如常见的用于装饰和辟邪的吉祥挂件。

（二）中止态

民间艺术造物是不可能终止的。“中止态”实际上基于以下情况考虑：某些民间艺术造物已不再存在于现代日常生活中，而是在古代墓葬或古代人类活动遗址中被发现和挖掘出来，以“民间文物”的形式存在。这些民间艺术造物在古代实际存在，在古代文献中有详细的记载，并在古代的图像中有具体的呈现，但现代生活中已经没有条件再生产。因此，根据它们的存在状态，我们将这些民间艺术造物的存在方式称为“中止态”。

以“中止态”存在的民间艺术造物实际上包括两种类型。一种是民间文物，它们以实物形式供人们观看和触摸，同时有文献和图像证据来支持它们的存在；另一种则是历史上曾经存在的民间造物，虽然有文献和图像记录，但由于制作材料易腐和保存条件的限制，现在已无法找到实物证据。

第四节 | 民间艺术造物的观念

民间艺术造物作为一种特殊的艺术形式，是民间文化的物化形式和形象载体。民间艺术造物的产生、发展及存在往往会受到人类对自然的认识等方面的影响和制约。民间艺术造物活动是人对自然生态的合理开发与利用，处处表现出人与自然之间的协调与平衡，以及人对自然的尊重。民间艺术的这种尊重自然与生命的态度，强调物质技术理性与自然伦理关系的统一，恰恰是民间造物观念的基本原则，并且与现代生态哲学，特别是生态伦理学相契合。

一、民间艺术造物的思想性

民间艺术造物观念归根结底起源于人的内在需求，综合外在因素的制约，反映出民间造物者对各种限定的能动适应，不但超越了“民众”的阶级属性，还上升到物的本质哲学层面。这种能动适应表现为民间艺术造物主体借助创造性思维，按照不同的民间生活需求进行制作和使用。在造物的过程中还要遵循人类在民间艺术造物实践中积累下来的经验和规律。不同的民间艺术造物类型，制作目的和使用方式不尽相同，不同的生产工具、生活器具、娱神巫具和游乐用具之间存在较大差别：有的要求精工细作、牢固耐用，有的仅供一时之需，用后即弃；有的要求轻巧便携，有的则要厚重端庄；有的装饰繁复富丽，有的则质朴无华，等等。我们应深刻体察民间艺术造物活动的内在造物思想的共性，总结出民间艺术造物共通的规律和道理，譬如：民间艺术造物往往要考虑材料的特性、使用场合、礼俗事体和工作机制；同时要伴随人类物质生产的进步和求知需求的增长，实现对智慧、情趣和新奇形式的不断追求；能借助形式之美和掩藏于其后的意蕴满足受众的审美愉悦和情性陶冶需求。

（一）审美性

民间艺术造物审美是我国先民们在漫长生活中对美感经验的积累。民间艺术造物效用和形式相辅相成，既满足实际需求，又带来美的愉悦。这表明民间艺术造物的美感是造物功能和形式相互作用的结果。

中国民间艺术造物之美是复杂的，难以用统一的标准概括。不同类型的民间艺术造物展现出不同的美学特质。民间艺术造物的形式美特征在于色彩、线条、形状、材质、图案等要素达到秩序与比例的和谐与平衡。几乎每种民间造物都具备形式美，即使是普通的农具，它可能没有引人注目的颜色，但却拥有天然的材质之美；它或许没有华丽的装饰，但却有合理的结构形态；它或许没有珠光宝气，但却具有易于握持的光滑感。

民间造物的美不是刻意制作的形式美，而是依附于美的形式，同时传达丰富的内涵。民间造物的尺寸、形状、装饰等外部因素掩盖了情感、信仰等内在因素。通过使用和欣赏造物，人们可以获得情感交流以及心理调适、平衡。这种精神上的愉悦通过对形式的感知不自觉地产生，达到了一种超越外表的境界，是一种深刻的美。

（二）哲理性

民间艺术造物，作为人类文化的重要组成部分，蕴含着丰富的哲理性。这些哲理体现在造物的形态、功能、材料等方面，深刻地反映了人类对于自然、社会、人生等方面的思考和感悟。

首先，民间艺术造物体现了人类与自然和谐共生的哲学思想。在许多民间工艺品和日常用品中，我们可以看到人类巧妙地利用自然资源，如木材、石材、竹材等，通过精湛的技艺将其转化为实用而美观的物品。这种转化过程不仅体现了人类对自然的敬畏和尊重，也展示了人类与自然和谐相处的智慧。例如，一些民间建筑和家具的设计充分考虑了当地的气候、地形和生态环境，既满足了人们的生活需求，又保护了自然环境。

其次，民间艺术造物体现了人类对社会和人生的深刻思考。许多民间工艺品和艺术品都蕴含着丰富的文化内涵和象征意义，它们通过特定的图案、色彩和造型来表达人们对美好生活的向往，对幸福家庭的追求，以及对和谐社会的期望。这些作品不仅展示了人类的创造力和艺术才能，也反映了人类对社会和人生的深刻洞察和感悟。

此外，民间艺术造物还体现了人类对于实用性与审美性辩证统一的哲学追求。在民间艺术造物中，实用性和审美性往往被巧妙地结合在一起。许多民间工艺品既具有实用价值，又具有很高的审美价值。这种结合让物品在满足人们物质需求的同时，也能给人们带来美的享受和精神的愉悦。

总之，民间艺术造物具有深刻的哲理性，它体现在造物者对生活的整体把握和根本性认识上，体现在辩证思维和整体思维上，也体现在生命体验和人生感悟上。这种哲理性使得民间艺术造物成为人类智慧的重要载体，也让人们在欣赏与使用中获得更多的思考和感悟。

（三）追新性

民间艺术追新性主要表现在内容创作与展示传播方面。

1. 内容创作的追新性

①向主流文化转化：民间艺术通过与现代主流文化的融合，扩大自身的生存空间。例如，将传统的剪纸、泥塑等艺术形式与现代设计理念相结合，创作出既具有传统韵味又符合现代审美的作品，从而吸引更多人的关注和喜爱。

②向商品化方向转化：民间艺术在保持其独特魅力的同时，也在积极探索商品化道路。通过开发文创产品、旅游纪念品等方式，将民间艺术转化为具有市场竞争力的商品，既满足了消费者的需求，又促进了民间艺术经济价值的实现。

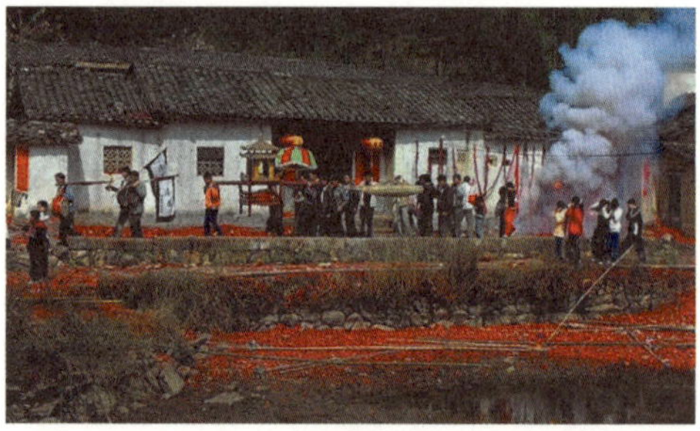
图3-26　广东梅州客家传统活动

③向原创性方向转化：民间艺术在传承过程中注重创新，鼓励艺术家们发挥个人创造力，创作出具有独特风格和内涵的作品。这种原创性转化不仅提升了民间艺术的艺术价值，也为其在新时代的传承和发展注入了新的活力。广东梅州客家传统民间节日文化（图3-26）之所以能够传承下来，主要得益于持续的创新发展。

④人工智能（AI）赋能：民间艺术与人工智能的结合正在为传统文化的传承与创新开辟新的途径。人工智能可以为民间艺术家提供创作辅助，如自动生成草图、优化色彩搭配等，提高创作效率和质量。通过AI技术，民间艺术家可以更容易地实现创意的转化和呈现，创作出更多具有新颖性和独特性的作品。人工智能可以将民间艺术与其他艺术形式进行跨界融合，创作出全新的艺术作品。例如，通过AI技术可以将民间剪纸与数字绘画相结合，创作出具有独特风格的数字艺术作品。

2. 展示传播的追新性

①展示空间创新：民间艺术在发展过程中不断尝试新的展示和传播空间。例如，利用互联网、社交媒体等新媒体平台，将民间艺术以更加直观、便捷的方式呈现给受众。同时，民间艺术创作者也积极参与各类展览、文化节等活动，拓宽其传播渠道和影响力。

②展示手段创新：随着数字技术的不断发展，民间艺术也开始向数字化方向迈进。利用数字化技术，民间艺术可以更加生动地展现其独特的艺术魅力和文化内涵。例如，利用虚拟现实（VR）、增强现实（AR）等技术，让观众身临其境地感受民间艺术的魅力；或者通过数字化手段对民间艺术进行保护和传承，避免其因时间流逝而失传。

③传播手段创新：人工智能可以通过大数据分析、精准推送等技术，将民间艺术作品推广给更多的受众。借助AI技术，可以实现对目标受众的精准定位和分析，制定个性化的推广策略，提升推广效果。

二、民间艺术造物的功能性

民间造物具有满足物质需求和精神需求的双重功能，具体表现为它的实用性、愉悦性。

（一）实用性

所有的民间艺术创造都围绕着实用性展开。在民间日常生产和生活中，人们发明了各种工具和器具，以便更有效地获得猎物、自我防卫和满足生活需求。最初的石球、弓箭用于击打和射杀野兽，后不断演化为各种武器；各种盛具和饮食器具被用于储存和炊煮食物；各式民间服装用于保暖和蔽体；各种农具用于农业生产；各式舟车用于运载人和物品；各类居住建筑和设施被用以遮风挡雨和提供温暖。人们还不断尝试用各种方法来方便地取火用火，包括钻燧石取火和采用火镰、阳燧等工具迅速取火。为了炊煮和取暖，篝火被点燃，火炬被发明，并最终改进成夜间照明的各种灯具。

随着需求的增加和经验的积累，更多与日常生活相关的民间工具和民间器具被创造出来。例如，床榻、枕头、被子、褥子等用于休息，盆、镜子、梳子、钗、簪子、妆奁等用于洗漱、梳理和装扮，扇子、漏刻、案几、拐杖等用于纳凉、计时、休憩和支撑。这些多样的民间造物不胜枚举。

总之，实用性是所有民间创造活动的出发点，为的是满足人类的生活需求和生产工具的使用需求。张道一先生概括出工艺美术的两个特点——“资生”和“安适”，即通过不断改进工具和器具来提高生活的舒适度和便利性。他说：“从原始人到现代人，所穿用者固然有粗精、多寡之别，和方便、舒适与否，然其资生的目的却是一致的。而且随着人类的进步，科技和艺术的发达，衣食住行用的花样会越来越多，永远不会停止，这些创造的多样性反映了民间生活的丰富性。”因此，民间造物不仅是实用的，而且还是在不断发展和丰富的。

（二）愉悦性

民间艺术造物在满足基本的生活、礼俗之需的同时，还具有满足人的感官愉悦和陶冶情性的功能。器物的造型、肌理、材质和装饰会影响人的精神和情感体验，因而其具有怡神功能。这类民间艺术造物包括工具、乐器、玩具、食物、捏塑等，它们不仅要实用，还要有美丽的外观和装饰，以满足人的视觉感官需求。人们追求造物形式的多样和装饰的丰富，恰恰反映了他们对视觉愉悦性的追求。

一些学者认为，民间艺术是一种精神文化，是一种观念形态。它一方面通过各种仪式活动，如信仰仪式和人生礼仪，将观念转化为人们可以看到并体验的外部行为。另一方面，民间艺术通过人类的行为制造物质形态，将观念融入物质之中，创造出具有民间观念的物品，使人们可以触摸和使用。由此可见，民间造物不仅是物质生活的工具，还是精神生活的工具，这种双重功能在文明发展中逐渐复杂化。

三、民间艺术造物的人文性

（一）民族性

民间艺术原本大多数是族群文化产物，这种族群文化既可以在空间上出现在某一特定的区域，形成具有地方特色的文化，同时，它也可以与特定的民族相联系，形成带有民族特征的文化。因此，不论是在东方还是在西方，民间艺术都带有浓厚的民族主义色彩。民间艺术文化是某个民族精神的真正表达，是民族认同的重要体现方式，同时也是该民族社会生活与政治生活的基础。

正因为民间艺术是一种精神文化和观念形态，同时具有地方性和民族性特征，所以它可以成为地方和民族识别的重要标志。中国的谚语中有“三里不同风，十里不同俗”，文化和政治生活中也经常强调要尊重“民族习惯”，这都反映了民间艺术在地方和民族识别方面的作用。地方和民族识别实际上可以从内外两个方面解读民间艺术的地方和民族认同价值。一方面，民间艺术是地方和民族意识的基础，在长期的生活、生产和社会发展中，人们逐渐形成了共同的思想和行为习惯，刻意遵守、维护和传承，逐渐形成了地方和民族共同价值观的意识基础，当地人和同族人也因此进行“自我识别”。另一方面，外界也将这作为识别某一特定地方和民族特征的重要标志，如“好客的山东人”“善于经营的徽商”“马背上的蒙古族”“长鼓跳板的朝鲜族”等，这些地方和民族性的民间艺术特征成为内外识别的标志性元素。

（二）伦理性

民间艺术具有族群共同体的标志，是历史传承的载体和人文归属的象征，它体现了民族的生活观念、社会理念和思想信念。民间节庆包含丰富的伦理内容，具有伦理属性。民间节庆的意义不仅在于物质层面的生活体验和社会文化的认知，还涉及精神层面的指向，通过参与民间节庆，可以了解和实践传统节庆所传承的民族精神、人文内涵、道德规范以及家国理念。

伦理以各种方式贯穿于生活仪式中。从出生、成年、婚姻到死亡的各个仪式都离不开民间造物，而民间造物的兴盛和发展也与这些仪式密切相关。生命之初，伦理意识就已存在，通常以物质形式映射出来。例如利用民间造物预示孩子未来的社会地位和角色，通过“抓周”来判断孩子的志向和潜能。这一习俗虽然有娱乐成分，但背后蕴含着浓厚的伦理观念。总的来说，随着人类从原始状态逐渐进入文明社会，伦理性思想开始与民间造物融合在一起。在习俗和仪式的演化中，民间造物的伦理内核逐渐加强，尽管在不同使用群体和场合中表现略有不同。

（三）宗教性

宗教对民间艺术造物具有显著的影响。中国拥有丰富而复杂的宗教文化传统，涵盖了本土宗教和外来宗教，宗教文化呈现多样性特征。尽管各类宗教在中国的出现和传播时间各不相同，但它们都在不同程度上影响了中国民众的信仰。一般认为儒教、佛教和道教对中国文化产生了最大的影响。同时，即使最早期的原始宗教和其他外来宗教并非主流，它们也在一定程度上影响了民间艺术的精神世界。

中国的民间艺术与宗教之间联系紧密，并以各种形式存在于宗教性的民俗活动中。要了解民间艺术造物与宗教的关系及其存在形式，需要明确影响民众信仰的宗教类型。各种宗教的存在和影响使民众的宗教信仰呈现出多元且交织的状态。有学者认为，汉族的宗教基础和核心是一种被称为“民间宗教”的宗教，它不隶属于任何宗教派别，这种宗教既不是道教、儒教或佛教，也不是建立在教义、教典或教团基础上的。因此，在现实生活中，民众既可信奉儒教，又可以接受道教、佛教和其他宗教的影响。此外，一些少数民族在宗教信仰方面也出现了多元化和融合的现象。如白族和壮族，除了信仰本土主要宗教外，同时还信仰佛教和道教，这三种宗教相互渗透，对这些少数民族的思想和社会生活产生了重要影响。这表明中国的宗教生活和文化是多元而复杂的，共同作用于民间艺术造物。

第四章

民间艺术传统工艺创新与整体发展思路

学习目标

- 了解民间艺术传统工艺的特征，以及我国各个地区民间艺术传统工艺及其典型案例。
- 通过学习典型民间艺术工艺创新案例，了解工艺技法创新的方式方法。
- 认识民间艺术发展存在的问题，能够提出推动其整体发展的思路。
- 树立文化自信，通过民艺创新与设计，为推动中华民族伟大复兴贡献力量。

学习重点

民间艺术传统工艺的地域特色、传承与创新方式。

学习难点

提出民间艺术传统工艺的整体发展思路，评估其实践操作的可行性。

第一节｜民间艺术传统工艺与创新

一、民间艺术传统工艺概述

民间艺人擅长在生活中寻找灵感与动力，以手工造物为媒介，展现民间审美志趣。民间艺术传统工艺承载了中国大地上不同区域的人文历史和特色审美，手艺人代代承袭，使得我们能通过民间艺术作品梳理出有关传统工艺发展的历程。

民间艺术传统工艺是指在各民族人民长期生产生活中产生、形成和发展的手工艺技术，是人们日常生活和民俗文化的有机组成部分，遵循中华民族文化发展规律，表现出特色鲜明的地域性，具有稳定的文化传承脉络，体现出各民族的观念、情感和视觉审美经验，反映出各民族的风俗习惯、精神风貌和价值取向。

民间艺术传统工艺种类繁多，大体上可以将其划分为以下类别：编织类（包括竹编、草编、藤编、柳编、棕麻编织等），印染类（包括蜡染、扎染、蓝印花布、彩印花布等），刺绣类（包括四大名绣、各地民间刺绣、少数民族刺绣等），织锦类（包括云锦、蜀锦、宋锦、壮锦、傣锦、土家锦等），塑作类（包括泥塑、面塑、陶塑、糖塑、纸浆拍塑、琉璃和玻璃等），雕镌类（包括竹雕、木雕、石雕、砖雕、玉雕、雕漆等），绘画类（包括年画、剪纸、刻纸、扇面画、炕围画、屏风画等），扎糊类（包括彩灯、风筝、扇子、纸扎等），陶瓷类（包括瓷器、陶器等），漆器类（包括脱胎漆器、雕漆、螺钿、推光漆器、彩绘漆器等），等等。

民间艺术传统工艺特征主要体现为传承性、科学性、自然性和差异性。传承性是指民间艺术传统工艺多为一脉相承，这与中国传统师徒制度有关；科学性是指工艺具有一定科学思想，凝练了人民的日常生活智慧；自然性是指民间工艺多通过自然取材进行制作，制作过程中也带有适应自然材料特性的审美思考；差异性是指不同地域不同民族传统工艺的差别，反映出各地的文化审美特质，也造就了我国多彩的民间艺术。

目前我国民间艺术体量庞大、文化资源分散，且随着时代的变迁，大众对民间艺术传统工艺关注度降低，一部分技术已濒临失传，部分技艺只剩下古籍文字记载，因此我国的民间艺术传统工艺的保护、传承与延续工作迫在眉睫。

二、不同地区的民间艺术传统工艺

所谓“一方水土养一方人”，一方水土也滋养着一方工艺技术。我国地理环境和自然条件的不同，造就了历史文化背景的差异，从而形成了各具特色的区域文化。民间艺术也以地理区域上的特色为创造依托，通过艺术成品的形态呈现给世人各具风采的人文魅力。

按国内各地域审美的不同，可将全国民间艺术划为华中、华北、华东、华南、西南、西北、东北、东南这八个民间艺术传统工艺文化区。华中平原位于我国的腹地，因历史发展缘故，其民间工艺以汉文化基因为主，作为历史上的华夏“中国”，这里的艺术风格庄严厚重、神秘艳丽。华北地区民间工艺不仅展现北方民族审美，还因政治中心的变迁而深受宫廷艺术影响，反映在民间艺术中即致广大而尽精微，匠人所造遒劲雄健、顾盼生姿。华东地区因水网密布，经济、交通与气候等条件较好，孕育出具有江南清秀气韵的民间艺术。华南地区的民间艺术则既保留岭南特色，又因港口开放在设计上融入中西结合样式，交汇包容是这里民间艺术的发展主题。西南地区雄险幽秀，各民族因生活习俗、信仰故事产生的民间艺术工艺则群芳吐艳，给西南民间艺术带来生机活力。西北地区的民间艺术踏着丝绸古路，呈现塞上文化的神秘浪漫。而白山黑水的东北地区，民间艺术受到乡土文化熏陶，在色彩上展现北方居民对生活的热情，民间艺术工艺粗犷质朴。东南地区融合了海洋文化、外来文化、闽越文化、中原文化等民俗文化特色，呈现敢拼、爱拼的精神。

（一）华中地区民间艺术传统工艺

河南、湖北、湖南三省聚合而成的华中地区作为我国万方辐辏的腹地，积淀着中华民族的文化厚度。造型古朴、线粗色艳的朱仙镇木版年画通过梨木版刻载下许多脍炙人口的民间故事、神话传说（图4-1）。阳新妇女们利用做衣服剩下的边角余料，创造出实用民间艺术——阳新布贴（图4-2），这种布贴图案个性鲜明，成为当地特色。天门糖塑（图4-3）由唐宋古籍所记载的祭祀“糖供”演化而来，具有观赏与食用双重价值，湖北糖塑艺人凭借精妙的造型手艺获得回报。具有两千多年历史的湘绣，近百年来被公认为中国四大名绣之一，其运用一百多种针法来创作还原画面，成为独特的刺绣流派（图4-4）。湖南的蓝印花布（图4-5）印染技艺则将普通土布变为蓝白倩影，体现出当地人民对美好生活的向往和追求。

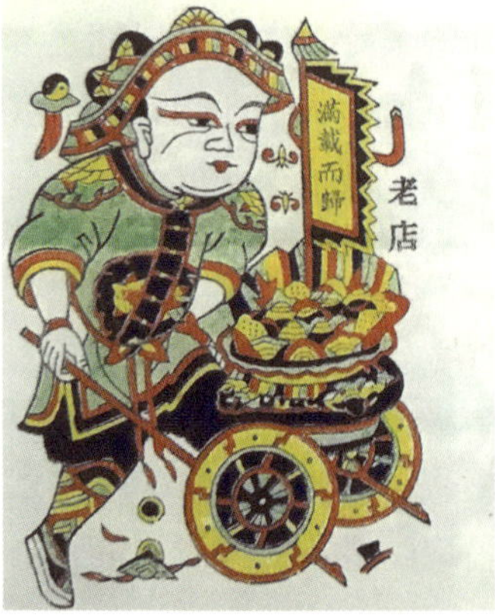

图4-1　朱仙镇木版年画

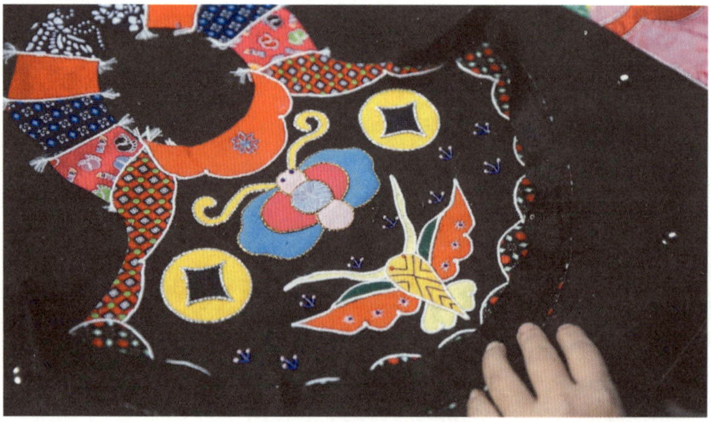
图4-2　阳新布贴

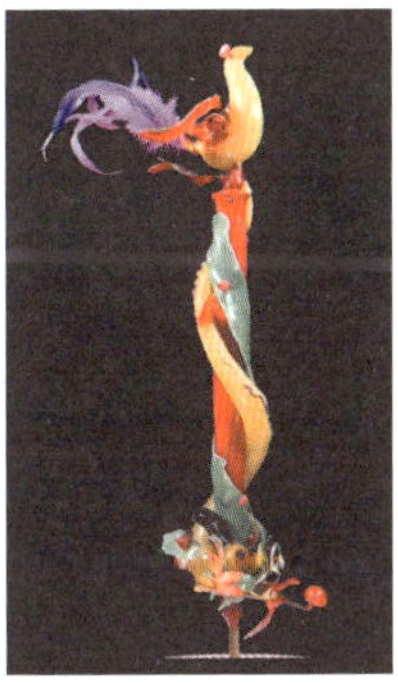

图4-3 龙凤花烛造型天门糖塑

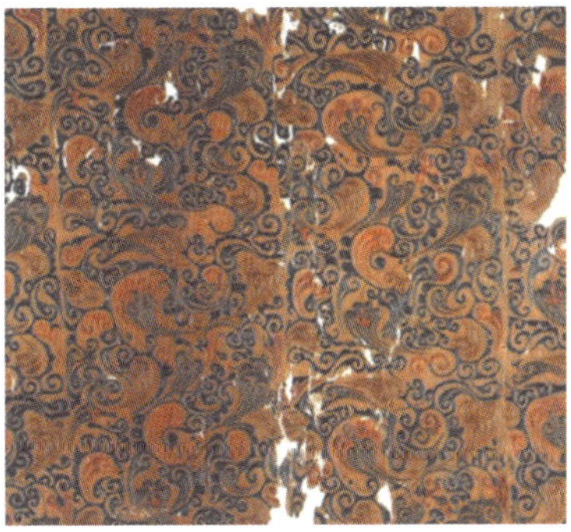

图4-4 绢地“长寿绣”

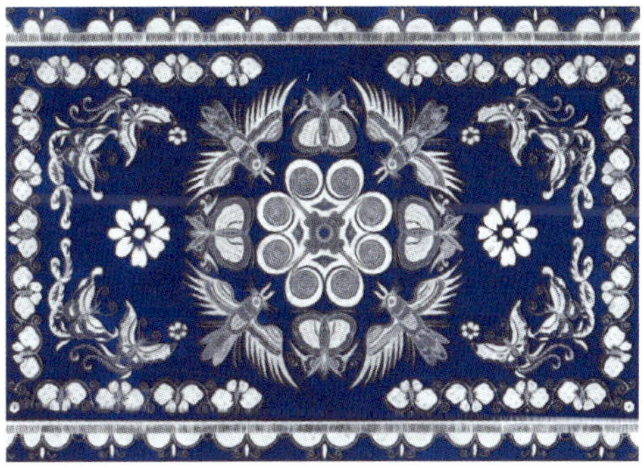

图4-5 蓝印花布

典型案例

浚县泥咕咕

位于河南省北部的浚县黎阳镇杨玘屯是泥咕咕的主要产地。这种手工艺品因其尾部独特的小孔，吹时发出“咕咕”的声音而得名。据史书记载，其起源可追溯至隋末农民起义时期，当时瓦岗军首领李密手下的大将杨玘在此屯兵，士兵们为了纪念在战场上牺牲的将士和战马，便用当地的胶泥捏塑成各种形象。浚县泥咕咕种类繁多，涵盖了人物、走兽、飞禽三大类，共有100多个品种。其作品造型各异，既有历史人物、戏曲人物，也有十二属相、各种走兽和飞禽，这些作品充满了浓厚的地方特色和艺术魅力。在装饰纹样上，泥咕咕展现了独特的美学观念，主要以对称式的植物造型为主，如菊花、月季、梅花、兰草等，同时也融入了抽象的点、线、面元素。这种装饰风格既体现了民间工艺注重师法自然的传统，也展现了泥咕咕艺人的创新精神。

浚县泥咕咕的手工捏制步骤如图4-6～图4-14所示。

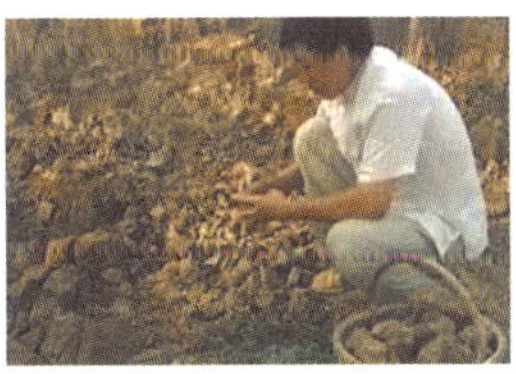

图4-6 取土

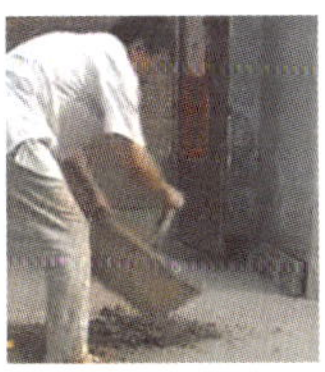

图4-7 晒土

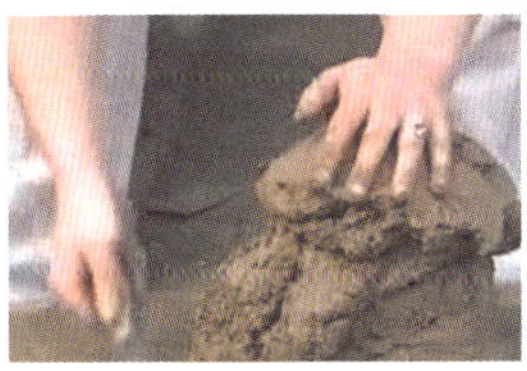

图4-8 和泥

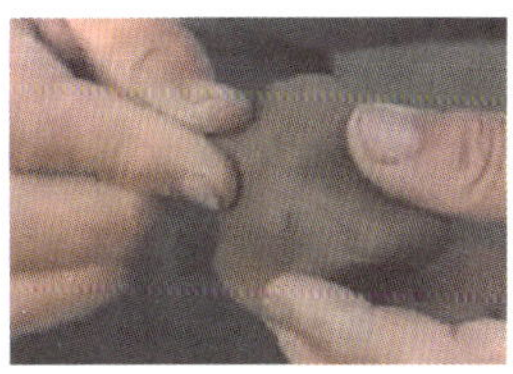

图4-9 捏制

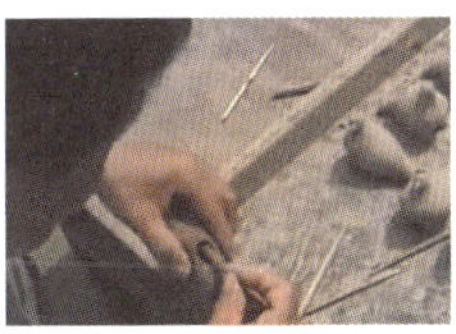

图4-10 插孔

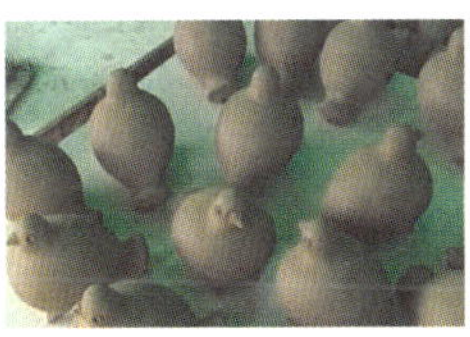

图4-11 晾晒

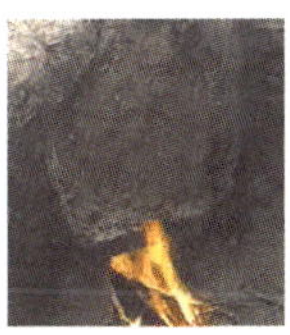

图4-12 烧制

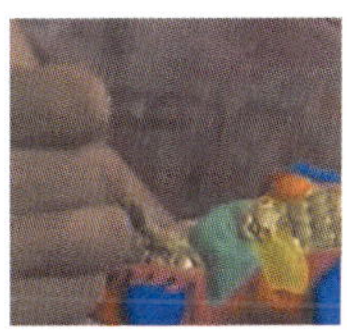

图4-13 彩绘

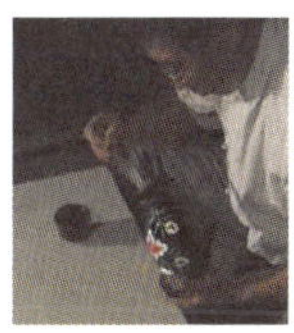

图4-14 刷漆

（二）华北地区民间艺术传统工艺

风起燕赵，地灵人杰，华北地区的文化以政权中心北京为核心向周围辐射，同时又受到北方游牧民族文化审美影响，民间艺术在此衍生出多元华章。揽括万野乾坤、以期民生多安是华北民间艺术的重要主题，主流的皇家审美影响了华北民间艺术的审美基因。虽然民间艺术技术普及，但部分民间艺术仍保留了繁复的特点。兔儿爷工艺品因吉祥寓意成为受欢迎的旅游纪念品（图4-15）。京绣融合了京剧服装技艺，并遵循皇家审美，创作出豪放但又精细的作品（图4-16）。天津泥人张展现了真实的人物性格，用泥土塑造人间百态（图4-17）。鄂伦春族的兽皮工艺不仅展现了高超的技艺，也传承了狩猎文化和信仰（图4-18）。蒙古族音乐因各种乐器而丰富。古时黎城有虎崇拜文化，布老虎玩具简约质朴（图4-19）。山西古建筑遗产丰富，襄垣炕围画与婚庆相关，传递平安幸福的祈愿（图4-20）。衡水内画选料讲究，打破传统，实现中西合璧的创举。

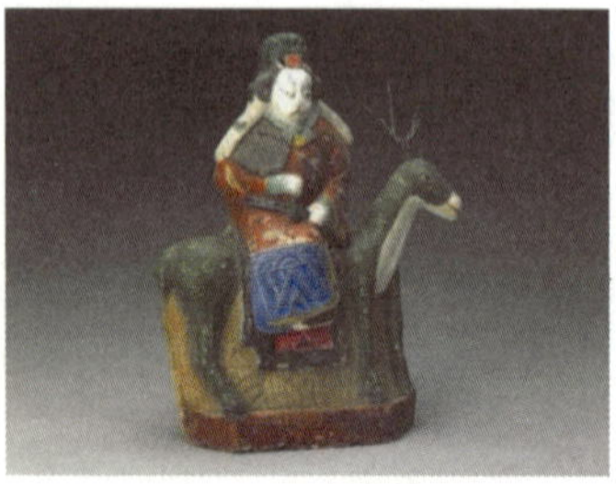

图4-15　泥制兔儿爷

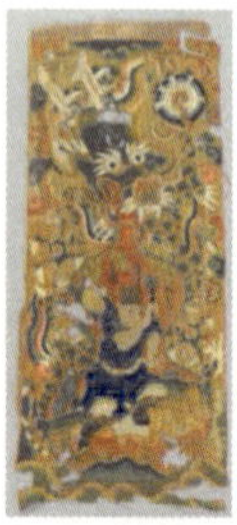

图4-16　洒线绣武松打虎经皮面

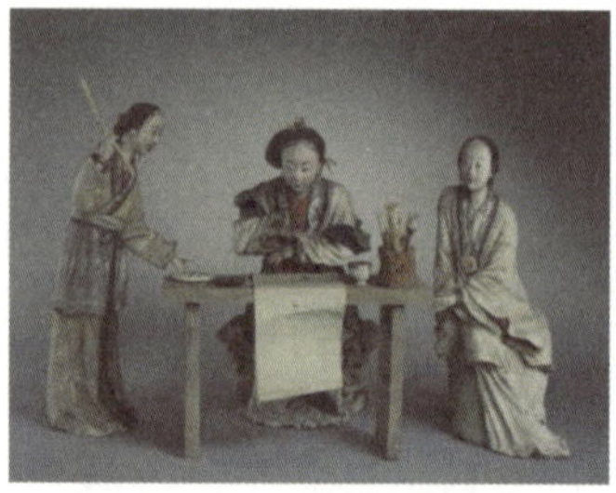

图4-17　彩塑惜春作画像

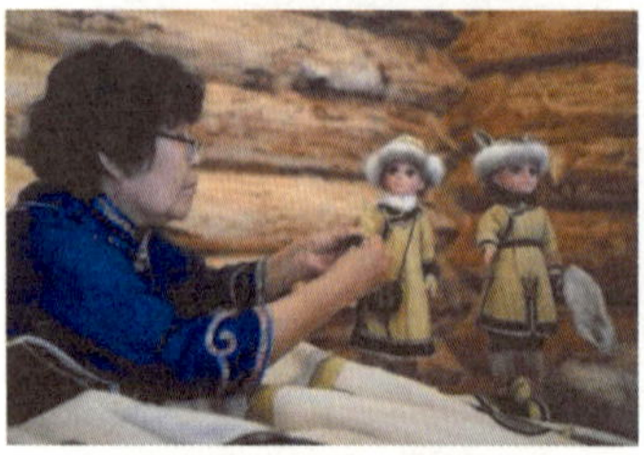

图4-18　鄂伦春族兽皮制作技艺传承人吴玲芝与皮毛制品

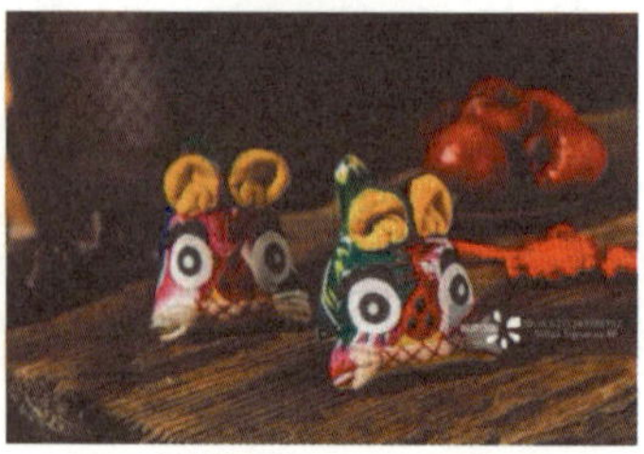

图4-19　布老虎

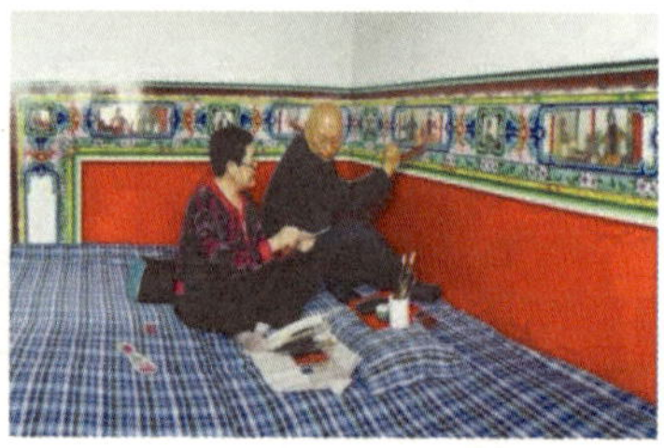

图4-20　襄垣炕围画

典型案例

杨柳青木版年画

天津杨柳青木版年画是华北地区最具代表性的民间艺术之一，它起源于千年古镇杨柳青。明朝永乐年间，京杭大运河的开通和天津漕运的繁荣使杨柳青成为南北商品交易的重要场所，吸引了周边地区的木版年画艺人迁居此地。杨柳青镇外丰富的杜梨木资源为雕版提供了理想的材料，推动了杨柳青木版年画的兴起和繁荣。

杨柳青木版年画在构图上讲究“真假虚实、宾主分散”，注重空间感，这源于西洋画家在宫廷如意馆的影响。尽管彩绘艺人风格各异，但“人物画诀”有统一规定，如人体比例和美人样式的描绘。杨柳青木版年画题材广泛，构图饱满，寓意吉祥，适应了多种形制需求，其手工彩绘与多色套印结合，刀法与笔触相融，视觉效果媲美传统工笔绘画，其“开手脸”技法使染色效果极佳，成为年画艺术的代表。

杨柳青木版年画的制作工序如图4-21～图4-26所示。

杨柳青木版年画代表作品有清代初期的线版手绘《连登三甲》，现藏于日本高丽美术馆（图4-27）。画面上题字“连登三甲”，甲字与螃蟹的甲壳同音同字，意指接连三次科举考试——乡试、会试、殿试都高中榜首，以寓好事当头，吉祥降临。

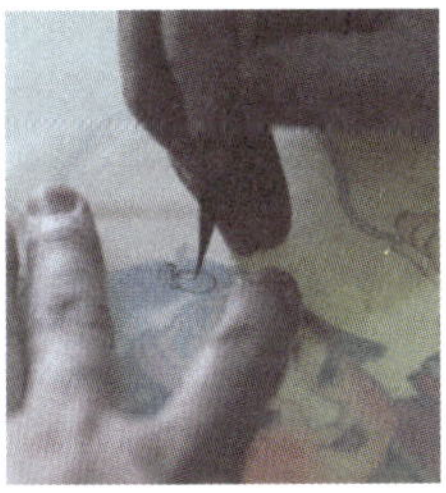
图4-21 创稿

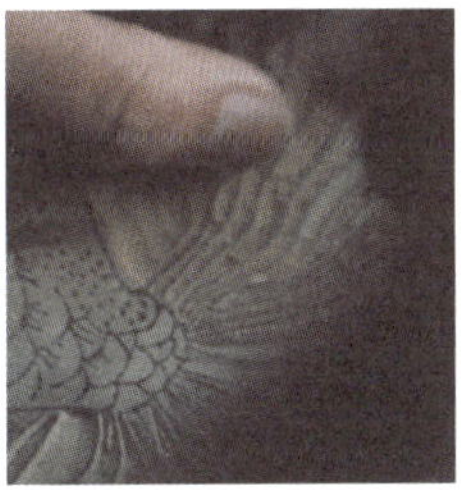
图4-22 刻版

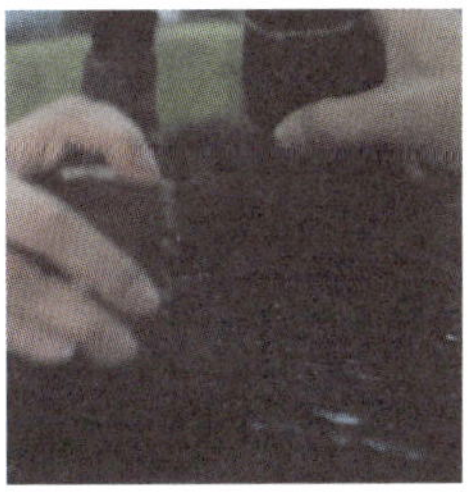
图4-23 套印一

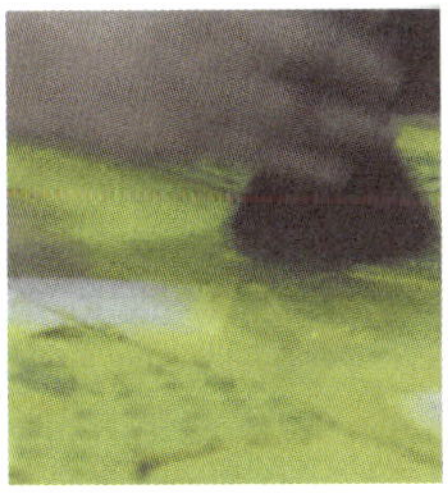
图4-24 套印二

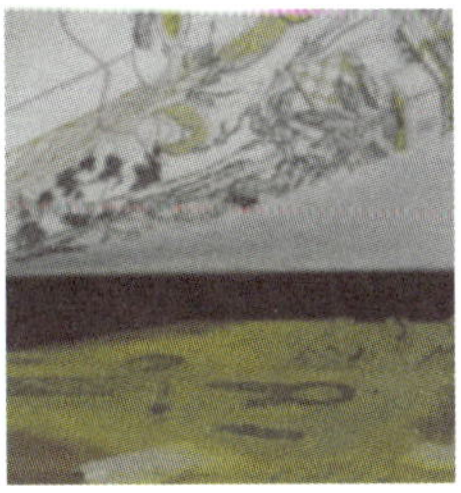
图4-25 套印三

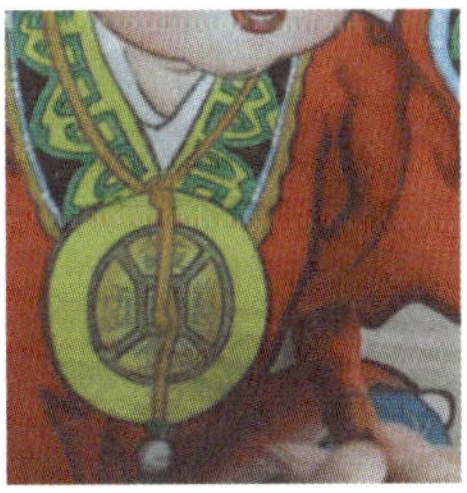
图4-26 彩绘

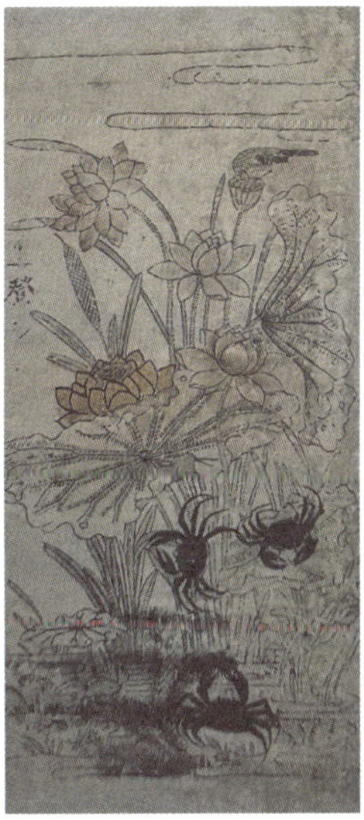
图4-27 《连登三甲》

（三）华东地区民间艺术传统工艺

华东地区气候宜人，交通便利，生产条件优越，作为经济、文化发达的区域，华东地区的民间艺术蓬勃发展。工匠的流动和贸易需求为传统工艺注入活力，江浙地区的自然风光给手工艺者带来灵感，民间工艺项目繁多、成就斐然。苏州缂丝织造技艺吸取缂毛技艺精髓，发展出“通经断纬”的传统织法（图4-28）；苏州桃花坞木版年画体现中国人圆满丰盛的审美志趣（图4-29）；温州的蓝夹缬技艺染出亲人对新婚女儿的美好祝愿（图4-30）；嘉定竹刻具文人书卷之气和金石品位，从民间走向宫廷（图4-31）；福州软木画受西洋风景画启发，营造出立体化效果（图4-32）；漳州木偶头雕以丰富而精美的性格化造型享誉世界（图4-33）；景德镇瓷业取得商业成功，制作系统成熟，吸引了众多研习者；徽墨研磨含香，复杂的工艺尽显中国人的书文雅趣（图4-34）；潍坊核雕顺应桃核自然形态和纹理，呈现博大气象（图4-35）。

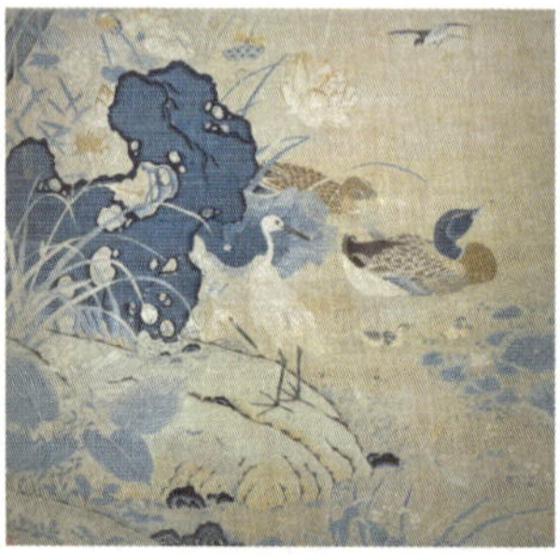

图4-28　缂丝莲塘乳鸭图

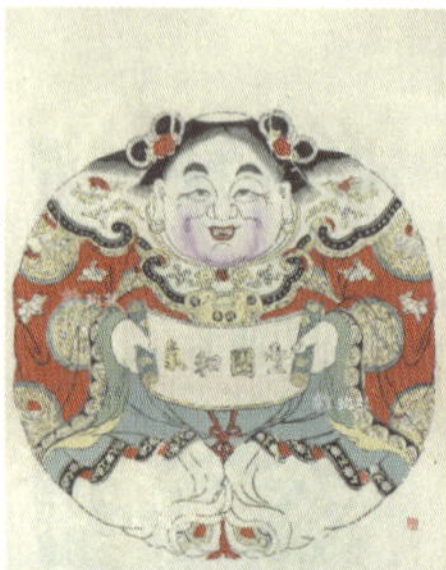

图4-29　桃花坞年画——一团和气

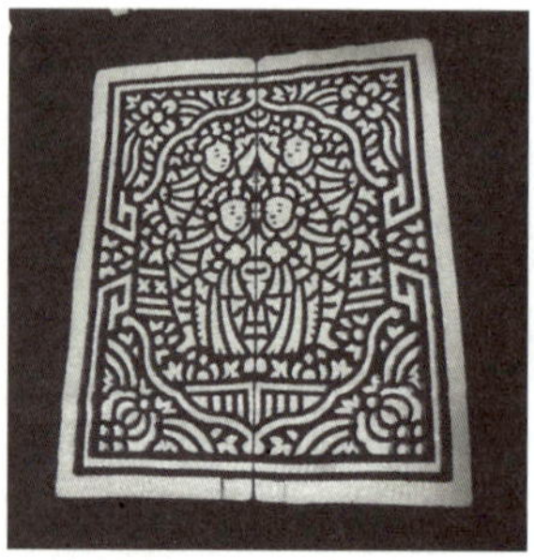

图4-30　蓝夹缬

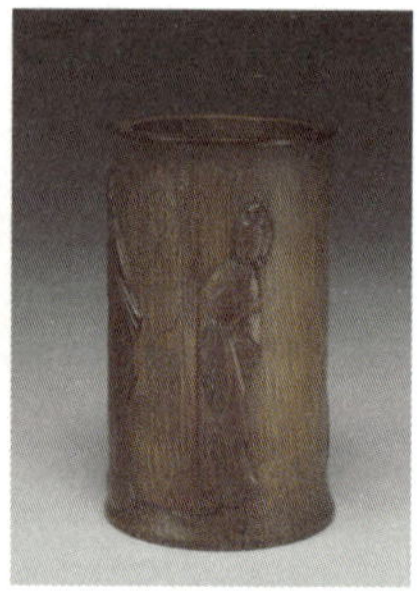

图4-31　嘉定竹刻

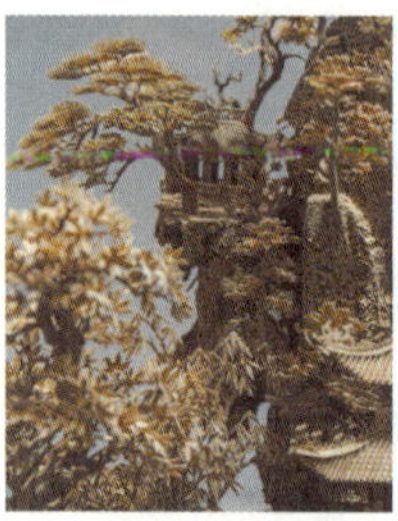

图4-32　福州软木画

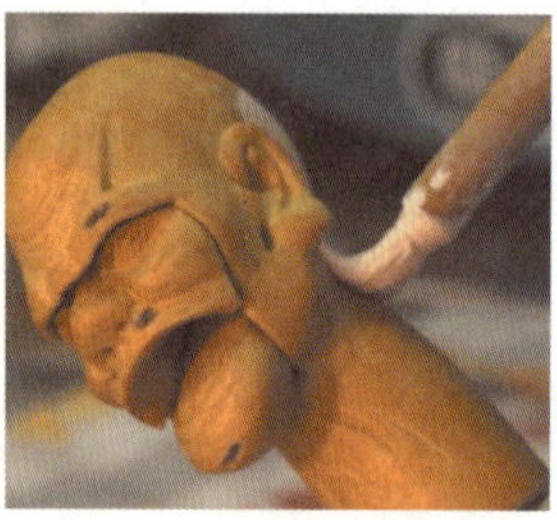

图4-33　漳州木偶头雕

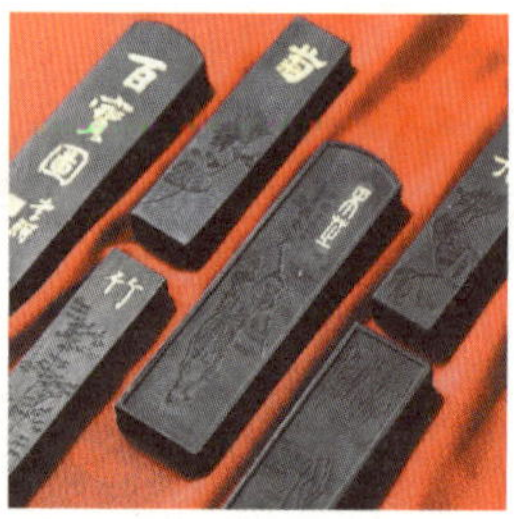

图4-34　徽墨

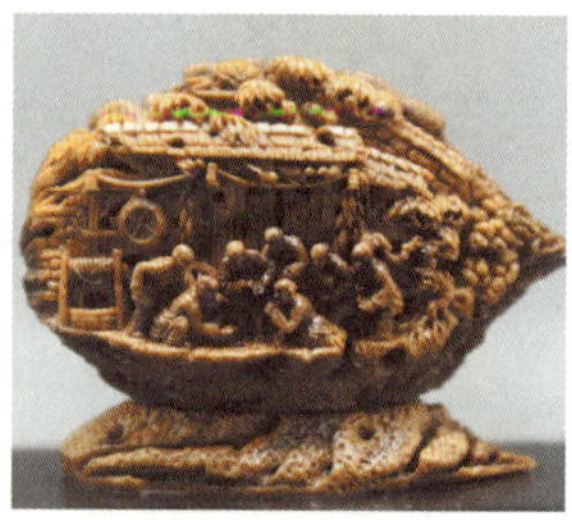

图4-35　潍坊核雕

典型案例

仙居花灯

浙江省仙居县皤滩的无骨花灯，也称“唐灯”，起源于唐代，技艺在明清时期趋于成熟，后来影响了周边地区。无骨花灯的特点在于，其灯面图案由刀凿针刺成孔形成，整个灯身没有骨架，由大小形状各异的纸质灯片拼接而成（图4-36～图4-38）。无骨花灯是传统女红技艺的杰作，结合了建筑、绘画和刺绣艺术。单灯展示出卓越的风姿，而组灯则展现出恢宏的气势，具有很高的审美价值。在仙居，无骨花灯不仅作为礼物赠送，还用于民居装饰。

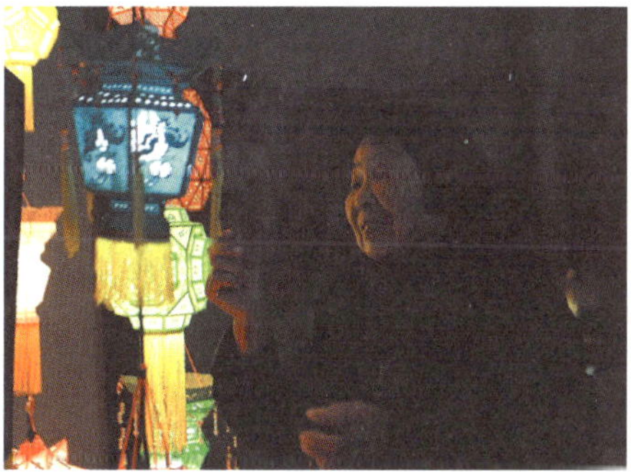

图4-36　国家级非物质文化遗产仙居针刺无骨花灯传承人王汝兰

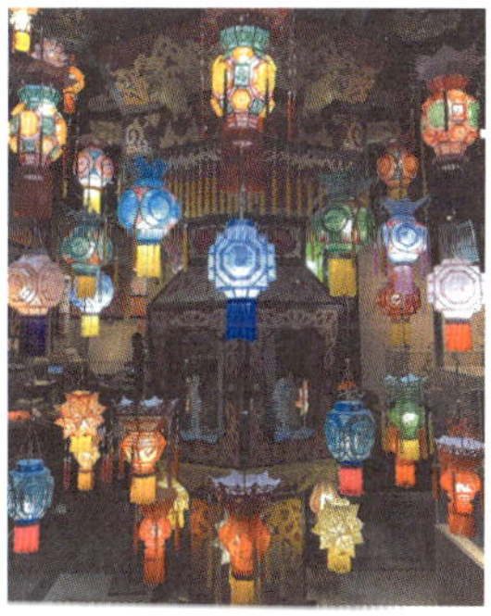

图4-37　仙居花灯（1）

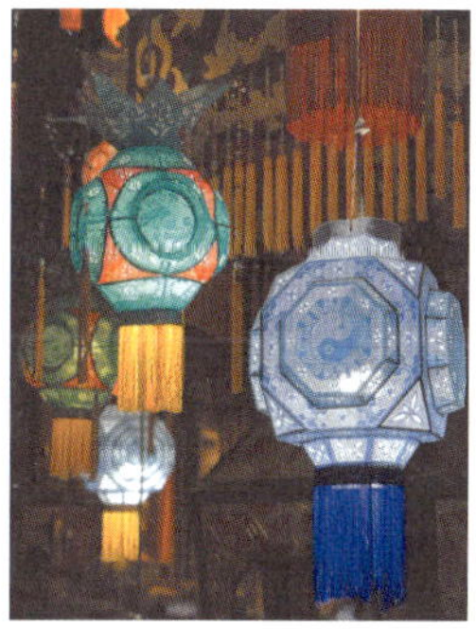

图4-38　仙居花灯（2）

无骨花灯的表现形式分为静态和动态两种。静态表现以单灯为主，常用于楼阁、厅堂、廊道的装饰。而动态表现则以组灯形式呈现，由几十至数百只花灯组成，形成了小型的灯展。在特定的节日里，一定数量的组灯汇集在一起便形成了灯会。仙居古代的组灯造型多样，如长旗灯、古亭灯、鲤鱼跳龙门灯等。其中，鲤鱼跳龙门灯是一种结合了灯艺和舞蹈的民间艺术表演形式，取材于鲤鱼化龙的传说。表演者在张灯结彩的龙门架下手持各种彩灯进行表演，是元宵节的传统活动之一。

仙居针刺无骨花灯的制作步骤如图4-39～图4-41所示。

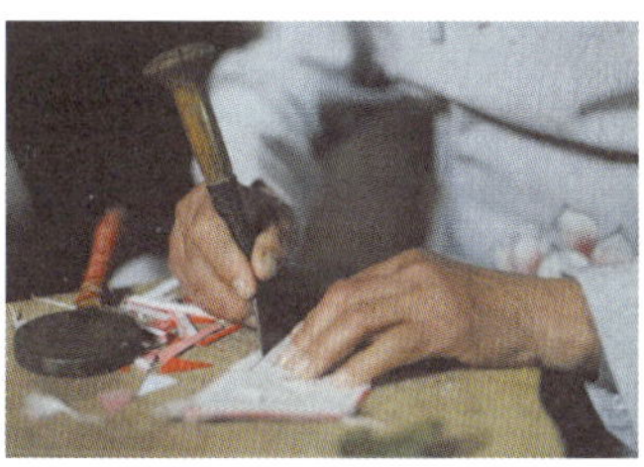

图4-39　剪纸

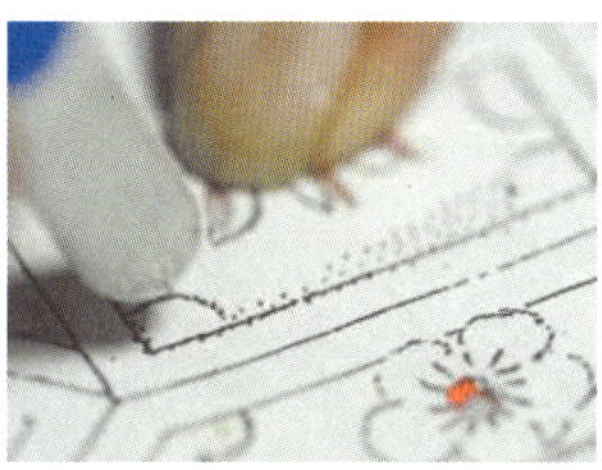

图4-40　针刺

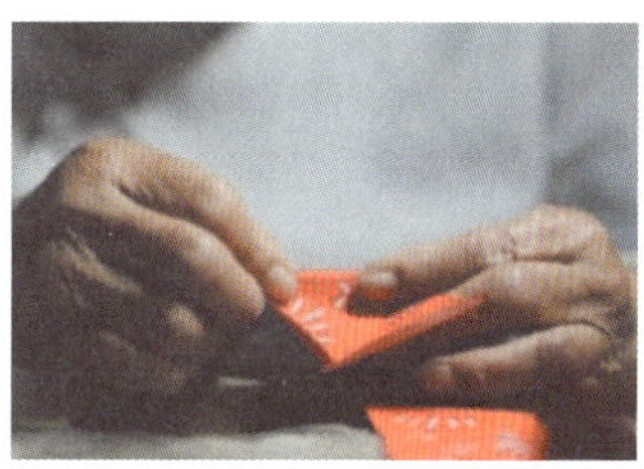

图4-41　折痕

（四）华南地区民间艺术传统工艺

华南地区的民间工艺与本土民俗紧密结合，形成了独特的地域特色。在历史上，华南地区受到了外来文化和中原移民的影响，这种多元化的文化背景也反映在了当地的民间艺术中。例如，海南黎族的神话传说被广泛应用在艺术创作中，不仅体现了他们对火的崇拜，还保留了我国南端少数民族的文化演进轨迹。海南的手工艺者们的日常娱乐和积极的精神风貌也通过黎锦、竹器、椰雕、贝饰等民间手工艺品得以展现。广东的民间艺术构图繁密，常采用传统博古杂宝、暗八仙等图案做辅助。华南地区的民间艺术多就地取材，体现当地的文化特色和人民的智慧，如新会葵艺、毛南族花竹帽编织、北海贝雕、琼州花瑰艺术（木雕）和海南椰雕等（图4-42～图4-46）。

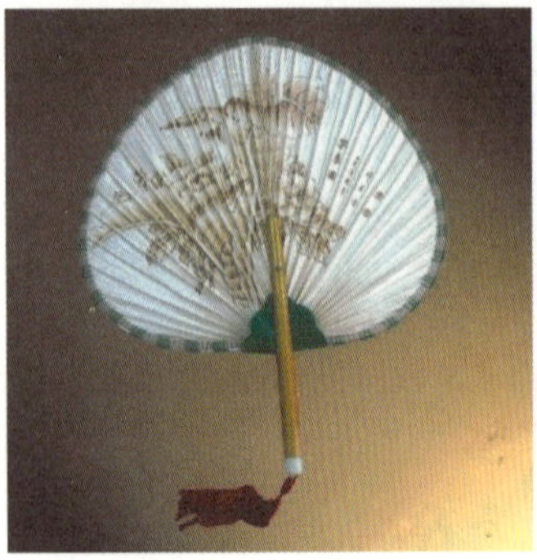

图4-42　新会葵艺

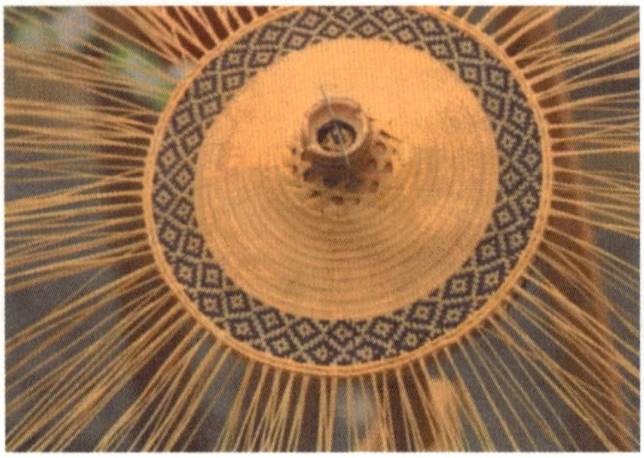

图4-43　毛南族花竹帽

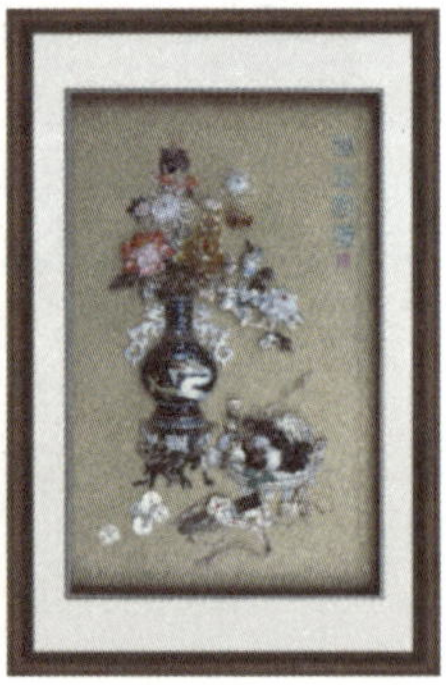

图4-44　北海贝雕

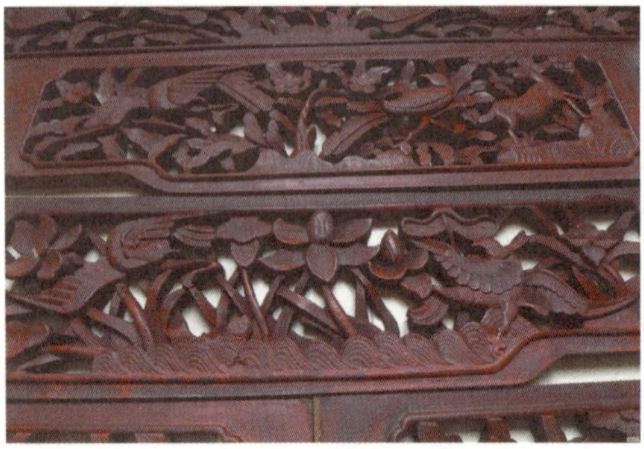

图4-45　花瑰艺术

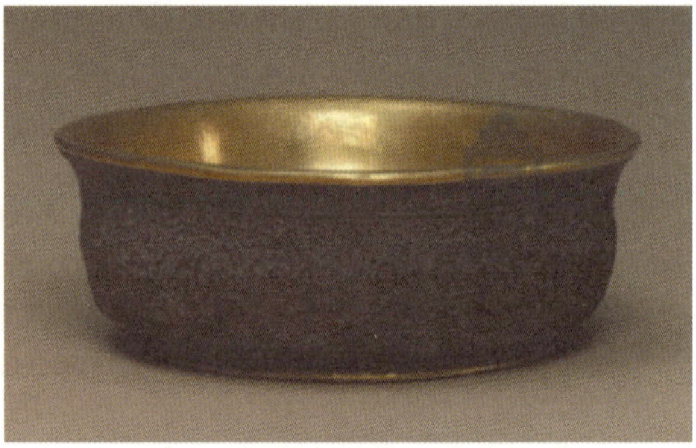

图4-46　海南椰雕云蝠镶金碗

典型案例

佛山狮头

佛山狮头源于明代舞狮驱邪的民俗，兴盛于清代乾隆年间。其造型生动传神，设色鲜艳美观，制作精巧坚固，是民间仪式重要的道具。佛山狮头遍及华南、港澳和东南亚地区，以及欧美华人地区。图案设计多采用吉祥纹样，色彩以红、黄、绿等为主，配以各种饰物，使狮头生动可爱。造型上，佛山狮头有醒目的外形和一只狮角，因此被称为“佛山醒狮”。

佛山狮头的制作过程见图4-47～图4-58。

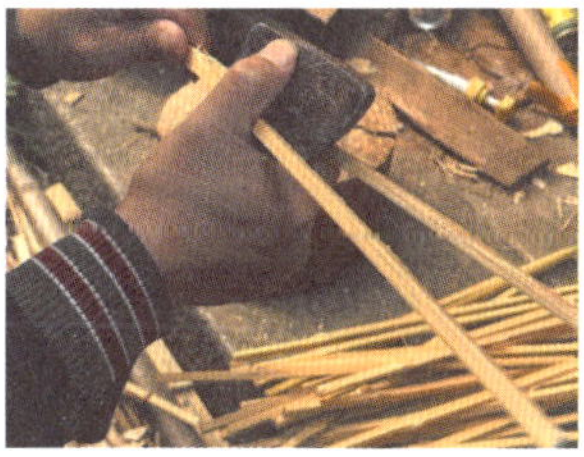

图4-47　做骨架（1）

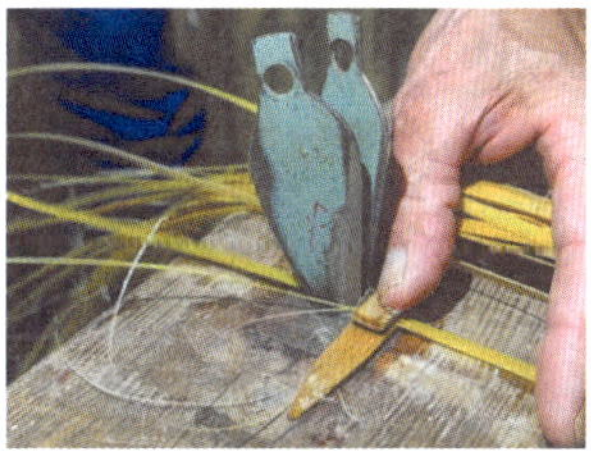

图4-48　做骨架（2）

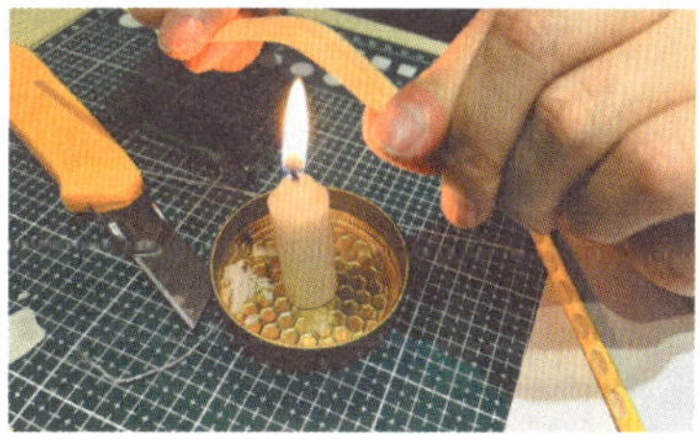

图4-49　做骨架（3）

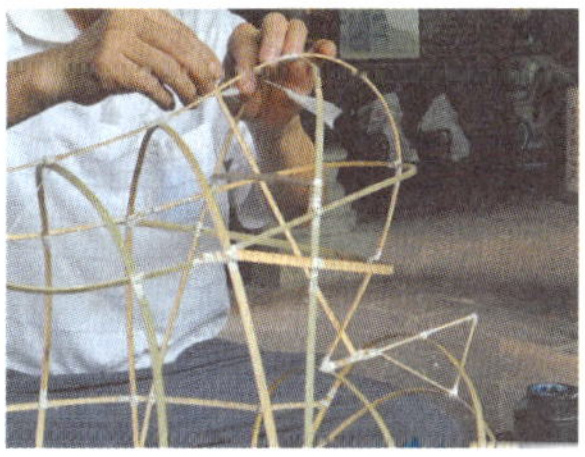

图4-50　做骨架（4）

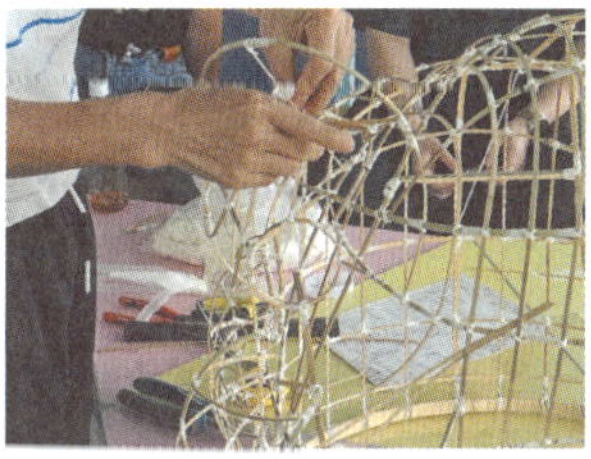

图4-51　做骨架（5）

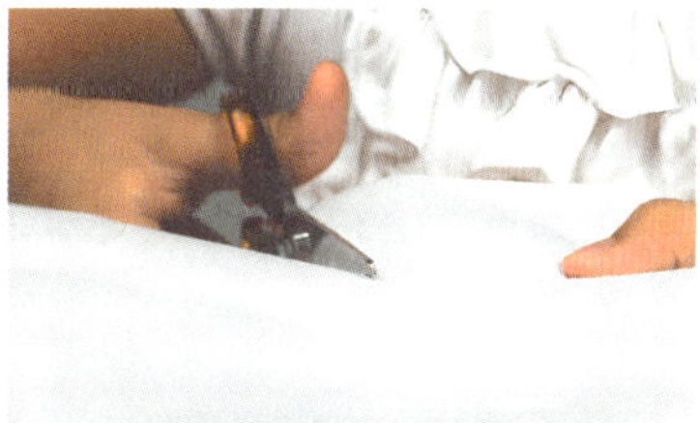

图4-52　铺纸（1）

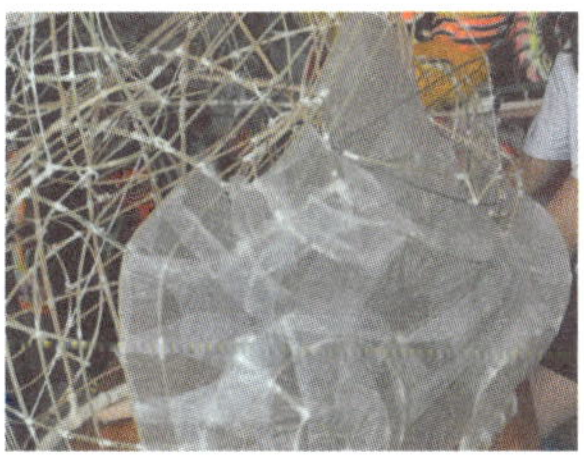

图4-53　铺纸（2）

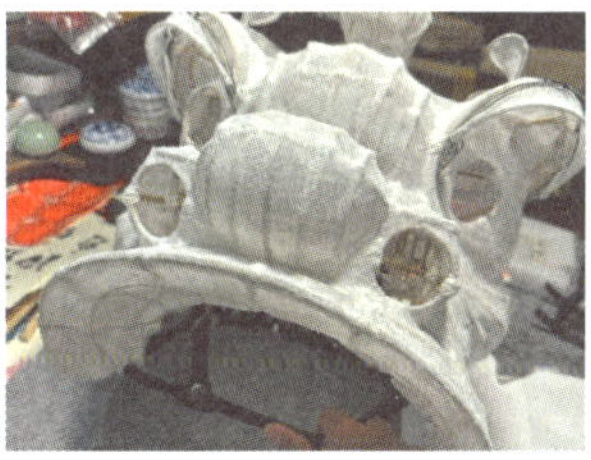

图4-54　铺纸（3）

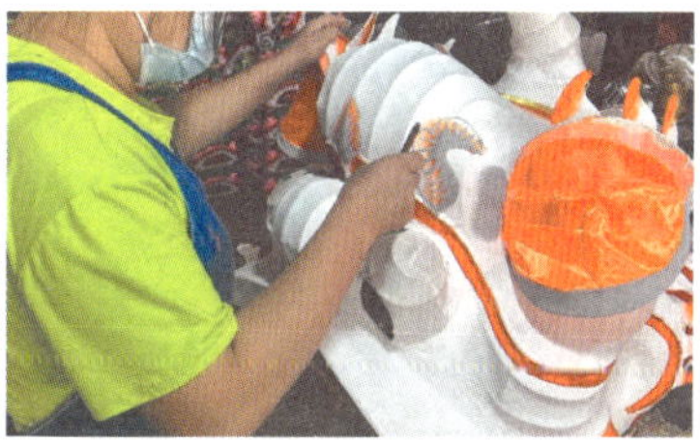

图4-55　写色（1）

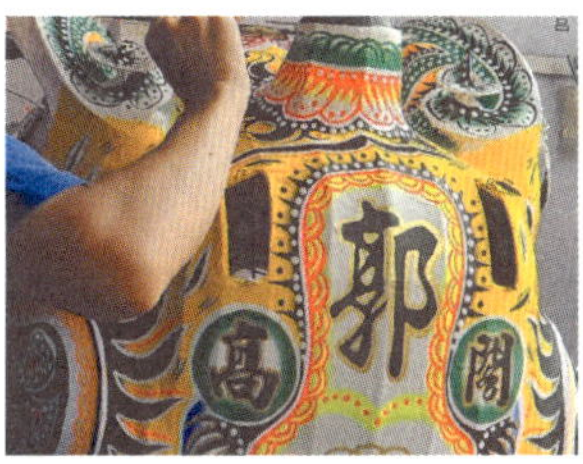

图4-56　写色（2）

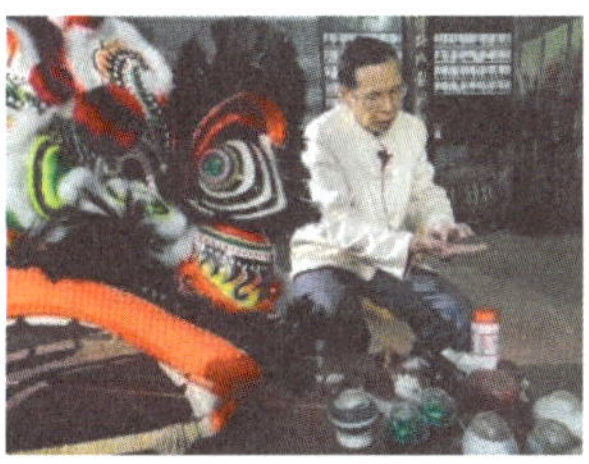

图4-57　刷光油

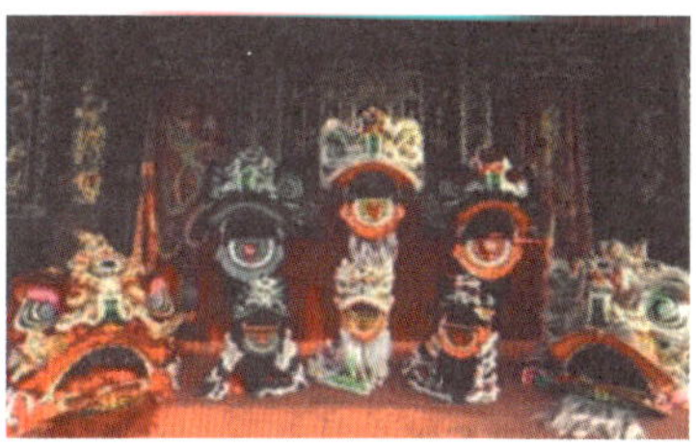

图4-58　成品

（五）西南地区民间艺术传统工艺

凭借复杂多样的地理环境和丰富多样的民族文化，西南地区成为民间艺术生长的沃土，其民间艺术不仅展现了当地人民的智慧和创造力，更成为一道独特的风景线。蜀锦自古以来就享有盛誉，蜀绣则在此基础上发展，擅长表现细腻的工笔画（图4-59）。重庆荣昌区的折扇工艺精湛，华美艳丽（图4-60）。傣族文化中，神话是其他艺术形式的灵感来源，象脚鼓是傣族文化的典型代表（图4-61）。云子是我国云南的人造瑰宝，其制作工艺复杂（图4-62）。苗族艺术充满了对生存环境和生命意义的深刻理解，苗绣图案生动，银饰设计繁复（图4-63、图4-64）。藏族的民间艺术与宗教紧密相连，唐卡是其独特的绘画艺术形式，颜料珍贵且历久弥新。总的来说，这些民间艺术形式各具特色，共同构成了我国西南地区丰富多彩的文化画卷。

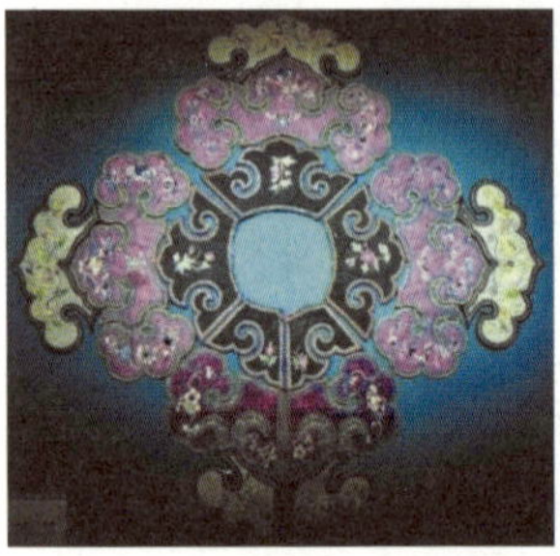

图4-59　缎地平针打籽盘金绣四合如意绣片

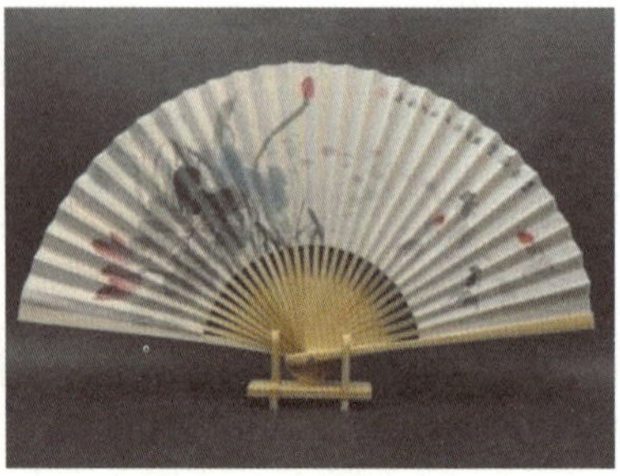

图4-60　荣昌折扇

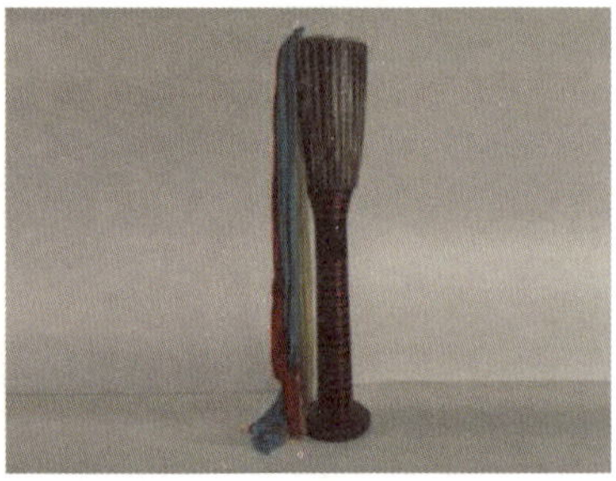

图4-61　象脚鼓

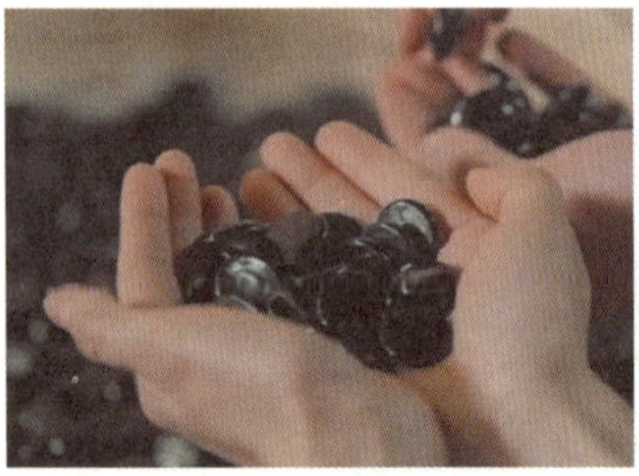

图4-62　云南云子

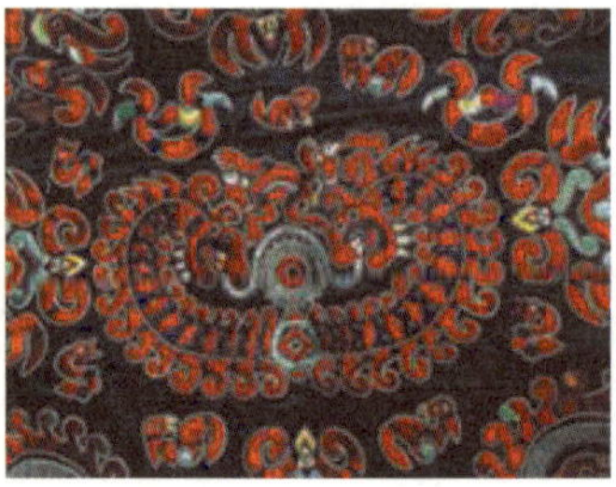

图4-63　苗绣

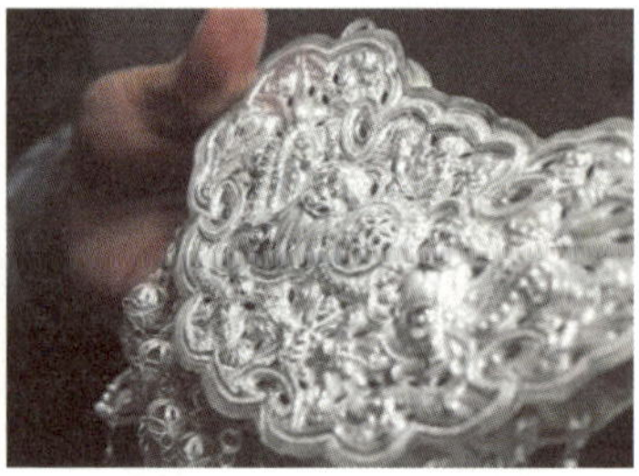

图4-64　苗族银饰

典型案例

藏族唐卡

唐卡是藏传佛教艺术的主要表现形式，源于藏语“卷轴画”，形成于公元七世纪吐蕃王朝。早期佛教艺术品因朗达玛灭佛运动受损，现存最早的唐卡多为十一世纪初期的作品，明代后，唐卡广泛流行并大量制作，现今存世最多的是十七、十八世纪的作品。

唐卡艺术的发展与中原地区、中亚、印度、尼泊尔等地的佛教艺术紧密相关，主要受这些地区艺术风格的影响。经过文化融合，已不存在纯粹的外来艺术风格，而是形成了多个隐含不同风格的藏地艺术流派和西藏艺术主体风格。绘画类唐卡是藏传佛教艺术的主要类型，采用天然矿物颜料绘制在特殊处理的布料上。其题材广泛，包括佛像、度母像，以及历史人物传记、故事和重要事件等，此外，唐卡还记录了建筑形式、藏医藏药知识、藏戏服装脸谱等内容。

唐卡的制作过程见图4-65～图4-74。

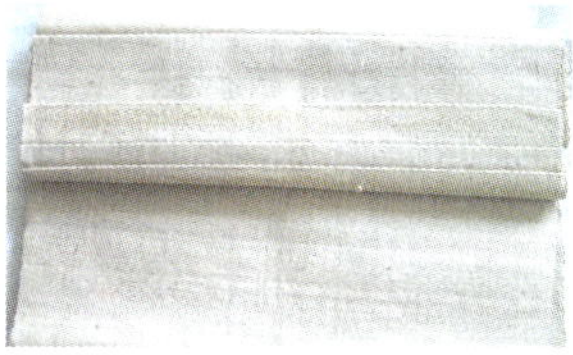

图4-65 选择画布

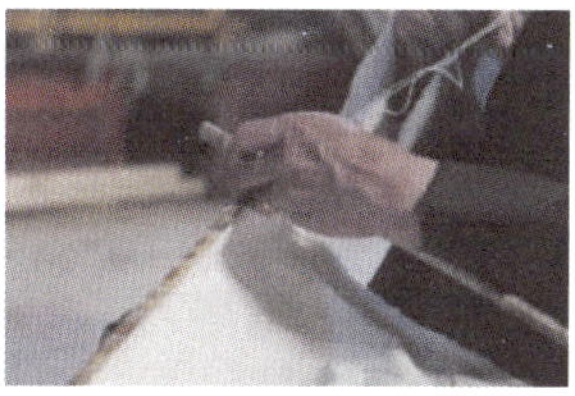

图4-66 绷布

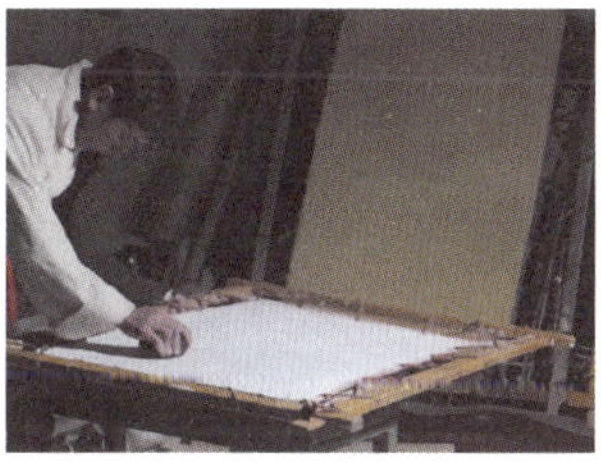

图4-67 制作底层

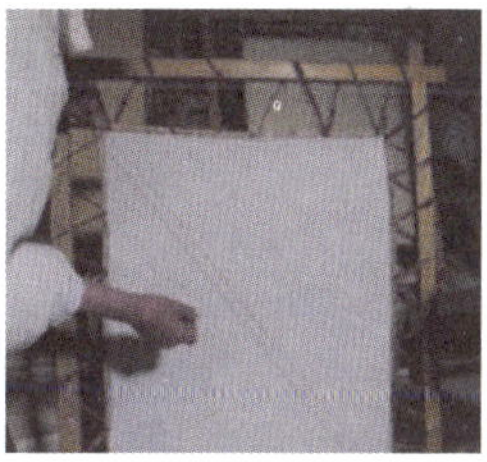

图4-68 制稿

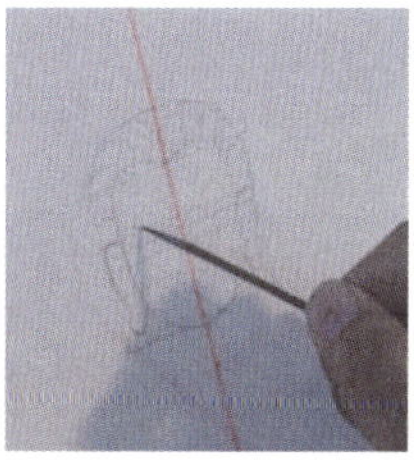

图4-69 勾线

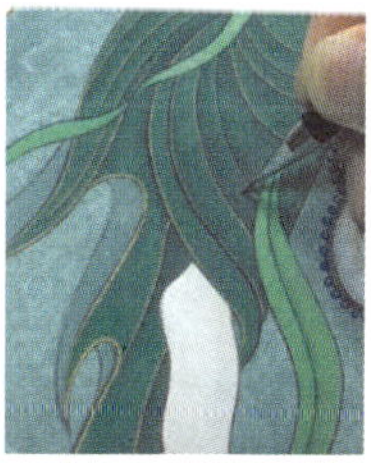

图4-70 着色

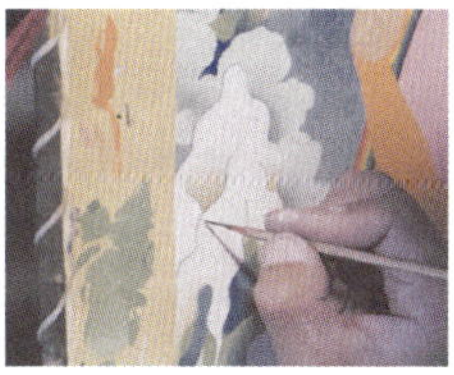

图4-71 提线

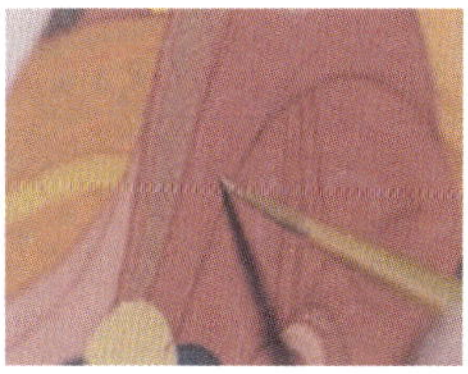

图4-72 描金

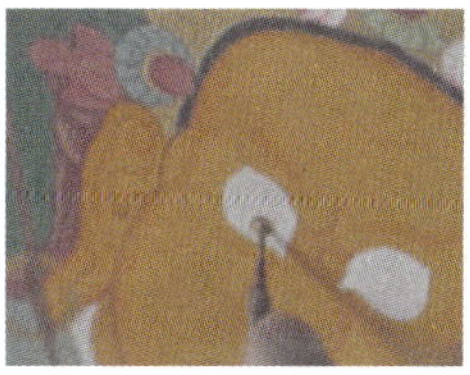

图4-73 开眼

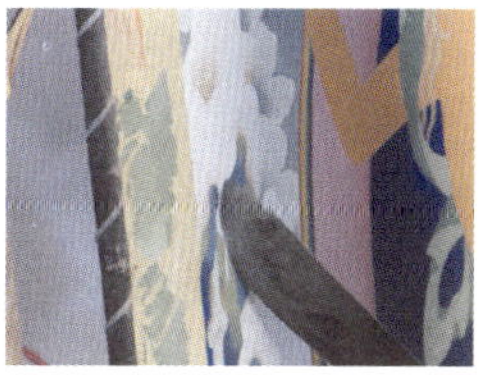

图4-74 修饰

唐卡代表作品如图4-75所示。

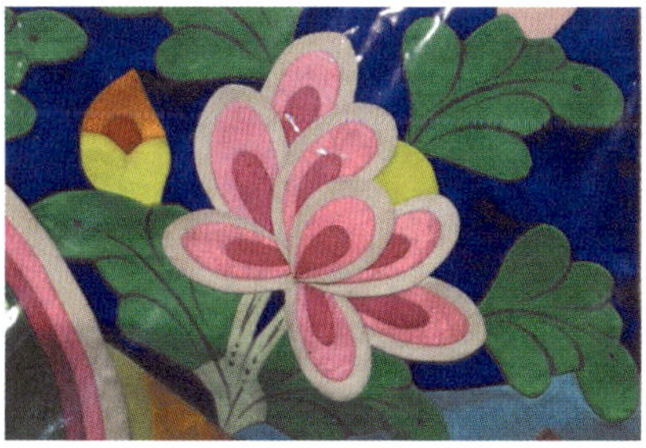

图4-75 清人观世音菩萨像轴局部（故宫博物院藏）

（六）西北地区民间艺术传统工艺

西北大地与古丝绸之路紧密相连，孕育出独特的民间艺术。这里的民间艺术融合了本土与西域的审美，如锡伯族的弓箭工艺（图4-76）、青海塔尔寺的酥油花雕塑（图4-77）、土族的盘绣艺术等（图4-78），它们不仅展现了西北民族的文化与历史，更成为中华文明多元与包容的象征。此外，凉州葡萄美酒与酒泉夜光杯（图4-79）、天水漆艺（图4-80）、固原的砖雕艺术（图4-81）等也是璀璨的瑰宝。西北民间艺术承载着民族的文化底蕴，保护与传承这些宝贵的艺术形式，对于弘扬民族文化、增强民族凝聚力具有深远的意义。

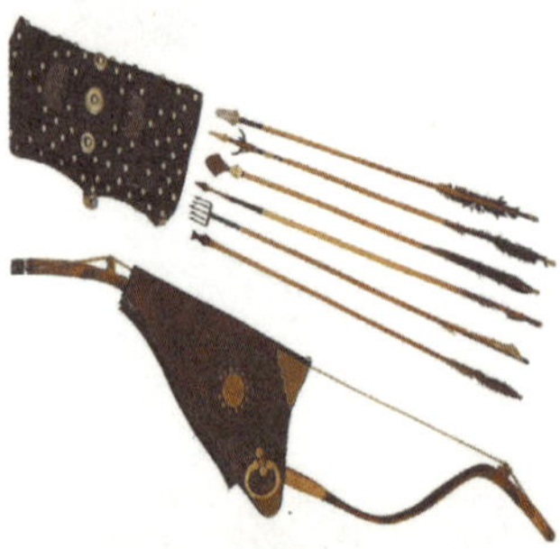
图4-76　锡伯族弓箭

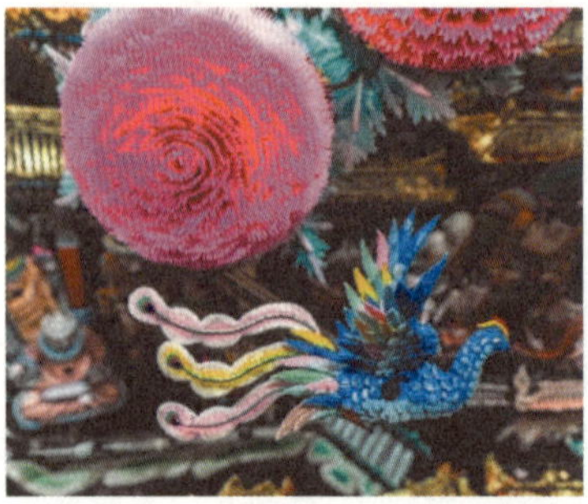
图4-77　塔尔寺酥油花

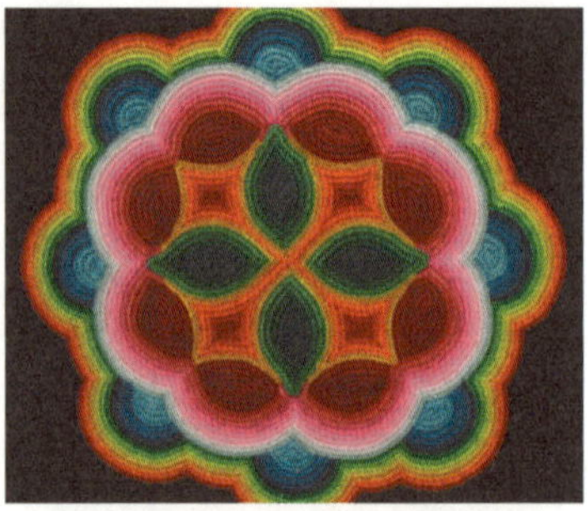
图4-78　土族盘绣

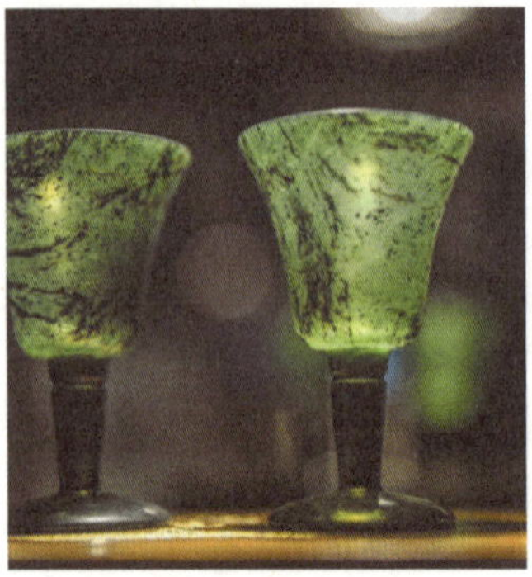
图4-79　酒泉夜光杯

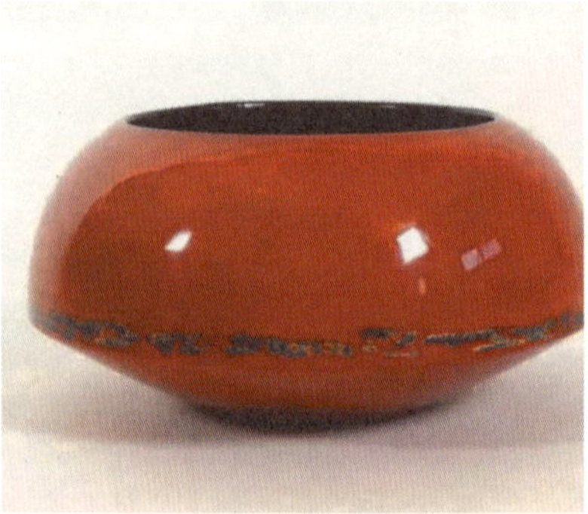
图4-80　天水漆艺

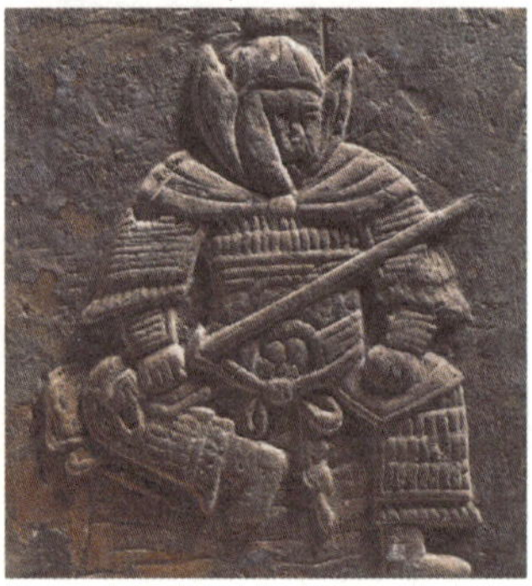
图4-81　固原砖雕

典型案例

安塞剪纸

安塞剪纸历史悠久，是靠世代口传心授保留下来的一种民间美术。安塞地势偏远，交通闭塞，与外界交流甚少，因此安塞剪纸反而保持了它的独立性。

造型上，安塞剪纸粗犷豪迈、造型简练、轮廓饱满、特色鲜明；内容和样式上，多表现为生殖崇拜，比如抓髻娃娃、骑猪娃娃、蛇盘兔、鹰踏兔、人面蛙身、人面鱼身等形象，这与原始时代人类生存繁衍的群体意识有关。这种完整的、独立的、未曾受到外部文化侵扰的生殖崇拜、原始图腾的思想一直延续至今，使得安塞剪纸地域特征鲜明，例如安塞民间剪纸中的“喜花”就体现了生殖崇拜思想。有时剪纸中把鱼和猫等动物都剪出孩子般可爱的脸，除此之外也有狮身人首或虎身人首等形象。

安塞剪纸按应用和内容可以分为四类：节庆装饰类、婚俗装饰类、宗教礼仪装饰类与手工艺品装饰类（图4-82～图4-87）。

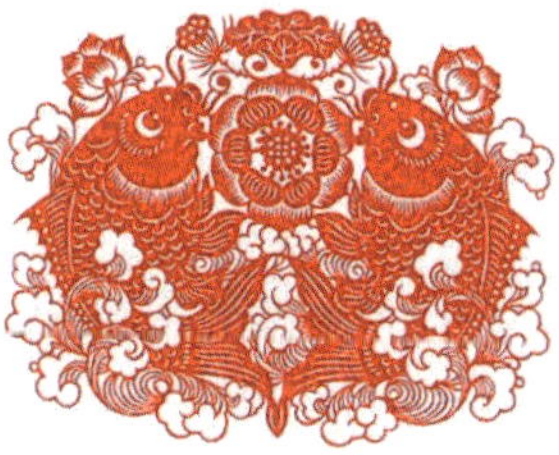

图4-82 美化春节环境的剪纸

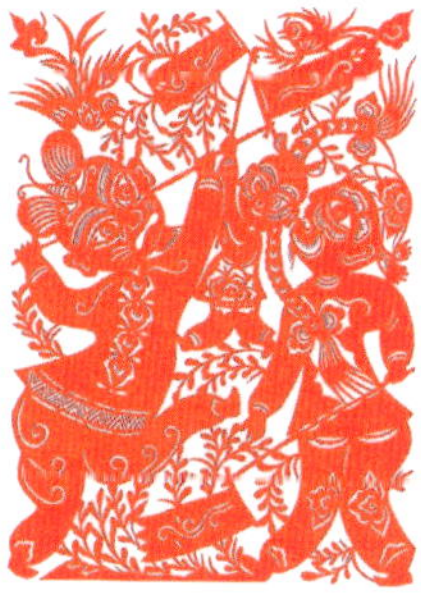

图4-83 增添喜庆气氛的剪纸

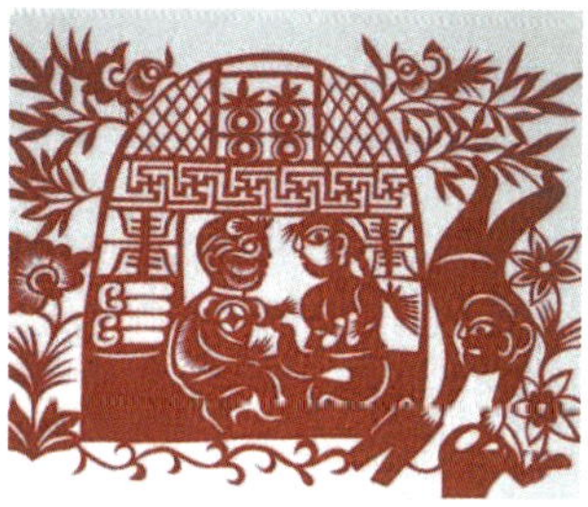

图4-84 装饰婚房用的剪纸

图4-85 扣碗

图4-86 宗教礼仪祭祀用的剪纸

图4-87 刺绣作布玩具的底样

作为安塞剪纸传承人，李秀芳（图4-88）的剪纸作品既有传统的意韵，又有现代人的审美情趣，她剪功熟练利落，极富艺术感染力。她的剪纸作品《老鼠嫁女》以动人的传说、风趣优美的造型，赢得了中外观众的赞誉。鲜活淋漓的《大白菜》、动态各异的《群鸡图》、丰满富丽的《凤凰戏牡丹》等剪纸作品，也都受到中外美术家的好评。

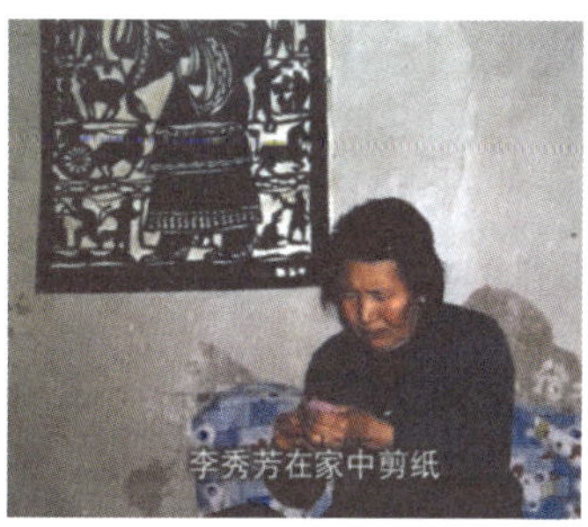

图4-88 国家级非物质文化遗产安塞剪纸传承人李秀芳

（七）东北地区民间艺术传统工艺

黑龙江、吉林、辽宁三个省份所在的东北地区，长期与冰雪相伴，当地居民对生活的热情不因自然环境而受限，反而激发了他们对艺术的追求，东北的匠人以精湛技艺赋予冰雪新的生命（图4-89）。长白山满族剪纸是其特色之一，最早出现在明代，以剪技粗犷、线条流畅著称，承载着满族人对神灵和图腾的崇拜（图4-90）。东北冬季漫长，天气寒冷，火炕是主要取暖方式，也为刺绣活动提供了时间和空间。长白山枕头顶刺绣展现了满族文化的丰富性（图4-91）。岫岩玉雕在装饰功能上表现出极高的艺术价值，其俏色运用使得作品独具一格（图4-92）。东北民间艺术展现了居民对生活的热爱和对传统文化的传承与创新，这些艺术品为冰雪世界增添了生机与活力。

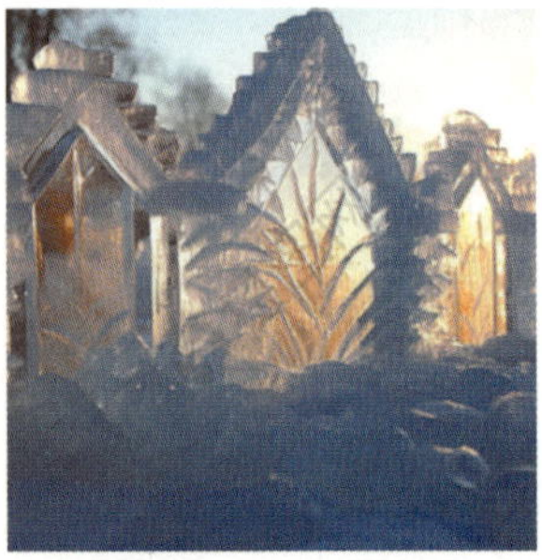

图4-89 冰雕

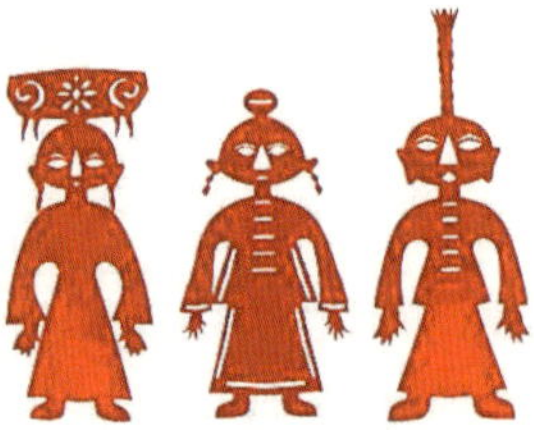

图4-90 长白山满族剪纸嬷嬷人

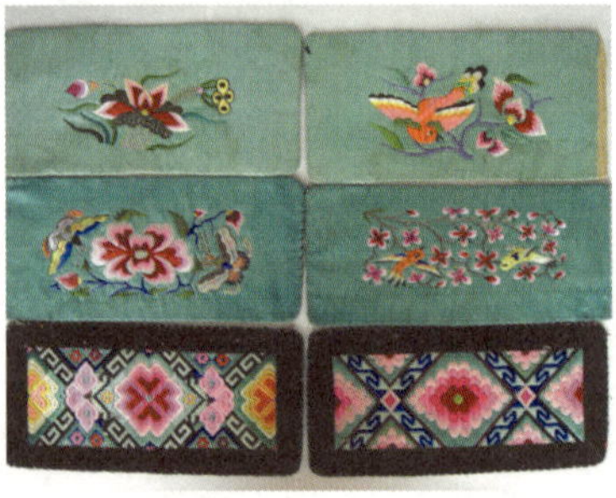

图4-91 长白山枕头顶刺绣

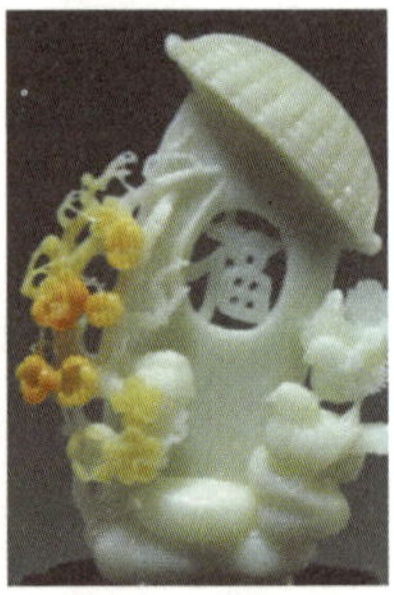

图4-92 岫岩玉雕

典型案例

赫哲族鱼皮制作技艺

赫哲族鱼皮制作技艺，是黑龙江省饶河、抚远等地的传统手工技艺，是国家级非物质文化遗产之一。传统的鱼皮技艺包括一整套复杂的加工过程，具体有剥皮、干燥、熟软、拼剪缝合、艺术修饰等步骤。

赫哲族鱼皮袍，多为妇女穿着，多采用胖头鱼、草根鱼、鲩鱼、鲟鱼等鱼皮制成，袖短，腰瘦，身长。图案以云纹和动物纹为主，颜色丰富。鱼皮袍轻便、保暖、耐磨、防水，冬季不会硬化。赫哲族鱼皮套裤，分男女两种，用怀头鲇、哲罗鲑或狗鱼皮制成，套在裤子外面。男式斜口，女式齐口。主要用于捕鱼和其他劳动，冬季保暖，春秋防水护膝。半市筒皮靴，四季皆宜，防潮、防霜、防滑，冬季可内套狍皮袜头或填充乌拉草保暖，深受赫哲族人喜爱，应用广泛。

赫哲族鱼皮服饰的制作技艺见图4-93～图4-101。

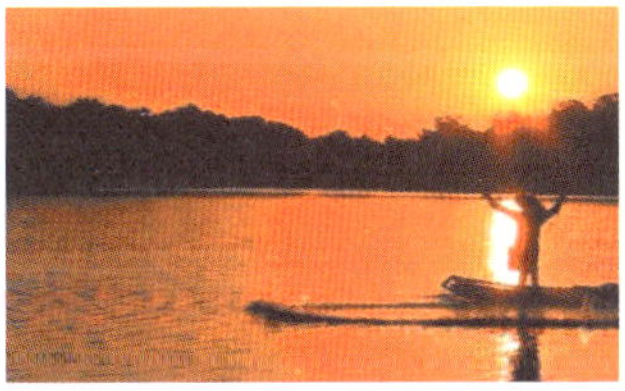
图4-93　捕鱼

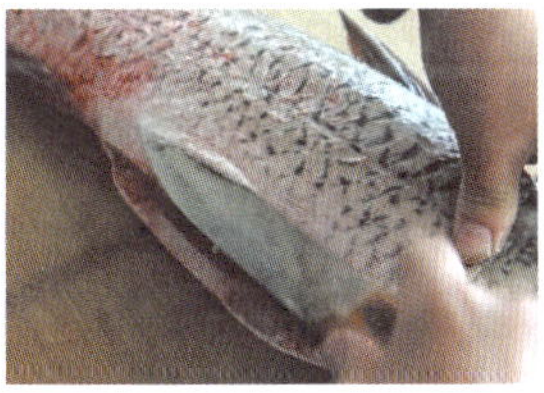
图4-94　剥鱼皮

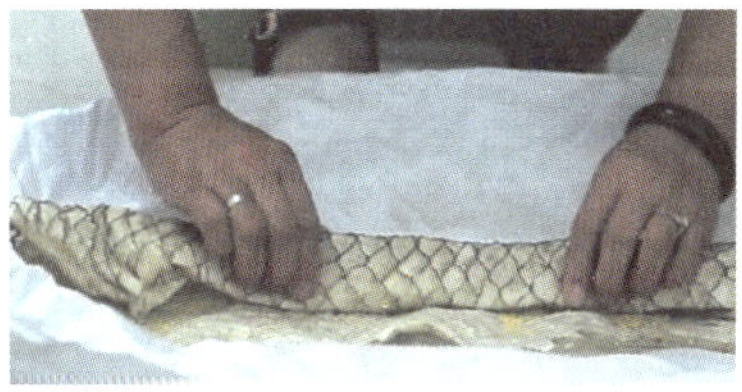
图4-95　熟鱼皮（1）

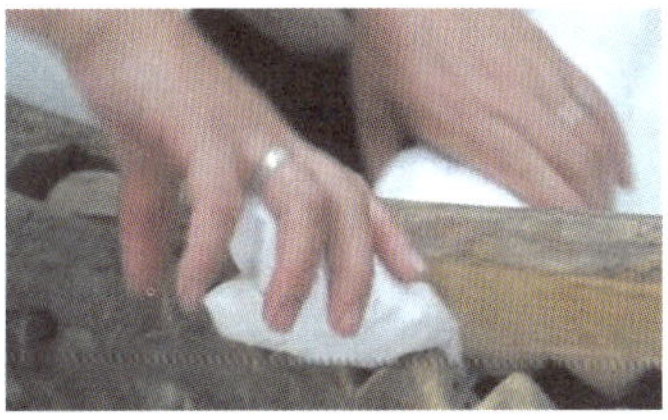
图4-96　熟鱼皮（2）

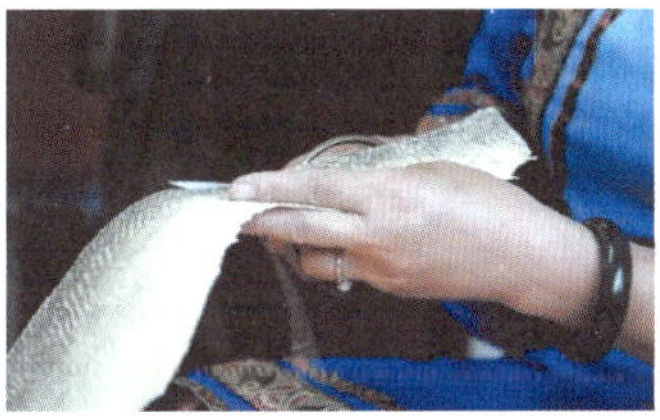
图4-97　缝制（1）

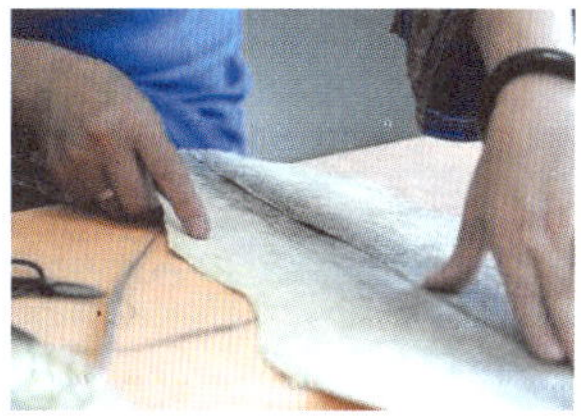
图4-98　缝制（2）

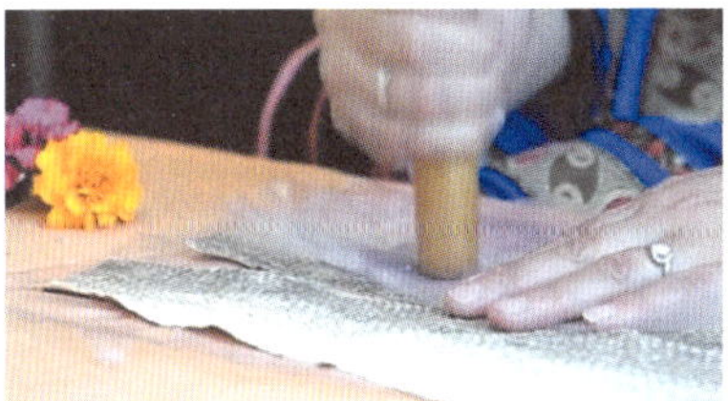
图4-99　染鱼皮衣物

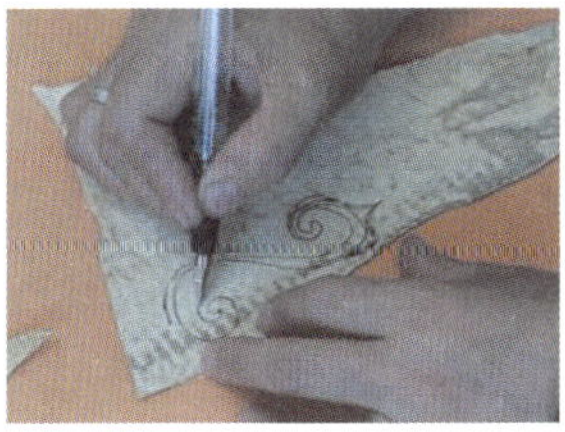
图4-100　刻画鱼皮纹饰

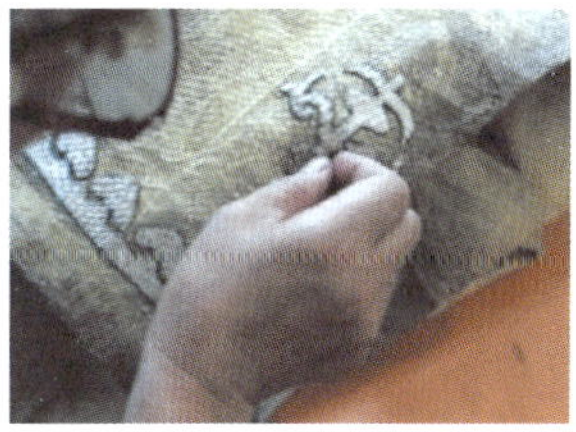
图4-101　粘贴鱼皮纹饰

（八）东南沿海民间艺术传统工艺

东南沿海地区的民间艺术传统工艺丰富多彩，特别是闽南、闽东的海洋文化，闽北的闽越文化、闽西的客家文化体现了东南沿海地区独特的审美情趣和多样的艺术风格。如始于20世纪20年代的福州人独创的软木画，雕刻艺人以刀代笔，应用散点透视等技法，于方寸或数平米的画框之中表现各种题材，达到雕与画完美结合的艺术境界，被誉为“东方艺术珍品”。永定客家土楼建筑工艺精巧，讲究因时而异、因势造型，有防卫御敌、防震、防火、防盗以及通风采光好、冬暖夏凉的特点。

典型案例

漳州木偶戏

福建漳州木偶在2006年被列入第一批国家非物质文化遗产名录。木偶戏在汉末时兴起，到元、明、清依然很流行，并由福建省向东南亚和我国台湾等地流传。

漳州木偶的形象是雕刻出来的，头部采用较坚韧的樟木、栗木，经过打坯、定型、细刻、裱纸、磨光、补隙、刷泥、上色、开脸、盖蜡等十几道工序（图4-102～图4-107）创作而成，造型准确、性格鲜明、雕刻精细、彩绘鲜艳。漳州木偶戏表演形式丰富，风格多种，且戏剧性强，现存木偶戏主要种类有杖头木偶戏、提线木偶戏和布袋木偶戏等，其中漳州布袋木偶戏是一个具有高超技艺、精美造型和独特风格的木偶戏剧种。

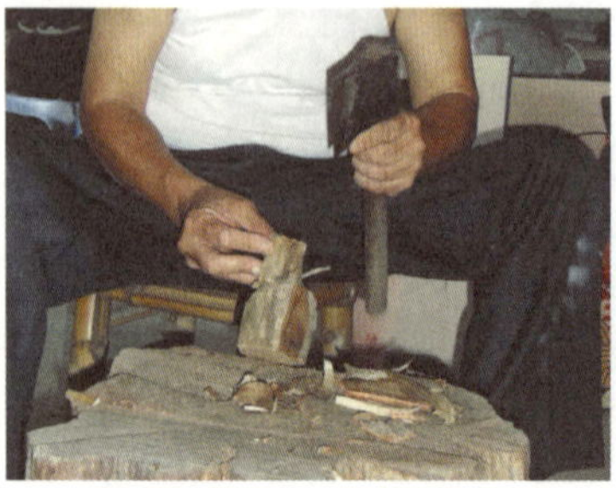

图4-102　打坯

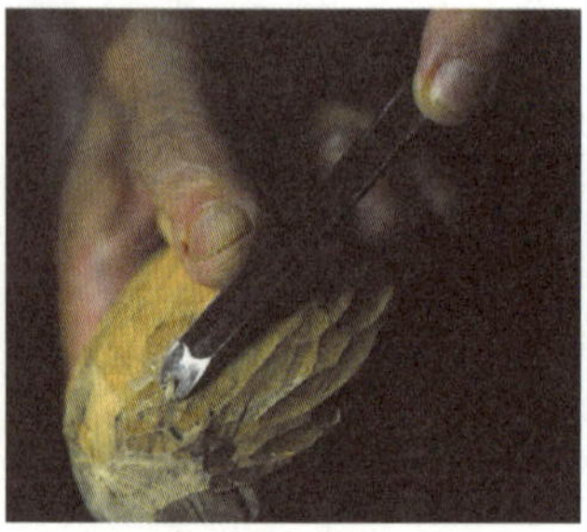

图4-103　粗坯处理

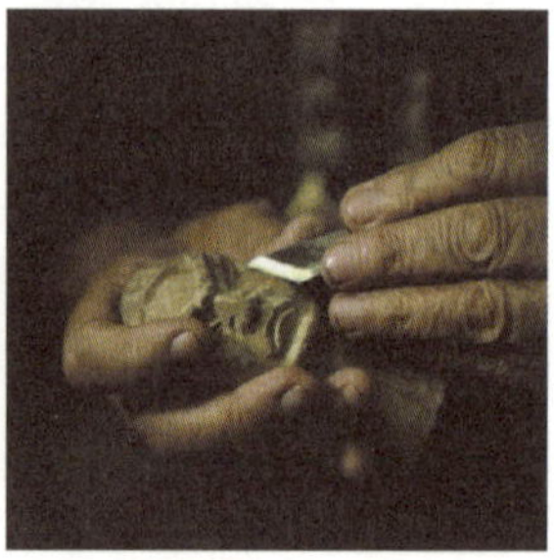

图4-104　细刻

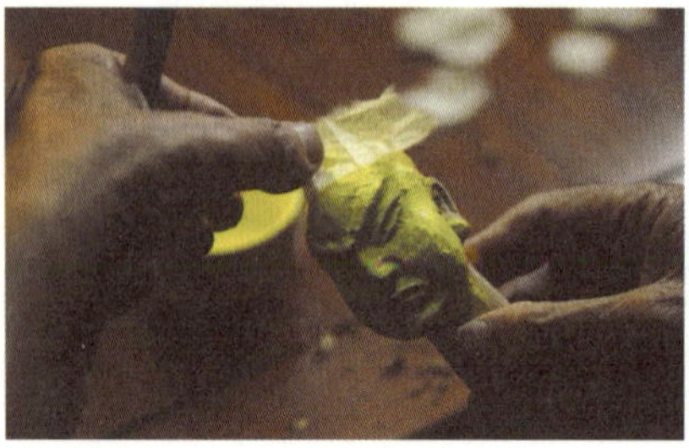

图4-105　裱纸

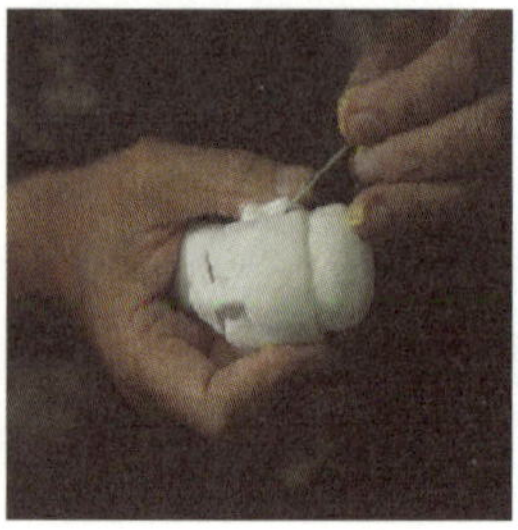

图4-106　修饰

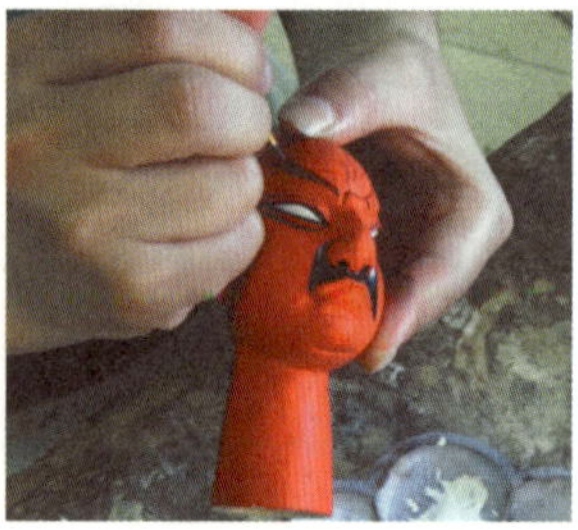

图4-107　上色

布袋木偶戏也影响了台湾木偶戏的发展。台湾与福建隔海相望，其居民大多为闽南的移民，厦门、漳州、泉州的尤多，语言为闽南语系，文化与闽南一脉相承，因此两地的民俗活动、生活习惯、宗教信仰与木偶戏相互作用和影响，木偶在造型、功能和表演形式上往往与祭神活动紧密联系在一起。19世纪中叶是闽南掌中技艺发展的巅峰时期，同时也是台湾掌中技艺发展的最初阶段。至20世纪初，台湾布袋木偶戏在不断的演变中逐步发展成了具有本土文化特色的北管布袋戏，以注重武戏和口白为主要发展方向，在技艺上侧重于改良和创新。

三、民间艺术传统工艺特征

（一）在地性——呈现独特地域特征

中国民间艺术传统工艺源远流长，受制于历史和地域因素、生活环境等，各地居民在传统框架内创造了具有各自地域特征的民间工艺，反映了其独特的生活方式和审美观念。这些民间工艺是人们日常生活中不可或缺的一部分，成为该地区独有的风俗民情的生动表达。传统民间工艺在创生之初就已紧密融入人们的生产生活中，随着时间的推移，不仅持续演变，而且在与时代、周边环境、自然和人类活动的互动中不断被再创造。这种动态演绎在展现其历史延续性的同时，也突显了其活态传承的特质，即不断适应和回应着社会的变迁，为传统技艺注入新的生命力。

例如，闽南陶艺采用本地特殊土料，制作具有地域特色的陶器，图案和样式反映了闽南地区的风土人情。泉州刺绣通过其细致的花纹展现了当地自然景色、传统文化和民俗风情。闽南木雕、石刻、皮影、庙画等艺术形式常以海洋生活为题材，如妈祖传说、临水夫人、东游记等，展现了蓝色海洋文明的地域特色。闽南建筑通常采用红砖白石并辅以木构材料，“三合天井”或“四合中庭”的平面格局，目的是适应沿海地区的气候和环境，抵抗洋流季风的侵扰。

（二）传承性——反映传统技艺与精神

民间艺术传统工艺的传承在社会和文化层面具有深远的意义。首先，这种传承有助于保护社会的文化身份和价值观，构建历史传承的纽带，使人们能够从过去的智慧中汲取经验。其次，传统工艺的传承也对个体和社群认同感的构建起到了积极的作用，使人们更深刻地认识并珍视自己的文化和身份。同时，在经济层面，一些传统工艺仍具有实用性，通过传承可维持并发展传统产业，通过重新解释和创新传统工艺可激发创造力，使其适应现代需求，促进地方经济的繁荣。另外，传统工艺的传承强调合作、传统价值和共同体的重要性，有助于形成更加和谐的社会关系。

民间艺术传统工艺反映的精神主要指工匠精神。工匠精神强调在民间艺术创作过程中，创作者执着追求卓越的态度、精湛的技艺，以及对质量和细节的高要求，这种精神不仅仅是一种工作态度，更是一种生活方式和价值观。民间传统工艺的工匠精神还包括尊师重道的美好品德，工匠技艺来源于师傅的传授，尊重师傅的礼序贯穿于匠人拜师、入学、出师等一系列过程中。一些成熟工艺流派也有定期祭拜祖师的习俗，这不仅体现了匠人感恩、尊师的品德，也体现了对于自身行当的热爱和承续传统技艺的自觉。

民间艺术传统工艺主要通过师徒传承或家族承续，即前辈匠人将他们的经验与技艺传授给年轻一代，学徒需要在实际工作中投入大量时间以逐步掌握复杂的技艺，这需要建立完备的传承体系，包括书写和口头传授传统技法等。同时，为适应当代生产环境，需要将现代技术巧妙融入传统手工艺中，但这也要求在创新中保持对传统民间工艺独特性的尊重。

以福州脱胎漆器工艺传承为例，其在中国古代漆艺的基础上不断完善与改良，完成了传统漆工艺的装饰手法由平面向立体的升级，是中国漆文化史上的一次重大突破。沈绍安家族是福州漆器工艺的典型代表，以家传技艺为核心的传统手工艺作坊为经营形态，十分重视前人的手工技艺传承与保密，因此一般采取口传心授的传承方式，年轻一代在手工作坊接受老一辈手工匠人的教导和训练，完成手工技艺的传承。

（三）融合性——融合地域文化与工艺语汇

民间艺术传统工艺的融合主要体现在地域文化融合和工艺语汇融合两个方面。

以闽南为例，在地域文化融合方面，闽南作为异质文化进入中国的要冲，经历了多元外来文化的融汇、融合与涵化。例如，泉州印度教石刻展现了外来宗教在中国本土的融合，融合了波斯、印度、罗马等异域文化的艺术形式。

在工艺语汇融合方面，以福建木版年画为例，它融入了当地节庆活动，与其他传统民间艺术形式如戏曲、舞蹈、音乐等，共同构建了一个多元的民间文化系统。再具体到漳州木版年画，灯画专门用于制作花灯，而功德纸年画则被运用于道教特定的仪式。福鼎的饼花艺人不仅在书画领域表现出高超的技艺，还精通各种纸扎工艺，他们积极参与节庆活动中的“铁枝”比赛，推动各种民间艺术项目融合，这一过程不仅丰富了地方文化，还为各种艺术形式的跨界交流提供了有力支持。

在民间文化活动中，戏曲、仪式庆典、民俗节庆以及传统手工艺传承等各个活动之间形成了一种相辅相成、互为支柱的共生关系，这种紧密的关联性也是民间手工艺风格独具特色的一个重要原因。例如，福建年画以其高超的画工技艺、丰富的构图、精致而细腻的雕刻而著称，特别注重人物神态的生动刻画。画中人物的造型风格和形式语言与当地石雕、建筑彩绘、木雕、剪瓷雕、陶瓷绘画的整体风格相一致，彰显了福建木版年画与其他民间艺术门类之间深厚的内在联系，这种内在的一致性不仅体现了地方文化的协调统一，也为福建年画赋予了独特的文化认同和地域特色。

（四）多元性——表达丰富的功能、题材、工艺形态等

各式民间艺术传统工艺深深融入各民族的日常生产与生活中，与其他民俗活动紧密交织，呈现出丰富多彩的多元一体特征。以东南沿海的福建民间艺术传统工艺为例，其经历了漫长而复杂的演变历程，受到宗教、民间俗信、禁忌、传说和图腾等多方面因素的深刻影响，在功能、题材、样式以及手工艺形态上的多元性充分映照了福建人民生活方式和审美观念。

在功能方面，福建的德化陶瓷和安溪竹编等手工艺品主要应用于日常生活中的烹饪和储物等；而莆田木雕和畲族刺绣等工艺品更多地被用于装饰和艺术欣赏。在题材方面，德化陶瓷题材广泛，既有山水花鸟，也融入了丰富的人物故事；莆田木雕作品常见

的题材有神话传说和历史人物。在工艺形态方面，闽南民间工艺各具特色，竹编工艺品既注重实用性，又兼具美观性，充分展示了闽南人民的智慧和创造力；而木雕作品以其生动的形象和高超的技艺深受人们的青睐。

（五）实践性——适应社会需求，反映现实生活

传统民间工艺的创作、传承、发展总是与社会发展、现实生活密切相关。一方面，民间工艺品的用材、形态、功能等的选用要受到现实需要的限制，多秉承因地制宜、因材施艺的原则，以服务于当地人的日常生活为出发点。它主张人力与自然的完美结合，追求人与自然互养互惠的理念，反映了人对当地资源和环境的深刻理解。东南沿海地区民间传统工艺体现了该地区深厚的文化底蕴，并贯穿于日常生活的各个方面，这些民间工艺既具实用性，又在审美层面表达了地方文化的独特性，彰显了当地传统技艺的卓越成就。东南沿海的陶艺与瓷器制作、木雕与竹编工艺、剪纸与刺绣、织布与传统服饰等民间工艺的产生就源于当地居民生产生活的现实需求，结合当地特有的自然资源与社会环境，进而形成了深植于现实生活、满足不同方面需求的手工艺体系。

另一方面，民间工艺中所特有的装饰纹样、主题样式的灵感主要也来自当地的环境，包括自然、社会、文化等方面。首先，民间工艺多描绘人们的现实生活等题材。例如，漳州木版年画中的“纺织图”描绘的农村生活场景至今在闽南农村仍然可见；“九流图”“龙舟竞渡图”等生动地展现了当时社会生活；“革军大战武昌城”则反映了辛亥革命时期漳州人民浓厚的爱国热情，具有鲜明的时代特色。其次，民间工艺也体现了民间工艺者对于未来生活的美好祈愿。在福建木版年画中，妈祖、关帝等宗教主题得到广泛表现，突显了福建民间信仰崇拜的多元性和广泛性。这些作品不仅在画面上呈现出精致而丰富的表达，同时寓意深刻，反映了人民群众祈福、迎祥、美化生活、贬恶扬善、追求美好生活的精神追求。

四、典型民间艺术工艺创新案例

（一）北京面塑传统工艺技法创新

面人，又称面塑，是一种制作简单但艺术性极强的民间手工艺品，其原料主要为面粉和糯米粉，拥有超过1340年的历史，题材广泛，涉及动物、人物传记和历史传说等。南宋时期的记载表明，面人是可食用的，也被称为“果食”。

面人制作是一门古老的手艺，需精心挑选原料，经过一系列手法塑造出基础形态。熟练的手艺人使用竹刀进行细致的切、点、划、刻，注重头面、手脚、神情的刻画。传统街头手工艺人凭借着记忆和技艺，可以迅速将面团转化为生动的艺术形象。

2011年，郎佳子彧作为传承人，尝试结合时代特色，创造出与众不同的面塑作品。他运用新媒体平台，使更多人对这一传统工艺有了新的认识。针对2022年北京冬奥会，

郎佳子彧用面塑展现出武大靖的英姿、冰墩墩和雪容融的可爱形象，充分展示了传统与现代的完美结合。面塑大师彭小平，凭借独特的原料配方，确保其作品长久保存。这些面塑工艺师在坚守传统的同时，探索新技术与面塑的结合，不断与时俱进，使得面人制作这一技艺能够持续地发展和传承下去（图4-108）。

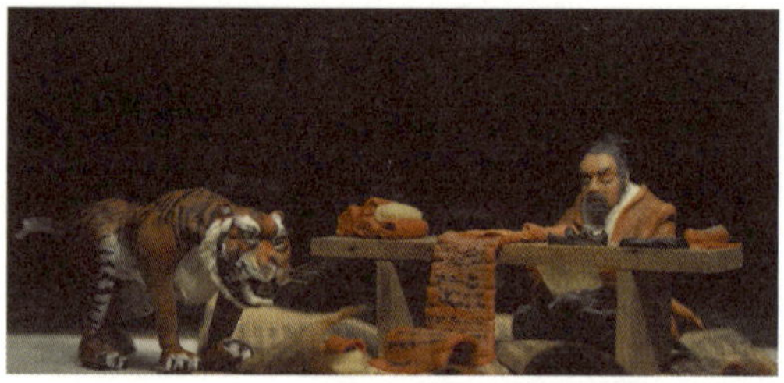

图4-108　传承人郎佳子彧作品

（二）莒县过门笺传统工艺技法创新

关于莒县过门笺的历史渊源，目前尚无确切的文字记载。然而，在康熙十三年修整朝元宫时，发现宫内的壁画有张贴过门笺的民间房屋画面，并且这些壁画大多是在明代绘制的，因此可以推断莒县贴过门笺的习俗在明朝时期已经在民间盛行。莒县过门笺具有广泛的群众基础和民间传承性，形式多样、题材广泛、构图美观和色彩鲜明。

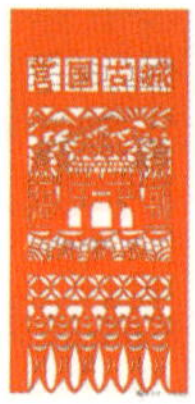

图4-109　过门笺

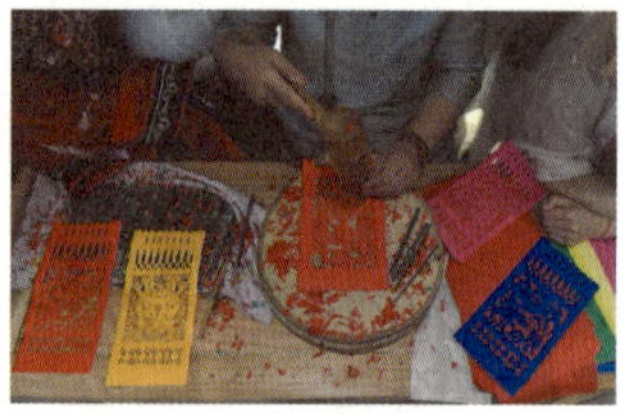

图4-110　过门笺制作与传承

在清朝时期，莒县过门笺的制作主要由村中妇女负责，她们最初在彩色纸上勾勒出小花或穗头，后来逐渐创新了各种花样图案。到了民国初年，莒县过门笺开始形成固定的模式，手工艺人们开始设计出各种图案，雕刻成模板，并使用刀具和模板雕刻绘制出具有吉祥图案和吉祥文字的过门笺。随着时代的发展，莒县过门笺的用途也在不断演变，大多被用作彩色符纸，用于特殊节日祈福，在现代社会中逐渐成为一种民间手工艺术品和装饰品（图4-109）。

传统的莒县过门笺尺寸、样式、种类繁多，中间为镂空的字或者图案，周围分别由花瓣纹、鱼鳞纹、万字纹、蝙蝠纹、网格纹、孔钱纹、菱形纹、水波纹等相互穿插交织而成，造型丰富、形态各异（图4-110）。

传统过门笺技艺多由家族传承。于红作为国家级非物质文化传承人，其技艺源自父亲于永胜——省级非物质文化遗产莒县过门笺代表传承人。作为第四代传承人，她尝试通过自己的美术专长，将传统技法与现代生活相融合，将剪纸、木刻、国画等技法融入过门笺的设计和制作中，使过门笺样式不断创新，展现出传统文化的新魅力（图4-111～图4-113）。

传承人于红的作品风格在全面继承传统剪纸技法的基础上，又对创作手法进行了大胆的革新，将图案夸张、变形，做到生动有趣，从而较受年轻人欢迎。

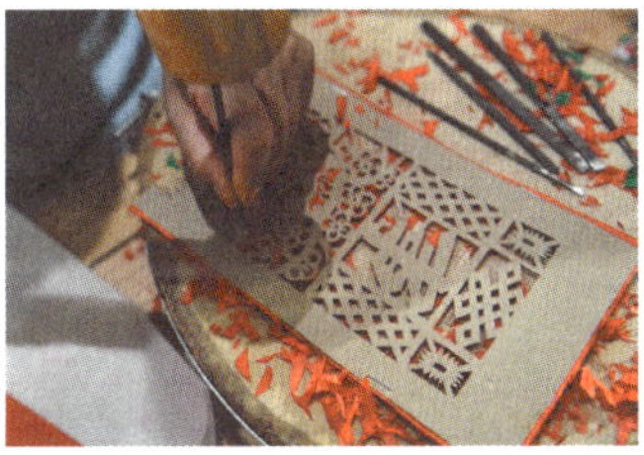

图4-111 过门笺制作（1）

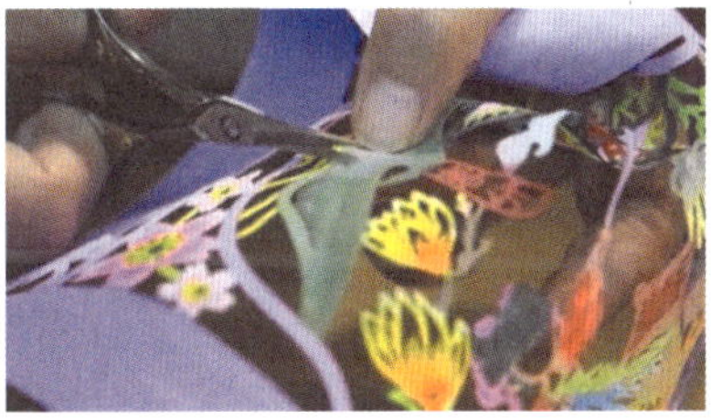

图4-112 过门笺制作（2）

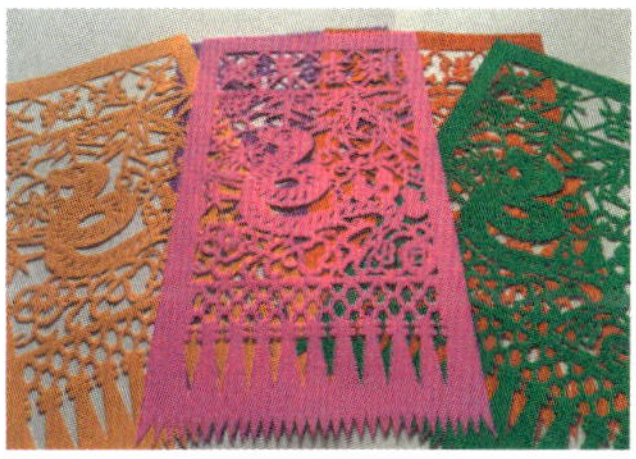

图4-113 过门笺色彩

在上色方面，尝试了独具特色的改革和创新，使用大胆鲜艳的衬色，展现出强烈的色彩张力。

来逢强是市级非物质文化遗产过门笺技艺的代表性传承人，也是来氏过门笺的第七代传人（图4-114）。他自16岁起跟随大哥学习过门笺制作，至今一直坚持。他在继承传统技艺的基础上注重创新，对刀、纸、图案进行构思重组与改进创新，除了保留传统吉祥寓意的题材，还加入了社会主义核心价值观等中国特色审美文化符号，符合正能量红色文化传播需求。他制作技艺精湛，可以制作丰富的图案和上百种花式结构，具有独特的艺术风格。

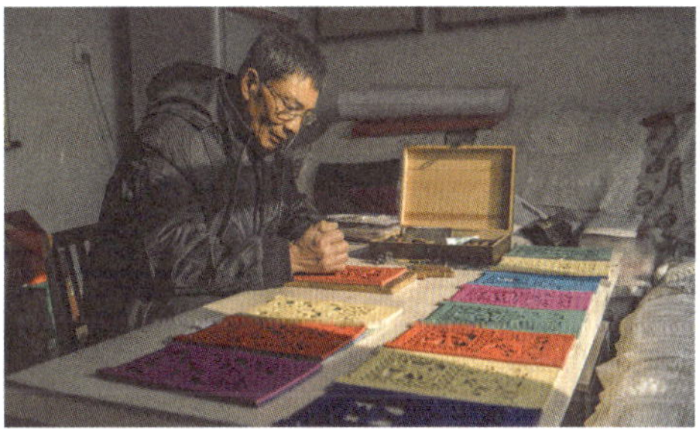

图4-114 传承人来逢强和他的作品

（三）福州软木画传统工艺技法创新

福州软木画，又称为木画、软木雕，是福州木雕工艺的新类型，它结合了雕刻和绘画技艺，被誉为“无声的诗、立体的画”，被海外友人称为“东方艺术珍品”。软木画以制作画的意境为主，通过精湛的技艺，将大自然的美景浓缩在方寸之间的画框或插屏中，营造出宏伟的艺术效果（图4-115）。

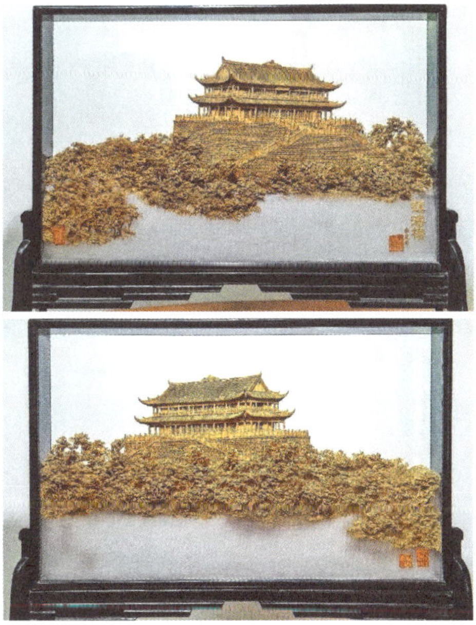

图4-115 吴学宝创新的双面半立体软木画作品《镇海楼》（正面、反面）

1914年，刚任福建巡按使的许世英到福建工艺传习所巡视时，将从欧美带回的软木薄片制成的圣诞风景贺卡交给传习所的木刻师傅，建议他们可以以此创新研发新产品。当时任福建工艺传习所木刻科目总教习的陈春润和他的学生们不断寻找，挑选最佳材料，经过多次尝试，最终研发出了具有中国画意境的软木画工艺品。

软木画由于其轻薄和拼接模式的优势，迅速成为热门手工艺品，并在省内外广受欢迎。软木画工作室如雨后春笋般涌现。1959年，软木画技艺得到显著提升和创新，平面卡片样式、半立体挂框型作品制作技艺成熟，首次创作出以北京古建筑天坛为代表的立体软木画，并推出仿宋软木画挂框作品，提升了艺术品位。传承人林向在向老匠人学习传统工艺后，探索出结合当代流行文化和审美的新创作方法。他致力于将传统的大中型软木画缩小后放入小玻璃瓶中，既保留了传统工艺精髓，又充分考虑了当代观赏需求，吸引了众多消费者（图4-116）。

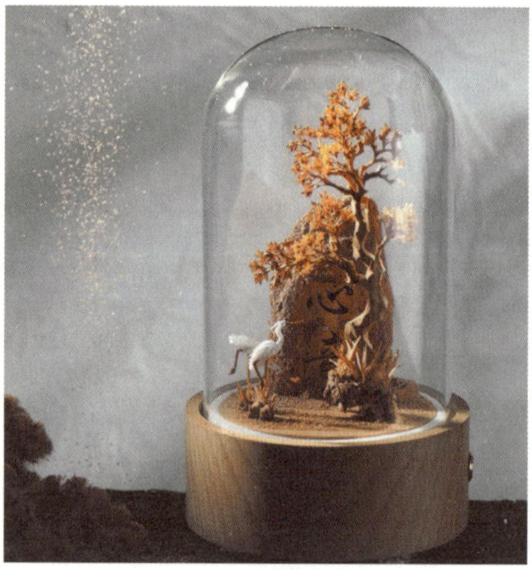

图4-116　新型软木画

传承人胡丽娟的团队开创了“三宝合一”系列作品（图4-117），将大漆的庄严华贵、软木画的精巧细腻、寿山石的灵动庄严完美地结合于一体，不仅传承了福州传统软木画手工艺，还展现了多种国家级非物质文化遗产融合的独特韵味。

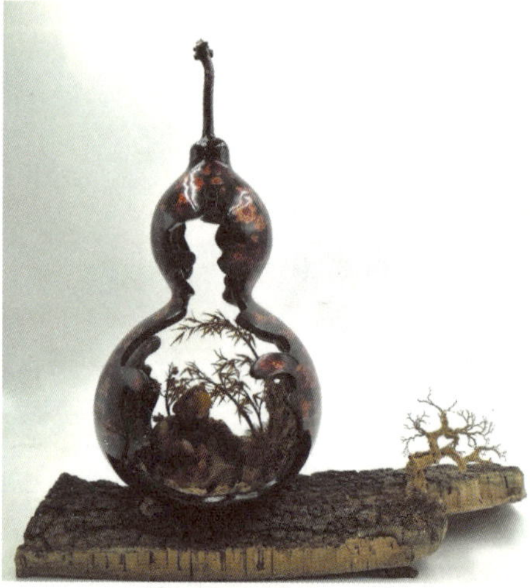

图4-117　胡丽娟团队的“三宝合一”作品

（四）佛山狮头传统工艺技法与材料创新

佛山狮头起源于明朝，历史悠久，经过手工艺人不断改良，如今已成为中外闻名的民间手工艺品，具有浓厚的东方色彩。明代时，佛山狮头做法简单，色彩造型单调，多采用染色纸制作。随着明代“出秋色”活动的兴起，民间彩扎工艺开始追求更高的艺术形式。佛山狮头图案多为中国传统吉祥纹饰，如云头纹等，色彩以中国红为主，并采用黑白圆点调节。狮头具有丰富的装饰，如五彩绒球等，使造型更生动。代表人物为佛山黎家狮传承人黎伟（图4-118）。

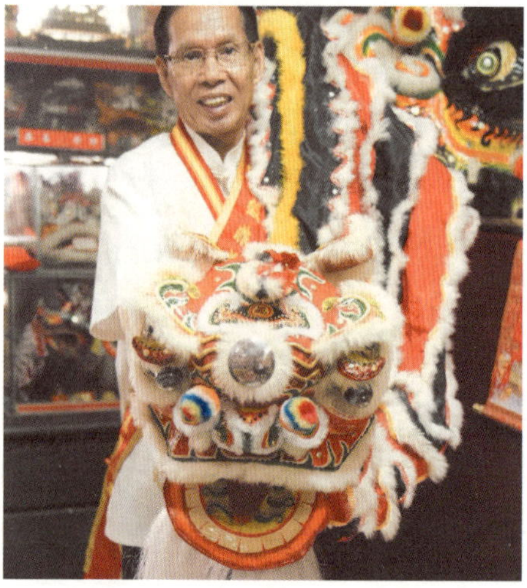

图4-118　传承人黎伟及其作品

1. 工艺技法创新

传统狮头制作包括扎、扑、写、装四大工序，其中扎和写最重要。扎是固定狮子的骨骼和外表（图4-119），写则是给狮子穿上衣服打扮漂亮。现在最好的用于制作狮头的糊纸在广西梧州，而谭志明使用五到六层糊纸，提高了狮头的质量并延长其使用寿命。同时，他还开创性地改进了狮头的眼、鼻和毛鬃，使狮头更生动，这种改进后的狮头被称为“猴型狮”。

2. 工艺材料创新

黎家狮第六代传承人欧琦辉将传统艺术与佛山“智”造相结合，利用3D打印技术创作狮头作品，以便更多人了解狮头的结构美。她和团队耗时半年完成3D打印狮头的设计和制作，克服了科技与传统艺术结合的难题。她设计的3D打印狮头不仅美观，还很实用，可以作为灯具和吉祥物。她还开发了狮头信箱、狮头花纹围巾、狮头花纹扇子等文创产品，促进了传统手工艺与现代消费的结合（图4-120）。

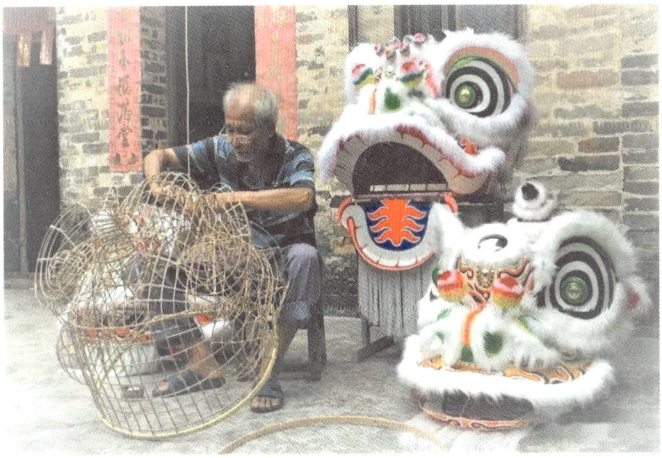

图4-119 扎制骨架

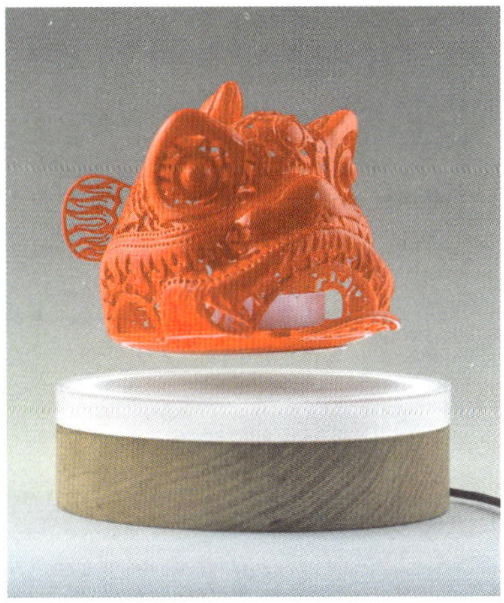

图4-120 狮头作品

（五）云南斑铜传统工艺技法创新

云南斑铜制作技艺是云南省曲靖市的地方传统手工技艺，也是国家级非物质文化遗产之一（图4-121）。斑铜制作工艺极为复杂，要求非常高，铜中加入了金、银等金属，烧制后会出现独特的辉斑。云南铜器手工艺人们使用斑铜制作器物，表面抛光后，古铜色的底上会随机生出斑彩熠熠的天然纹理，每件器物的斑影都独一无二。

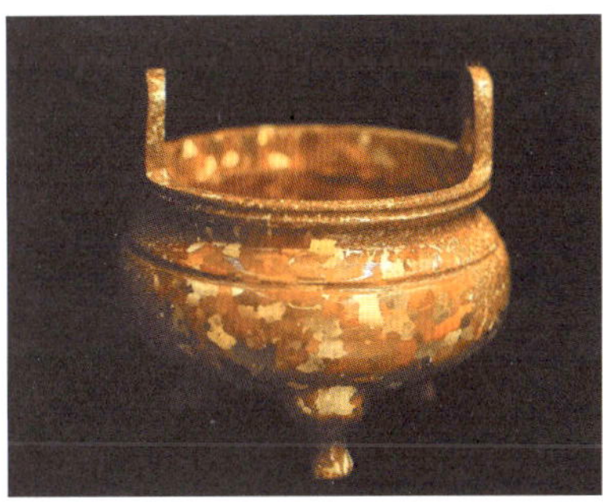

图4-121 云南斑铜

云南斑铜制作工艺复杂，需经过多道工序，耗时两到三个月。其中，烧斑和显斑是关键环节。烧斑时需使用上好的栗炭，控制火候，否则会影响出斑效果。显斑则是将器物放入祖传的植物药水中浸泡，使其展现出斑斓花纹。

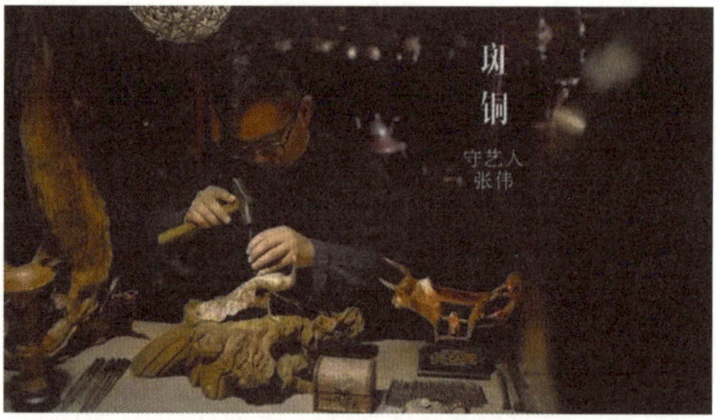

图4-122　传承人张伟正在制作

传承人张伟深入研究显斑着色工艺，使用精密仪器分析药水成分，科学量化传统配方，解决了铜制品氧化变色问题，同时优化了硅溶胶熔模铸造和铜表面高温着色工艺。此外，他结合现代造型设计，推出斑铜饰品和办公用品等创新性作品，使更多人了解和喜爱这门技艺（图4-122）。

第二节｜民间艺术发展面临的问题

尽管民间艺术工艺随着时代的发展进行了一定的创新探索，但整体而言，目前民间艺术的发展仍面临诸多挑战。

一、民间艺术传统手工艺被取代

（一）机械化生产的快速发展

在机械化生产快速发展的今天，传统手工艺受到低效率的限制和人们对产品需求变化的冲击。科技的发展使机器生产的产品效率高、速度快、质量有保障，而手工制作速度慢、价格高、数量少，因此人们更倾向于选择机械产品，导致许多手工制作产品如刺绣、服饰等被工业产品所替代，传统手工艺品逐渐成为个人收藏品，需求量减少。可见，机械化生产对民间艺术的冲击十分大。

（二）传统手工艺竞争力的缺失

在讲究高效的现代社会，机械化生产的优势十分明显，导致传统手工艺品在市场上失去竞争力。原材料短缺也是传统手工艺逐渐减少的原因之一，一些传统手工艺因原材料减少而无法传承下去，如鹤庆手工造纸工艺。同时传统手工艺品制作的变现潜力不如其他工种，导致传承人数减少，进一步削弱了传统手工艺的竞争力。

二、民间艺术传承受阻

（一）缺乏规范的保护和传承体系

相比其他行业，民间艺术的管理机制缺乏可持续性和发展性。由于民间艺术形式多样，保护方式存在差异，加上地方政府保护意识不足，民间艺术难以得到良好保护与传承，许多传统技能面临失传甚至绝迹的危险，如广渡手狮舞、五程断头龙等，大量珍贵实物和资料遭到破坏或流失国外。因此，民间艺术保护亟需形成原生态保护与政府保护相协调的多层次保护与传承体系。

（二）民间文化艺术保护组织保护传承力度不足

民间文化艺术保护组织在传统文化保护与传承中具有关键作用，目前有两种类型的民间文化艺术保护组织：官方组织和民间组织（非营利性、营利性）。官方组织学者、专家众多，但成果转化率低，民间艺术推广不足，与民众联系不紧密。民间组织积极性高，但缺乏专业性，导致民众兴趣低，民间艺术保护组织缺乏新鲜血液。这些问题阻碍了民间艺术的保护与传承。

（三）传统民间艺术传承人价值观偏离

传统民间艺术传承人数量越来越少，这导致民间艺术传承面临困境。随着社会发展，有许多民间艺人趋向于追求经济效益，忽视了民间艺术的纯粹性和地道性，这打击了部分民间艺术传承者的信心，使他们对创作和研究失去热情。外来文化的影响和冲击也使其更得不到重视和保护，民间艺术在发展中被忽视和同化。同时，年轻人因学习周期长、工艺复杂、要求高，且收益较低，所以不愿继承“手艺”，造成了传承断层。

（四）缺乏完善的政策法规和经费支持

我国为保护与传承民间艺术出台了相关法律法规，但体系尚未完善且实施成效有限，仅停留在理论研究阶段。同时经费不足、经济回报低的问题，严重影响了民间艺术的保护和传承，如平度泥塑技艺曾流行，现只有少数人坚守。因此，政府需要提供政策保障、统筹指导，完善产业运作模式，促进市场健康发展。

三、民间艺术消费群体发生变化

（一）生活方式的变化

随着科技的进步，人们的生活方式和生活品质发生了巨大变化，时尚生活方式的兴起使民间艺术逐渐被忽视。传统生产、生活方式的改变使民间艺术的社会功能逐渐消失。同时，农业社会的时间概念消失也导致与农业相关的民间艺术逐渐淡出人们视野。此外，城市无序建设和过度旅游开发也对民间艺术资源造成了破坏，许多民间艺术面临消失的风险，这些因素都制约了民间艺术的发展，使民间艺术的传承面临巨大挑战。

（二）消费文化的变化

现代消费文化的变化也不断影响着民间艺术的发展。首先，人们的价值观发生了变化。目前以传统工艺谋生的主要是老一辈的民间艺人，而在追求经济效益的现代社会，不少年轻人更喜欢外来文化，心态浮躁，不愿意学习传统技艺，加上从事传统工艺行业的人群不受重视，地位较低，缺乏存在感，导致民间艺术面临传承人少或无人传承的困境。

其次，消费方式变化影响审美和习惯。传统民间手工艺品是人们精神生活的重要载体，但生产周期长、产量少、价格高、形式单一、区域性强，产品有瑕疵或手工痕迹，这与现代市场的快速消费文化不符，现代人更喜欢新潮、有个性的产品。因此，亟需解决传统民间艺术的保护和发展问题。

四、民间艺术自身发展乏力

（一）民间艺术内容缺乏创新

我国的民间艺术大都经过了几千年的传承，在一定程度上缺乏创新性，艺术结构较为单一，内容比较模式化，而随着科技的发展和时代的进步，许多民间艺术无法和现今市场经济的发展相协调，在发展上也就受到了制约。

（二）民间文化生存空间的破坏

现代社会摒弃了农耕时代的传统生产方式，采用机械工业和高新技术推动发展。民间文化生存的农耕时代背景消失，民间文化所处的自然—文化—社会生态系统中的自然、社会要素发生变化，导致民间艺术生态平衡受到冲击。工业化和城市化进程破坏了民间艺术的生态，各种民族文化和地域文化逐渐失去生存土壤。西方艺术文化的涌入更进一步地压缩了民间艺术生存空间，导致民间艺术作品质量下降、种类减少，驱使民间艺术逐步衰落或消逝。由于文化生态系统发生改变，民间艺术与人们日常生活的联系减弱，大众热情下降，民间艺术失去了民众基础。

（三）市场观念和品牌意识的淡薄

市场观念和品牌意识的淡薄，以及单纯艺术观念的影响，使得民间艺术家的作品处于一种散乱的状态，古老的传统技术限制了作品内容的拓宽，所以难以形成知名品牌，加之没有充分地把艺术与市场联系起来，对民间艺术产业化的认识不足等，都对民间艺术在现代社会的发展造成一定阻碍。

第三节 | 民间艺术整体发展思路

一、数字赋能视角下的民间艺术发展

（一）数字赋能对民间艺术发展的意义

1. 为民间艺术发展提供全新的保护与传承手段

通过3D扫描、数字建模等技术，能够对民间艺术作品进行高精度的数字化复原和保存，使其不受物理环境和时间的限制，长久留存下去。例如敦煌莫高窟的数字化设计项目，利用高精度数字扫描技术将壁画、雕塑等文化遗产进行数字化保存，即便未来文物出现进一步的自然损坏，这些数字化资料也能为修复和研究提供重要依据。

2. 为民间艺术的创新与活化注入新动力

数字技术为民间艺术注入了新动力，使其在现代社会中更具吸引力和竞争力。艺术家和设计师可以利用数字工具对民间艺术元素进行重新组合、设计和创作，创造出既具有传统韵味又符合当代审美需求的新作品，进一步拓展其应用场景。比如将剪纸艺术与数字动画技术相结合，制作出具有故事性和趣味性的动画作品，让古老的剪纸艺术在数字世界中“动”起来，吸引更多年轻人的关注。

3. 提高民间艺术的传播与推广力度

借助互联网、社交媒体、短视频平台等数字传播渠道，民间艺术能够突破地域和时间的限制，快速、广泛地传播到世界各地。人们可以通过网络轻松地欣赏到不同地区的民间艺术作品，了解其背后的文化内涵和制作工艺，从而扩大民间艺术的影响力和受众群体。例如，许多民间艺人通过抖音等短视频平台展示自己的手工艺品制作过程，吸引了大量粉丝关注，不仅提升了民间艺术的知名度，还促进了相关产品的销售。

4. 为民间艺术教育提供丰富的资源和便捷的平台

数字技术为民间艺术教育提供了丰富的资源和便捷的平台。通过在线教育平台，可以将民间艺术的历史、制作流程等内容以视频、图文、互动模拟等多种形式呈现出来，让更多人有机会学习和了解民间艺术。比如一些高校开设的民间美术非遗数字媒体课程，利用数字动漫、虚拟现实等手段，让学生更直观地感受民间艺术的魅力，提高了民间艺术的社会认知度和影响力，增强了公众对传统文化的认同感和保护意识。

（二）数字赋能民间艺术的具体应用

1. 数字化保护与记录

利用高清影像采集、三维扫描、数字建模等技术，对民间艺术作品、制作工艺、传承人等信息进行全面、系统的数字化采集和记录，建立数字档案库，便于长期保存和管理。如河南朱仙镇木版年画的数字化流程，采用高精度扫描技术和高清摄影设备对木版年画母版、刻版工艺等进行全方位数字化采集与整理，并通过三维数字建模等手段完成模拟还原和二次创作，建立起数字资源库。

2. 数字化创新与设计

艺术家和设计师可以运用数字绘图、3D建模、数字动画、数字音频等工具，对民间艺术元素进行跨媒介融合创新和设计，深入挖掘文化内涵，融入更多文化元素和故事性内容，增强文化感染力，开发出具有创新性的数字艺术作品。例如，将传统戏曲中的角色形象、动作、音乐等元素进行数字化处理后，制作成互动式游戏或沉浸式虚拟现实体验，让观众以全新的方式感受传统戏曲的魅力。

3. 数字化传播与展示

通过建设数字博物馆、数字展览馆、在线展示平台等，打破时空限制，将民间艺术作品以数字化的形式呈现给公众，提供线上参观、浏览、互动等服务，为观众提供沉浸式的互动体验。同时，利用社交媒体、短视频平台、直播等渠道进行广泛传播，吸引更多人关注民间艺术。如中国国家博物馆专门定制了一款虚拟换装产品——霓裳旧影，可供游客近距离体验与观赏中国古代民间传统服饰（图4-123、图4-124）。

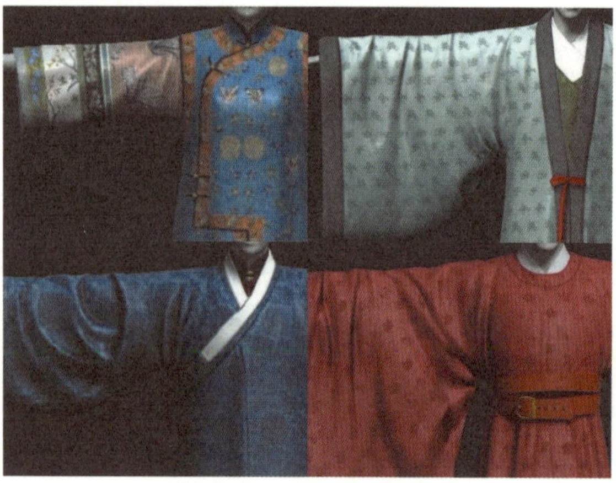

图4-123　**服饰上身图**

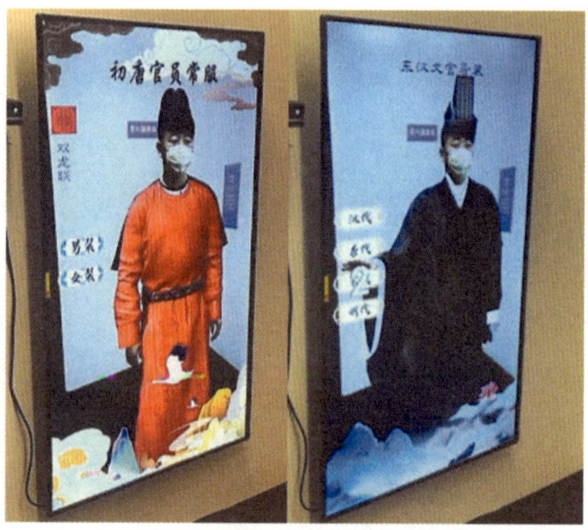

图4-124　**3D服饰模型**

“皮影剧场——体感皮影智能互动装置”让传统皮影戏在科技浪潮中焕发出新的生机。在“皮影剧场”中，Kinect体感技术打破传统皮影戏操控局限，观众走进特定区域，肢体动作便能实时转化为皮影角色的动作，人人都可成为皮影戏主角，享受互动乐趣。AIGC技术的应用更是为皮影戏增添了独特魅力。同时借助Midjourney等工具，可依据不同皮影角色生成个性化的背景图像与音乐，营造出逼真的氛围。为实现这一效果，设计者还通过Comfy UI将静态背景图片转化为动态视频，并在Unity中对皮影进行精细骨骼绑定，与Kinect相连接，实现人体骨骼对皮影动作的精准控制。“皮影剧场”吸引了不同年龄段的观众，为传统文化传承与发展开辟了创新之路（图4-125、图4-126）。

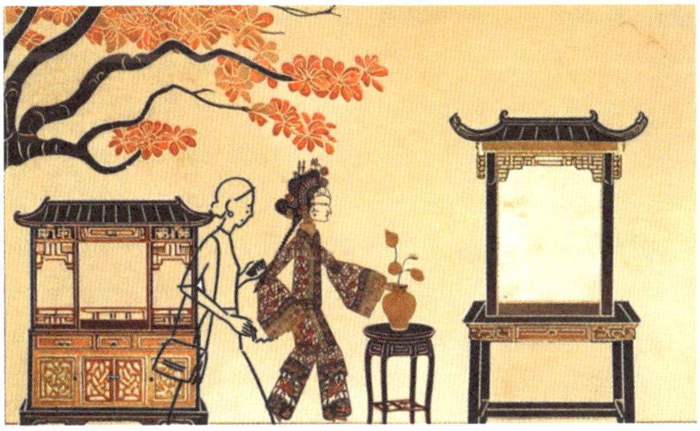

图4-125　**皮影剧场**

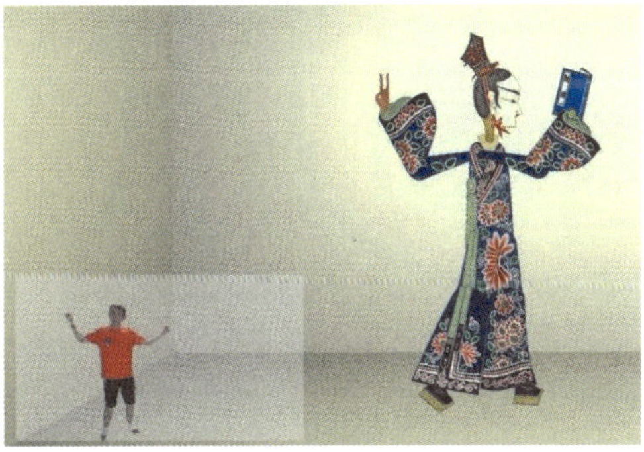

图4-126　**虚拟透明柜效果**

4. 数字化教育与培训

政府、学校、社会组织等应加大对民间艺术从业者和传承人的数字技术培训力度，开发在线教育课程、教学资源库、工作坊等，培养既懂民间艺术又掌握数字技术的复合型人才，为民间艺术的学习和传承提供支持。

课程内容可以包括民间艺术的历史文化背景、制作工艺、创作技巧等方面的知识，通过视频讲解、图文展示、在线测试、虚拟现实和增强现实体验等多种形式，为学习者提供沉浸式的教学服务，使其更直观地感受民间艺术的创作过程（图4-127、图4-128）。

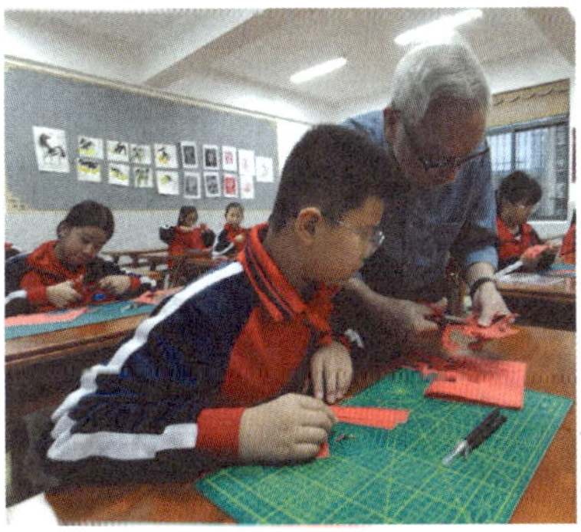

图4-127　**剪纸手工制作**

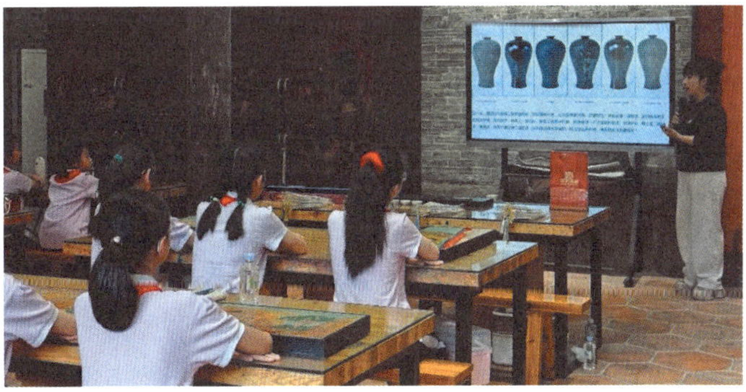

图4-128　**民间艺术走进校园**

5. 数字化营销与销售

借助电商平台、数字艺术交易平台、社交媒体等渠道，对民间艺术作品进行数字化营销和销售。通过制作精美的数字产品展示页面、视频介绍、3D模型展示等，吸引消费者的关注和购买。同时，利用区块链技术对数字艺术作品进行版权认证和溯源，保障艺术家和消费者的权益。

随着数字技术的不断发展和完善，数字赋能民间艺术的潜力将被进一步挖掘，未来有望实现对传统民间艺术更深层次的数字化解析和创新性再造。通过教育普及和文化体验活动，激发人们对传统文化的兴趣和热爱，让其在新时代焕发出新的生命力。

二、消费文化视角下的民间艺术发展

（一）消费文化的概念

消费文化涵盖了物质、生态和精神等多个层面，是社会文化体系的重要组成部分。我国消费经济学的创始人尹世杰先生曾指出，消费文化是人们在消费领域中所创造的一切物质与精神财富的汇总，它体现了人们创造性的消费行为和合理性的消费实践，并逐渐升华为一种富有创造性的文化结晶。

对于消费文化的理解，我们可以从以下几个方面展开：首先，在商品功能未发生革新的情况下，艺术手段的巧妙运用能够增强商品的吸引力，促进销售；其次，消费者的行为并非完全主观，而是受到市场因素的引导；最后，商品的实用性并非消费者首要考虑的因素，消费者更注重商品所体现的自我价值。

在物质层面，消费文化主要表现为居民日常生活的基本消费需求，涵盖衣食住行等各个方面，居民在消费过程中注重商品的实用性和性价比。在精神层面，消费文化表现为满足消费者对精神文化需求的消费行为，这种消费以精神产品为基础，强调消费者具备一定的知识水平、文化修养、艺术欣赏能力，通过消费精神文化产品，消费者能够丰富自己的文化知识，培养思想气质，提升情感体验。

总体而言，从单一性消费到多元化消费的转变，从物质性消费到符号化消费的演变，以及从必要性消费到社交型消费的发展，这些变化对人们的日常生活产生了深远影响，并推动了城市文化和商业的快速发展。

（二）消费文化视角下的民间艺术发展的机遇

民间艺术是普通百姓文化艺术消费的重要内容。随着时代变迁，人们的品位追求与过去不同，现代消费更多是为了追求精神愉悦和心理满足。消费者购买商品更多的是为了自我表达。民间艺术的手工制作、独特性和偶然性，成为其魅力所在，这与消费者追求个性的需求相契合，因此更多人通过购买这类商品来表现自我。

（三）消费文化视角下的民间艺术发展路径

1. 发挥地方政府引导作用

首先，政府需引导民间艺术在消费文化背景下发展，为其创造良好环境。鼓励和扶持传承者与创作者，提供奖励或资金支持，同时要发展产业链，调动积极性，解决失传问题，促进民间艺术转化与发展。其次，政府需整合资源，提供科技、金融支持，培育特色产业集群，将艺术资源转化为产业优势，实现文化与经济的共赢。

2. 把握民间艺术产品质量

在消费文化的影响下，人们的消费需求经历了从满足基本物质需求到注重精神层面的转变。如今，人们更追求个性化、能够体现身份的商品，品位也与过去有所差异。因此，要高度重视民间艺术产品的质量，创造出具有生命力和创新性的精品，避免庸俗和大量生产的艺术文化。将创作者的思想融入作品中，才能满足现代消费者的审美需求，进而推动民间艺术的文化消费和传承。

3. 发展特色民间艺术文化产业集群，积极走市场化发展道路

鼓励发展民间艺术文化产业，培养专业技术人才，优化产业结构，拓宽产业模式，增加就业机会，创建独具特色的民间艺术文化产业集群，积极发展地方特色文化产业。同时，注意突破民间艺术的市场局限性，把握群众的消费心理，积极走市场化发展道路。

4. 加大民间艺术的宣传力度，构建以媒体传播为核心的传播矩阵

加大民间艺术文化的宣传力度也是一个有效传承民间艺术的途径。在媒体时代，利用互联网的便利性，构建以媒体传播为核心的传播矩阵，比如打造以影像传播为核心的全媒体传播方式，综合运用图文、影像、声音和动画等表现形式，使民间艺术得到多样化、可视化的呈现。

三、乡村振兴视角下的民间艺术发展

乡村振兴的内容广泛，文化振兴是其重要方面。传承并发扬民间艺术和乡村文化振兴是相辅相成的，乡村文化振兴是传承并弘扬中华优秀传统文化特别是民间艺术的时代需求，继承并发扬民间艺术是振兴乡村文化产业的必由之路。

（一）民间艺术与乡村旅游业的创新发展

旅游业属于居民收入水平提高后的高层次需求，旅游业收入成为国民经济的重要组成部分。而乡村旅游业的发展能够提高村民的收入，推动乡村振兴。

在地方文化传承中，民间手工艺扮演着重要的角色，它承载着独特的地域特色和生活情趣，是当地生活文化的重要组成部分。旅游业为民间手工艺地区带来了新的发展方向和信息交流的机会，使得当地居民更加深入地认识到本地文化特色的价值。游客对当地特色工艺品的消费行为，促使更多的当地年轻人重新审视和重视民间手工艺，激发他们对民间手工艺的自豪感和归属感，能够进一步推动民间手工艺的产业化进程。

除了与乡村旅游的结合，民间艺术还有望与民俗文化节日实现更紧密的结合。例如，庙会作为一种重要的民俗活动，具有祭祀、交易、娱乐和饮食等多元文化内涵。在推动民间手工艺与旅游业融合发展的过程中，需充分考虑当地文化、经济和产业的实际情况，在确保民间手工艺为旅游业带来经济效益的同时，也要确保民间手工艺品与当地文化的和谐统一，实现文化传承与经济发展的良性互动。

（二）民间艺术与文化产业的深度融合

文化产业以文化为基石，依托文化资源、创意等要素，开展文化产品的创作、制造、展示、传播及运营等一系列活动，核心目标在于满足人民群众不断增长的精神文化需求。目前民众的精神文化消费支出增长速度远超物质消费支出，这为文化产业的发展提供了广阔的空间和重要的机遇。文化产业的发展，不仅对经济的推动作用显著，还在提升国民文化素质、优化产业结构等方面发挥关键作用。

民间手工艺作为传统文化的物质载体，在文化产业背景下，不仅有产业生产的特点，如门槛低、投资少、见效快等，同时还具有代表性的文化特点，承载着区域性文化传统、生活习俗、工艺技艺等知识资源，是文化产业的重要组成部分。随着民间手工艺的社会价值、经济价值、文化价值不断被发掘认可，民间手工艺也将带来更为积极的社会效益。值得注意的是，在文化产业介入民间手工艺发展的过程中，民间手工艺需要主动地适应市场，而不是一味由市场牵引发展，以免失去其文化价值，沦为单纯的经济行为。

四、文创设计视角下的民间艺术发展

中国拥有几千年的文明历史，改革开放后，综合国力不断提升，经济实力快速增强，在起决定性作用的技术掌握和创新方面打下了坚实的基础，具有较为完善的知识产权保护体系与广阔的消费市场，具备了发展文创产业的必备条件。随着物质生活水平的不断提高，人民群众对精神生活的需求也在不断提高，文化创意能有效地满足人民群众日益增长的精神文化需求，脍炙人口的文创产品成为消费市场的新兴宠儿，文创产业正成为城市发展新的经济增长极。

我国的民间艺术资源的文化价值十分丰富，其与文创产品的融合是传统文化产业发展的新思路与新方法。在文创设计中，民间艺术是文创的重要内容和对象，为文创提供源源不断的素材和灵感源泉，是文创发展的“内在动力”，可与文创产业“共振对接”，相互交融，共同发展。

著名的丝巾设计师张宝华便将莒县过门笺剪纸民间艺术与现代技术结合，将传统剪纸技艺与表现手法相结合，设计出了丝巾剪纸文化创意设计产品。民间艺术剪纸为文创设计提供了丰富的素材，而文创设计又能发掘出更多新颖的剪纸样式，两者相辅相成（图4-129、图4-130）。

图4-129 荷谐美满（丝巾）

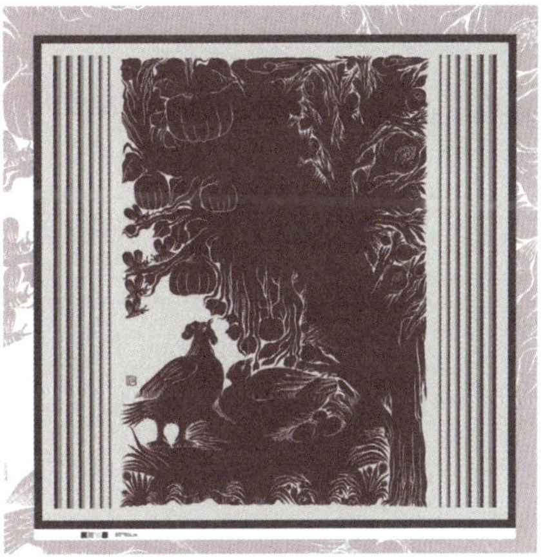

图4-130 春华秋实（丝巾）

（一）打造优秀文创艺术作品

优秀的文创设计产品，需要在探索外观与功能的基础上，深度挖掘本土民族民间艺术的特色，充分考虑当代消费者注重产品文化内涵的心理，选取极具文化价值的民间手工艺符号进行再创作，提炼传统民间艺术中的色彩、纹样、制造工艺、文化内涵等并运用到文创产品的设计中。同时积极推进民间艺术与数字化、信息化的融合发展，探索民间艺术在动漫、游戏、电子竞技、数字演艺等方面的融合，开发民间艺术数字化文创作品，打造数字文创品牌。

（二）推进民间艺术人才培养

任何一个行业的稳健发展都离不开专业技术人才，因此，需要鼓励相关艺术类高等院校开设民间艺术文创专业，或者通过协同培养方式将民间艺术文创纳入艺术类、文创类专业的实训实践中，开拓民间艺术文创开发方向。此外，还可以积极举办民间艺术文创设计大赛，通过赛事影响吸引设计人才分享民间艺术文创思路，广泛征集创意设计作品并进行产品孵化，通过赛事选拔储备一批优秀的民间艺术文创人才。

（三）鼓励民间艺术文创产业发展

在行业的发展中人才是根基，资金和政策等公共投入更是促使其茁壮成长的粮食。政府应通过财政公共支出扶持民间艺术文创产业的发展，让其孵化出更多的文创产品，从而产生更多的经济回报。

（四）加强文创产品推广及知识普及

充分发挥人民群众在民间艺术文创中的主体性作用，让优秀的文创作品进校园、进社区、进入各类文化艺术场馆，开设优秀文创作品赏析课程，让人民群众深入感受文化艺术的魅力。通过加强民间艺术的宣传普及，让文创思维深入人们内心，让文创理念生根发芽，不断激发文创灵感，使得文创设计与民间艺术相互促进，共同发展。

五、文化生态视角下的民间艺术发展

民间艺术是民族文化的重要组成部分，对民族文化传统与习俗的形成具有重要影响。民间艺术是民间文化形象的载体，具有人文价值。民间艺术背后的文化包括从民间社会生活中提炼出的造物哲学、生活态度、生产形式、信仰以及人们对自然环境的认知。随着农耕文明被工业文明取代，传统生活方式更新，民间手工艺文化生态破裂，失去生存土壤，作品质量下降，种类减少，民间艺术与民众日常生活联系减弱，被视为“落后”或“古董”，似乎失去了现实性和必要性。

实际上，传统民间艺术的文化内涵与自然、社会、人文环境的联系紧密。保持这一系统的协调性，才能使传统民间艺术获得良性循环的生存发展环境。传统民间艺术需要还原到民众生活的原生态环境中，或通过适应新环境来传承和发展。具体可从以下几方面着手。

（一）把握民间艺术文化发展主流

面对民间文化发展的失衡，迫切需要促进民间文化的健康发展，建立具有民族特色的文化体系，这就需要“取其精华，去其糟粕”。具体来说，需要提炼民族传统文化的精华部分，舍弃封建和愚昧的部分，融入现代文化内容，形成具有民族传统文化根基和时代性、生命力的民间文化主体。此外，还需要融合外来文化元素，吸收其中的优秀成分，丰富文化形式和内容，壮大文化队伍，实现多元文化的和谐共存。只有形成完善的、适合时代需求的民间文化和民族文化，才能为民间艺术的发展提供充足的养料。

（二）丰富和扩展民间艺术的形式与门类

在构建现代的、具有传统文化根基的民间文化基础上，丰富和扩展民间艺术的门类与形式，是对民间艺术的延伸与发展。民间艺术之所以具有魅力，是因为其蕴含着人们对生活美好的期盼。因此，就造物本身而言，其造型形式、风格、内容、表现手法、视觉形态就可以从当代的审美、时尚甚至是新型材料等方面去挖掘更多的元素，提升和扩展已有的民间艺术的形式美感，丰富其素材及主题，使其更贴近人们的现代生活，这样的民间艺术就再也不是古董和文化遗产，而是传统文化的再生和繁荣。

（三）把握民间艺术与现代设计的创新与融合

将民间艺术与现代设计结合，一方面利于民间艺术在现代生活中的运用和传播，另一方面也利于现代设计呈现出民族特色，两者相互推进，使民间艺术拥有更广阔、更现代的大舞台，也将使现代设计更具有文化底蕴，从而使民间艺术获得新生。

（四）协调民间艺术保护和产业化发展的关系

目前，民间艺术的保护和产业化发展之间矛盾比较突出，生产者、销售者和购买者都有将其进一步商业化的倾向，影响了民间艺术的价值品质。因此，需要处理好民间艺术保护和产业化发展之间的关系，探索整合资源优势，创新民主化的管理模式，使得民间艺术保护与产业化发展并行。

第五章

民间艺术创新与设计策略

学习目标

- 了解我国传统民俗主题内涵、文化特色、核心价值。
- 主动走进生活，学会观察，熟悉当代国人的生活方式、审美需求。
- 掌握民间艺术创新与设计的具体方法和步骤，深入研究民间艺术，提炼经典元素，结合现代设计理念，运用现代科技手段，进行造型、色彩、材料创新。

学习重点

在提炼元素的同时保持民间艺术的优秀文化基因和原始魅力，并进行再创造和转化。

学习难点

掌握多元创意设计方法。

传统民间艺术拥有丰富的内涵，但在社会不断发展和社会群体不断更迭的情况下，需要建立新的发展方式，许多学者为此提出了民艺创新方法来应对这一挑战。中国民间艺术的自觉起源于“五四”时期，历经近百年的发展，今天许多设计师将传统工艺与现代设计相融合，以实现传统工艺的振兴，并为现代设计提供服务。张道一主张通过比较和归纳来理解民间艺术的漫长历史，并鼓励创造新的方式开拓未来。以何明泉为代表的台湾学者则提出七个方面来重新审视传统手工艺的存在形态和传承路径，包括材质表现、材料处理、制作过程、使用过程与方式、工艺过程与体验、工艺场域与气氛以及深层文化内涵。柳宗悦，被誉为日本“民艺之父”，将传统手工艺的传承与创新归结为三要素和六方面。他认为，传统手工艺必须在充分认识到其当代价值的基础上，具备制作、作者和作品三要素，同时考虑六个方面，包括用途、材料、手工与工具、技能与技术、劳动与组织、传统与时代。

传统民间艺术的再设计和再造已成为传承和创新的重要途径，为此许多设计师将目光聚焦于表现形式与制作工艺上，并通过借其形、承其意、传其神，选取传统民间艺术中的图形元素，以现代设计观念和设计手法对其进行取舍、提炼、变异和再创造，塑造出既保持传统图形神韵，又富有时代精神的新民间艺术表现语言，使这些民间艺术焕发新生，更符合当代社会的功能和审美要求。传统与现代之间的关系是一个持久的命题，对中国设计师来说，这是一个既具有挑战性，又能表达文化身份并引发共鸣的领域。

与其他国家相比，中国拥有更为广泛、深厚且多样化的民间艺术遗产。在国家级非物质文化遗产代表性项目名录的1557项项目中，有400多项与民间艺术相关。中国设计师正在努力探索传统手工艺的可行性，通过将传统手工艺与现代设计相结合，以使其与当代社会相融合，并在现代都市生活中得到重新诠释。

传统民间艺术在现代设计视角下的再建构需要充分利用现代设计的力量，以挖掘其美感和当代内涵要素，并经过广泛的民众使用和多维度的设计与运营支持，实现其传统美感在当代都市化和全球化背景下的重塑，发挥其经典文化内涵的当代价值。

第一节 | 民俗文化主题挖掘与形式重塑

民俗的定义多种多样。在中国古代，民俗被称为“风俗”，这一术语意味着它是由民间百姓代代相传的教化和习俗。在西方，对“民俗”的定义源自盎格鲁-撒克逊语，指的是“民间的智慧”。在我国，民俗被定义为具有普遍模式的生活文化，是一种既具有社会性和集体性，又具备模式化和传承性的社会文化现象。

民间艺术与民俗常常密不可分。首先，作为民间文化的一种表达方式，民间艺术与民俗紧密相扣；其次，人们对民间艺术在精神和实用层面的需求使得这两者之间紧密相连。民间艺术与民俗贯穿人的一生，涉及年岁时节、婚礼、信仰、礼仪等。许多民间工艺品都源自民俗活动，并且几乎所有的民俗节日和庆典都伴随着民间工艺品的制作和展示，这些工艺品反映了特定的季节、习俗和庆典等内容。可见，无论是从社会文化的架构和形态上，还是从整体社会生活的动态特征上，民俗活动与民间艺术之间都存在着紧密的联系，反映了当时的流行趋势和文化特征。

传统民俗中的不少图形结构繁复、形式陈旧，不符合现代审美的需要，不能直接沿用，我们需要在尊重文化多样性的同时，强调民族和地域的文化特色，对这些图形加以提炼、概括，进行二次抽象，深入挖掘文化内涵并将其融入民间艺术的形式塑造中，才可以推动民俗文化与民间艺术繁荣共生。

一、节日民俗创新与设计

民俗活动中岁时节日占重要部分，作为中国传统文化的一部分，深受农业社会观念的影响，在地理和文化背景下塑造了一种独特的时间观念，深植于自然季节变化和人类活动之中，源于先民在不同的季节和日子中形成的特殊风俗活动的时间点，这与西方的宗教节日体系有着明显不同。

正如费孝通先生所言，世界各民族的文化要“各美其美，美人之美，美美与共，天下大同”。传统节日作为传统文化不可或缺的一部分，已经成为现代生活和传统文化之间相互联系的紧密纽带。它不仅有助于将悠久的传统历史文化融入现代生活，同时也能够激发出传统历史文化的新鲜活力。因此，通过提炼传统节日中具有“普世价值”的文化元素，将传统节日文化与民间艺术相结合，可以加深人们对中国文化的理解和认识，让非物质文化更易于被人们欣赏和体验。

（一）春节民俗创新与设计

春节是中国传统文化的一部分，它代表一年的开始，象征着家庭团圆、文化认同，以及对未来的期许。春节具有广泛的影响力，是现代社会生活的一部分。

许多设计师致力于对春节传统元素进行创新，如灯笼、烟花、窗花、年画和春联等，它们都以吉祥图案和喜庆颜色营造节日气氛。

慢物质作品《2025：蛇年贺岁特辑》的设计灵感源自中国传统春节（图5-1）。设计团队深入挖掘这一主题，当古老的信仰仪式转向现代生活场景，该作品中的元素——甲马作为白族人民的精神图腾再次进入当代人的视线。应时应景的甲马版画，辅以木刻文本及跳脱常规版面的日期标注，构成了这沓具有强烈的野生感与观赏性的蛇年月历。《2025：蛇年贺岁特辑》不只是月历，还是对中国传统设计语言的传承与创新应用，该设计巧妙地将传统艺术与现代设计元素相结合，为人们带来了与众不同的春节体验。

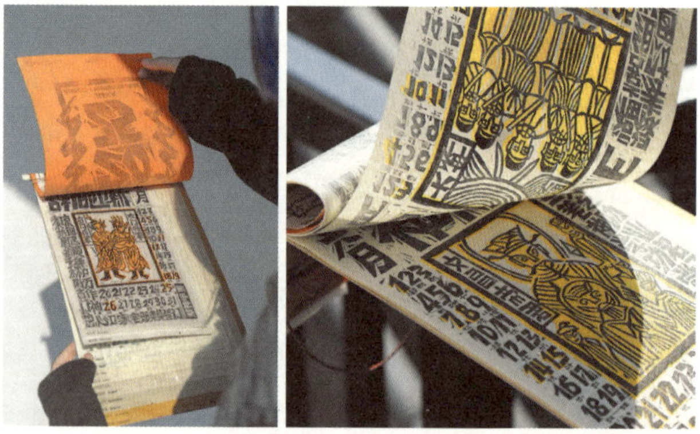

图5-1 慢物质《2025：蛇年贺岁特辑》

春节是许多中国人美好生活的一部分，但时代与社会的变迁使得春节的一些传统仪式渐渐式微，在高楼大厦林立的城市中也越来越难见到年画的身影。然而，设计师的创新思维却赋予春节民间艺术崭新的生机，他们创意性地将传统春节用的门窗图案印在新年用的碗上，装点喜庆节日（图5-2）。

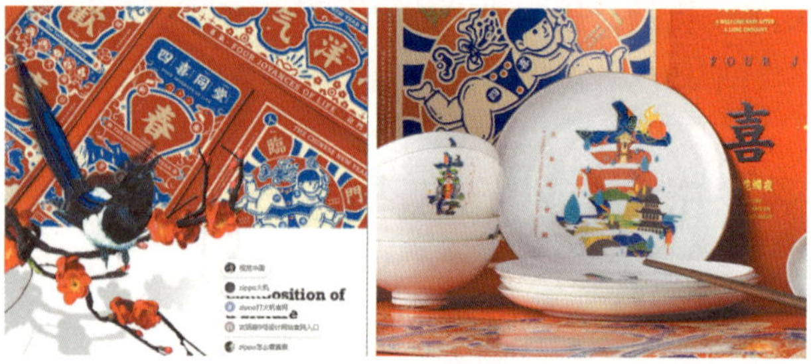

图5-2 妙手回潮四喜春礼套装

（二）清明节民俗创新与设计

清明节，不仅是扫墓祭祖的传统节日，也是人们外出郊游、踏青和放风筝的美好时节。在祭祖之余，人们通常会选择踏青或放风筝，这既表达了对先人的怀念，也是一种缓解悲伤的方式。

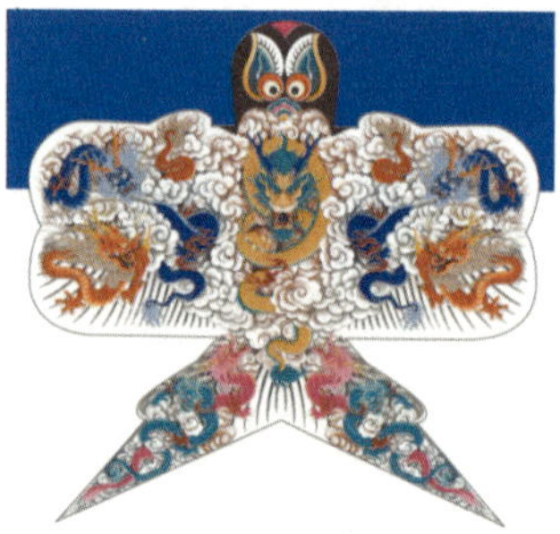

图5-3 “九五至尊”风筝

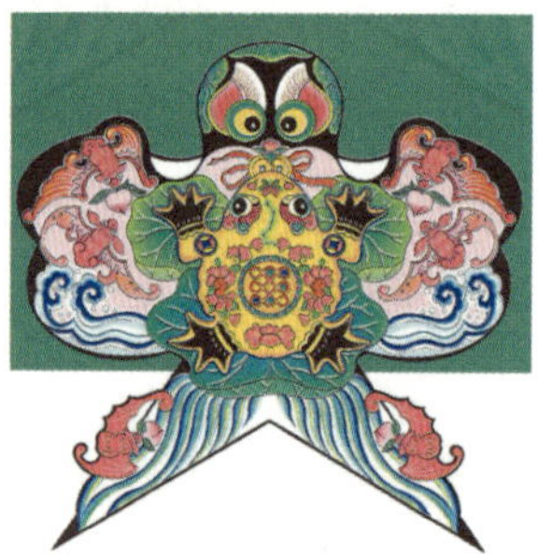

图5-4 “禅联益寿”风筝

古籍记载，清明放风筝的习俗在明清时期就已广泛流行。明代谢肇淛《五杂俎》记载：“清明前后扫墓时，都城少年俱以纸鸢相赛”。天津博物馆藏有清代牧童骑牛砚、杨柳青年画《放风筝》等文物。这表明该习俗在明清华北地区十分流行。清明时放风筝具有多重含义，它不仅仅是娱乐活动，更承载着丰富的文化和情感。

风筝常具备精致的画面、独特的形制，俨然成为一种跨越时空的环境艺术形式。人们借由这一媒介，表达对浩瀚苍穹的追寻，以及对往昔岁月或故人的感怀，而漫天飞舞的风筝，亦象征着生命的蓬勃与希望的涌动。北方“鸢”之灵动与南方“鹞”之俊逸，共同铸就了中国风筝的非凡魅力。其中，曹雪芹首创的沙燕风筝更是典范之作，独领风骚。王的手创以曹氏沙燕为蓝本，重新绘制“九五至尊”风筝、“禅联益寿”风筝等多款风筝文创，为时下流行的风筝注入了传统文化艺术的底蕴（图5-3、图5-4）。

2021年，竞技游戏《王者荣耀》发布了首款荣耀中国节系列皮肤。这款皮肤的设计巧妙融合了中国传统和现代游戏的元素。设计团队特别邀请了国家级非物质文化遗产项目潍坊风筝省级代表性传承人郭洪利老师共同参与这款皮肤的细节设计。

皮肤的核心设计理念围绕着“清明踏春的无忧少年”和“纸鸢”文化展开。受到曹雪芹在《南鹞北鸢考工志》中以“半瘦燕子”暗喻“少年”的启发，设计师们在皮肤中巧妙地融入了半瘦燕风筝的元素。游戏角色的台词“半瘦燕子耐狂飙，小小少年起得早”进一步强化了这一隐喻。

在服装设计上，设计师们巧妙地将燕子元素融入角色小马甲的前襟纹样设计中，阔袖仿佛燕子振翅飞翔，背后的燕尾飘带使角色看起来如同一只灵动的燕子。百褶阔腿裤的层叠设计与燕翅相呼应。服装的袖口、飘带和下摆等部位的花纹灵感则来源于蓝燕风筝中的蛱蝶图案。此外，角色耳旁的小蝴蝶设计，仿佛是燕子翅膀上的蝴蝶，为皮肤增添了趣味性。

（三）端午节民俗创新与设计

端午节是中国传统节日，定在农历五月初五。夏季正值炎热，被视为毒日、恶日，这时，蛇虫滋生，蚊蝇肆虐，瘟疫易蔓延，正如谚语所言，“端午节，天气热，五毒醒，不安宁”。人们为祈求平安、驱邪避灾，通常采用有虎、龙、凤等纹饰的物品，以压制五毒，其中最常见的是艾虎。

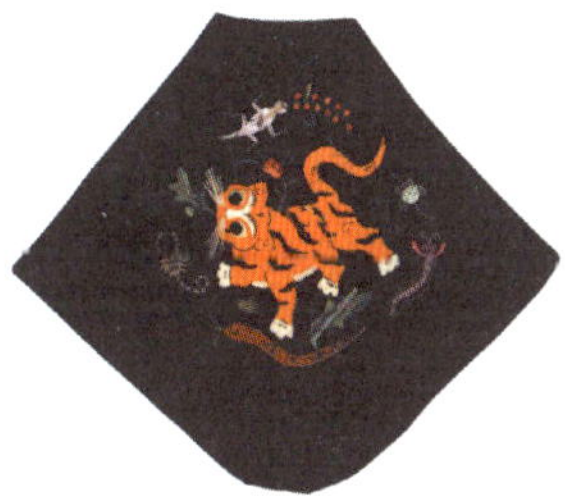

图5-5 艾虎

艾虎不仅是端午节的象征，更是传统礼俗文化的代表，其起源可追溯至南朝，并在历史上经历了不断的演变（图5-5）。艾虎的形态大致分两种：早期版本主要是以艾叶雕剪成虎形，更强调形式和寓意；而后来则以虎形为主、艾叶为辅，结合端午节的避五毒传统，人们认为虎是百兽之王，将五毒置于虎下，有“虎镇五毒”的象征意义。此外，在古代儿童的服饰中，艾虎纹饰也是一种常见的装饰元素。

王的手创团队制作的《艾虎吞五毒》香囊深入挖掘了艾虎作为端午节驱邪保平安象征的特点，通过运用丰富多样的手工艺技法，如大面积刺绣、贴布、打籽绣、盘线绣、毛球装饰、珠绣等，为香囊赋予了多样的视觉效果，同时在布片上印上五毒纹样，内部装填艾草，塑造了艾虎吞噬五毒的生动形象，为传统香囊注入了新的生命力，并以此展现了端午风俗的新面貌（图5-6）。

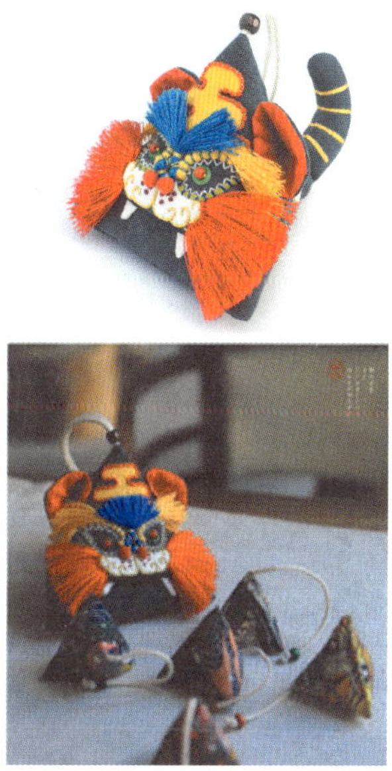

图5-6 《艾虎吞五毒》香囊

妙手回潮团队则推出了两个系列产品。第一个系列《端午新说：对对错错》，灵感源自闻一多的《端午考》，旨在还原端午节的真实历史（图5-7）。为此，他们与嘉兴老字号五芳斋合作，传承了传统粽子的制作工艺，为消费者带来了独特的美食体验。第二个系列《粽行端午新说：四海为家》，则探索了端午文化在全球的传播以及各国对粽子的独特诠释。该系列采用古代通关文牒的风格，融入现代的扁平插画，散发出传统与现代元素相结合的端午文化魅力（图5-8）。

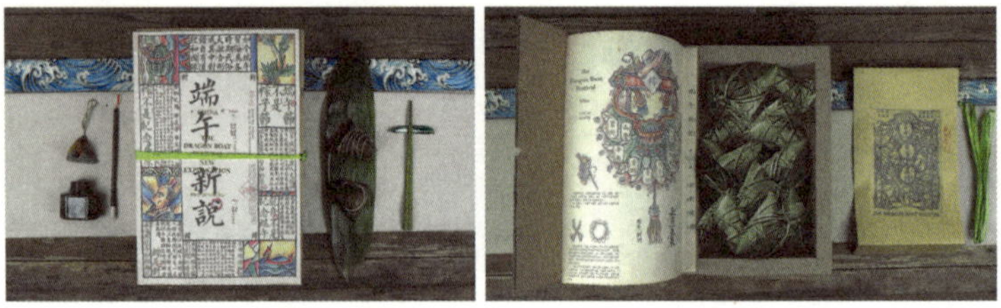

图5-7 《端午新说：对对错错》产品

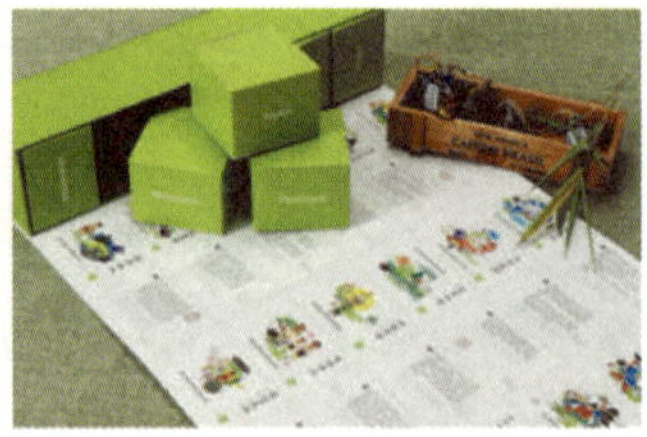

图5-8 《粽行端午新说：四海为家》产品

（四）中秋民俗创新与设计

中秋节，又称秋节、八月节、八月会和仲秋节，是中国的传统佳节，每年在农历八月十五日庆祝。中秋节的传统食品是月饼，其具有深厚的文化意义。明代文献中就有提到："八月十五谓之中秋，民间以月饼相赠，取团圆之意。"这反映了月饼不仅仅是一种食品，更是团圆和文化内涵的象征。

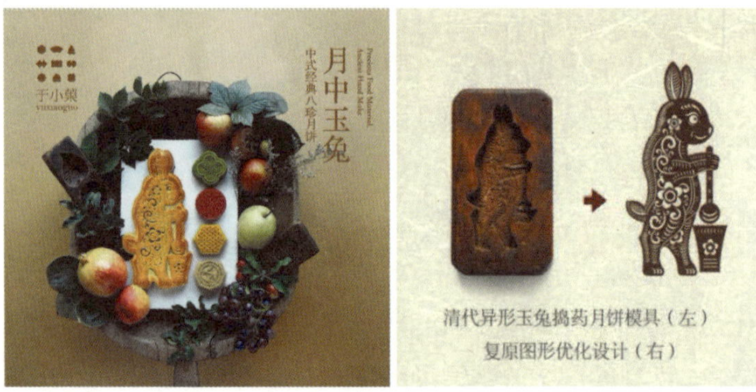

图5-9 《月中玉兔》

于小果的产品《月中玉兔》灵感来源于清代山西地区的玉兔捣药月饼模具（图5-9）。按照传统习俗，山西地区的人们在中秋节期间会赠送玉兔形状的月饼给儿童，以此寓意孩子聪明可爱如玉兔。这款月饼套盒配有四块精选的吉祥纹样月饼，包括吉祥如意、连中三元、平步青云和三兔皎月，并采用了不同的色彩搭配。

自然造物设计团队则与本地本物团队紧密合作，深入挖掘新疆墨玉县的地域文化。他们创新地将新疆特色的切糕与传统月饼结合，推出了"西疆月"中秋礼品（图5-10）。这款礼品的外包装是红色手提袋，上面醒目地印有维吾尔族书法家创作的"我从新疆来"作品。礼品内含切糕月饼、花瓣盒以及印有维吾尔文书法祝福语的特制海报。为了进一步推广中秋节和新疆的地域文化，自然造物还联合墨研社、字魔营、方正字库和赏未等机构，邀请多位设计师共同设计了四十多张特色海报。这款产品不仅在市场上受到了热烈的欢迎，还成功地将新疆独特的文化和风俗传播到了全国各地。

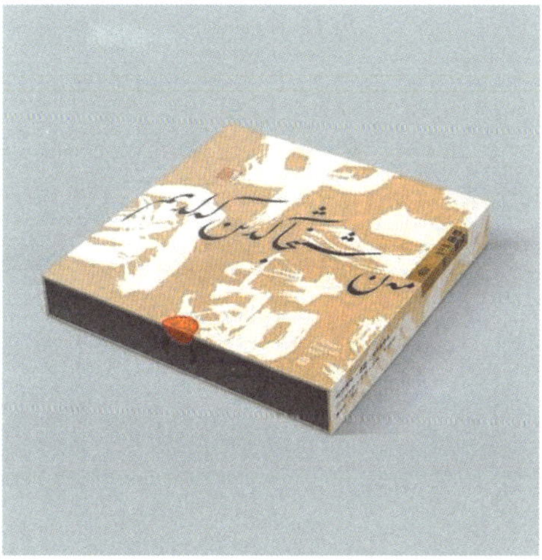
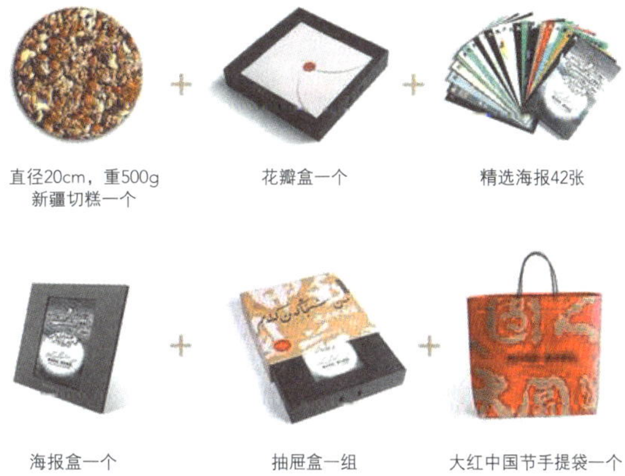

图5-10 “西疆月”中秋礼品

二、婚庆民俗创新与设计

婚礼作为生命中的重要仪式，总是伴有充满吉祥寓意的物品，其中包括婚礼服装和婚庆家纺。在历史的每个时期，新人们都会选择当时最具代表性的服装来庆祝这一特殊时刻。婚礼服装不仅展示了新人的风采，更承载了深厚的文化内涵和祝福，为婚礼增添了欢庆的氛围。现代新娘倾向于选择中式婚礼风格，而中式婚礼服装，尤其是那些融合了精湛绣工的传统服饰越来越受到青睐。

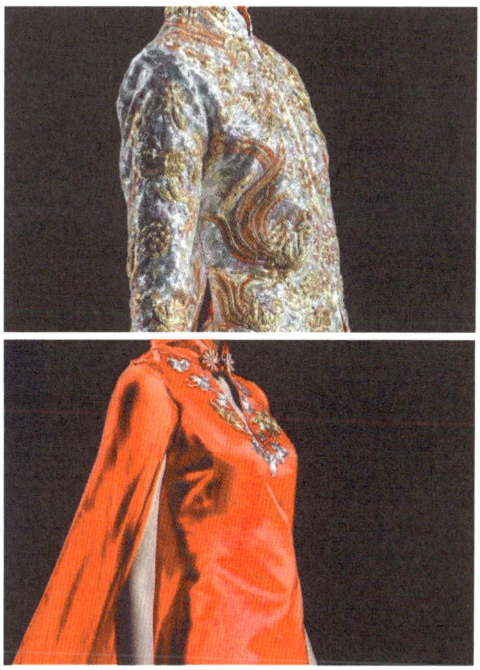

图5-11 广绣

粤绣，作为中国四大名绣之一，包括了广绣和潮绣，与苏绣、湘绣、蜀绣一起被誉为中华绣艺的瑰宝（图5-11）。然而，自20世纪90年代以来，广绣工艺逐渐失传。为了保护和传承这一宝贵的非物质文化遗产，广绣区级传承人陈乔举行了“岭南文化——非遗广绣嫁衣”发布会，其中包括经典广绣裙褂、旗袍系列以及现代晚礼服系列，这些服饰均融入了岭南传统的钉金绣工艺。这一独特的绣法巧妙地使用金银线和彩色绣线，在真丝绸缎上呈现出富有立体感的多彩图案，达到保护和传承这一非遗工艺的目的。

潮州珠绣是一种独特的刺绣技艺，主要使用各种珠子和宝石，通过特定的针法在纺织品上刺绣各种图案（图5-12）。这种绣法也被称为珠片绣，以珠光闪烁、色彩鲜明、立体感强和浮雕效果而著称。传统的珠绣主要以图腾和吉祥符号为主，强调静态平面装饰。现代珠绣则展现出更多元的特点，不再受限于传统图案，大胆采用各种新颖元素和组合方式，呈现出更自由和随机的装饰效果。现代珠绣还融合了其他工艺，如印染和绳编，将不同装饰形式结合在一起，使其在色彩、光影和立体性方面更加丰富。这种创新使珠绣呈现出鲜明的个性化特点，将传统与现代完美融合，展现了设计师的情感以及丰富的文化内涵。

随着时代的进步，现代消费者更加注重文化和精神价值，对婚庆家纺的期望不仅限于传统形式，更加注重家纺用品的现代审美。许多中式婚庆家纺产品在延续传统吉祥图案的前提下，努力在传统和现代之间找到平衡，使其既有文化底蕴，又具有时尚感（图5-13）。

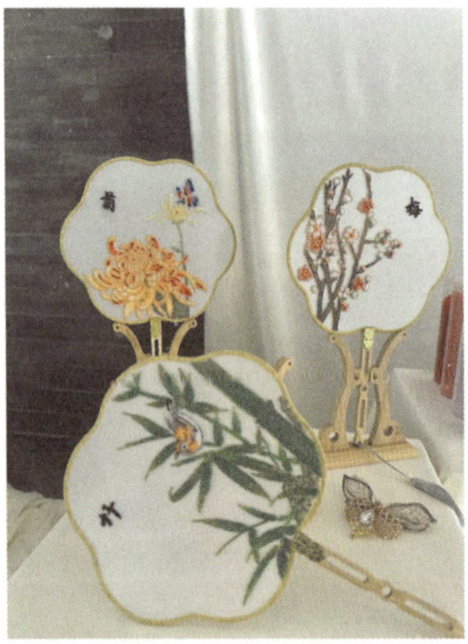

图5-12　潮州珠绣

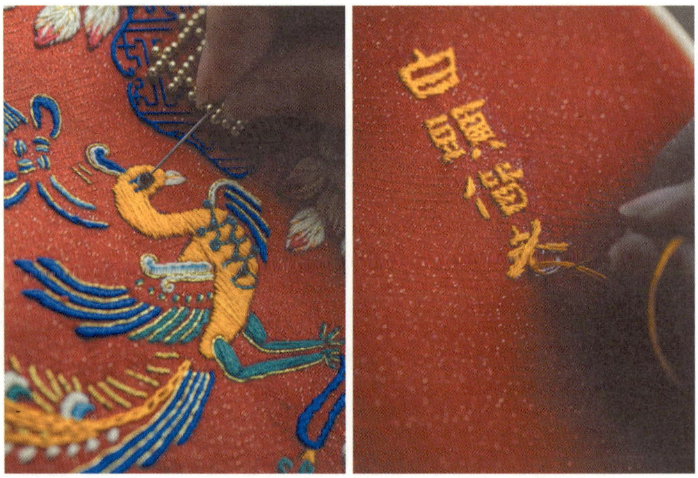

图5-13　婚庆家纺

三、民间信俗文化创新与设计

在宗庙林立、信仰对象众多的民俗活动中，中国先民们创造了神秘而神奇的神明世界，形成了深厚的祭祀信仰与精神追求，这些活动逐渐演变为与民族信仰、节令和时令相关的纪念、祭祀、祈祷等仪式，为民间艺术提供了丰富的创作素材，使民间信俗成为艺术创作中常见的主题之一。

民间信俗的物质载体可以分为三大类：其一是造型艺术，如寺庙建筑、神像和祭祀器具等，因为民间信仰活动需要有形的对象来进行交流；其二是语言艺术，包括各种故事传说和音乐，这些故事传说增加了信仰的传播性和亲和力；其三是信仰活动本身，比如歌舞和祭祀仪式，这些活动是民间信俗的核心。随着时代的演变，这些民俗活动不仅得以保留演进，以适应时代的需求，而且许多信仰逐渐注重娱人而非仅仅崇神，审美意义不断加强。

在民间艺术的视觉表达方面，也发生了显著的变化。设计师们开始打破传统的设计规则，创新民间信俗的造型表现方式。在全球化的今天，设计师们不仅追求形式上的独特性，还更加关注文化内涵。为了找到自己的创作理念，他们回归传统文化，特别是富有东方美学价值的信俗文化，通过创新设计，将传统文化与现代元素相结合，以保持其活力。

此外，设计师们还考虑到传统艺术的审美趣味和地方信仰的心理暗示，并将这些元素融入创作中，创造出具有深厚文化内涵的作品。在这一过程中，民间信俗的审美标准和表现方式深刻影响了当代民间艺术。例如，以信俗文化为题材的传奇故事、绘画、戏曲和民间美术等艺术作品，反映了当时的审美标准和流行的艺术形式。

总体而言，民间信俗的创新设计必须坚守传统，并在保留一些传统特质的基础上进行创新，如果脱离传统而只凭想象创作，可能会失去信俗文化的特色，因此，坚持传统继承性原则是非常重要的。

陕西布堆画品牌布韵新生NFT形象设计便是这种创新的一个例证。陕西布堆画与陕北当地人民的生活习俗紧密相关，是黄土文化、黄河文化的交融。布堆画的造型放荡不羁、随性自然。作者提取了传统布堆画中人物、动物、植物等典型造型元素，并进行简化、抽象和变形处理，使其更符合现代审美和设计需求（图5-14）。例如，将传统的抓髻娃娃图案进行简化，突出其可爱、活泼的特点，应用于文创产品的设计中（图5-15）。通过这样的设计，成功地融合了传统与现代元素，创造出具有深刻文化内涵和视觉冲击力的作品。

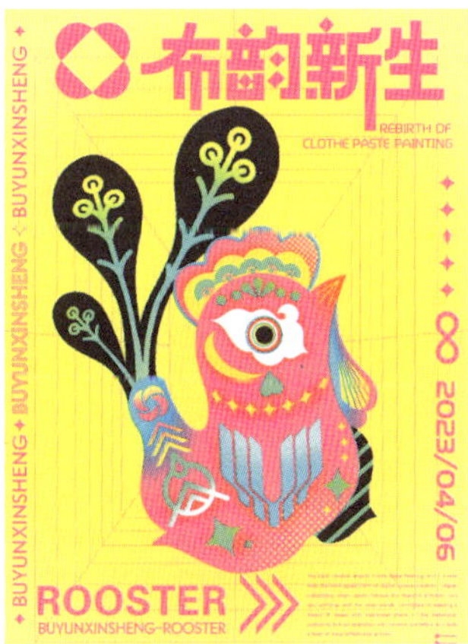

图5-14 布韵新生NFT形象设计（1）

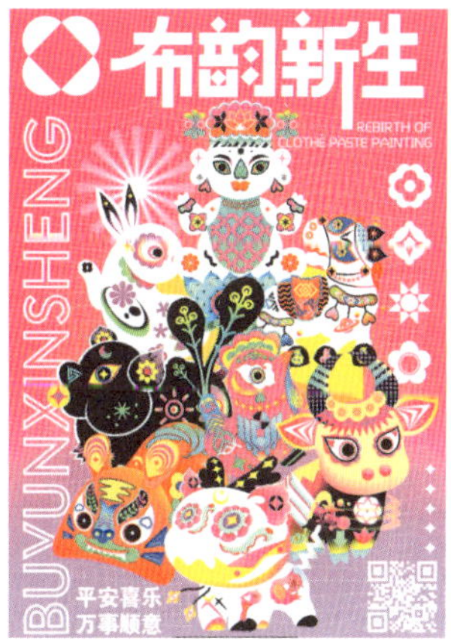

图5-15 布韵新生NFT形象设计（2）

四、礼尚往来民俗创新与设计

中国自古以来便是礼仪之邦，强调礼尚往来。《礼记》中明确指出：“礼尚往来。往而不来，非礼也；来而不往，亦非礼也。”这表明中国人注重互相传递礼物背后的诚意，礼物的意义不仅在于物质价值，更在于表达对他人的尊重和重视，送礼也因此成为一种表达情感的方式，有助于拉近人际关系的距离，促进沟通与合作。然而，在现代社会，随着生活方式的变化，传统的送礼习俗和礼物形式也发生了一定的变化，产生了自我礼物、亲密关系礼物、网络祝福和电子红包等虚拟礼物形式。尽管礼物的形式和表现方式发生了变化，但人们对礼物本质的尊重和维护却依然存在。

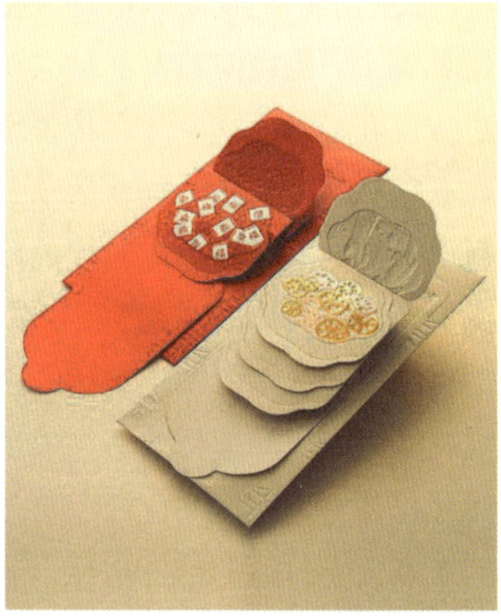

图5-16 新春拜年红包

设计师们也在礼品领域进行了创新。比如，Antalis公司在2021年将传统的红包进行了创新设计，采用立体纸艺和多种印刷工艺，使红包的打开方式更加有趣（图5-16）。潮汕地区的传统春盛礼篮虽然在现代社会中很少使用，但它仍然是潮汕文化和吉祥寓意的典型代表（图5-17）。设计师们从春盛礼篮中汲取灵感，进行了创新设计，简化了尺寸并更新了装饰图案，以适应现代生活。此外，他们还推出了春盛礼篮的冰箱贴，既继承了传统造型，又增加了实用功能，以适应现代城市生活。这些创新表明，礼物的形式和含义可能会随时间而发生变化，但礼仪和情感的核心价值永不过时。

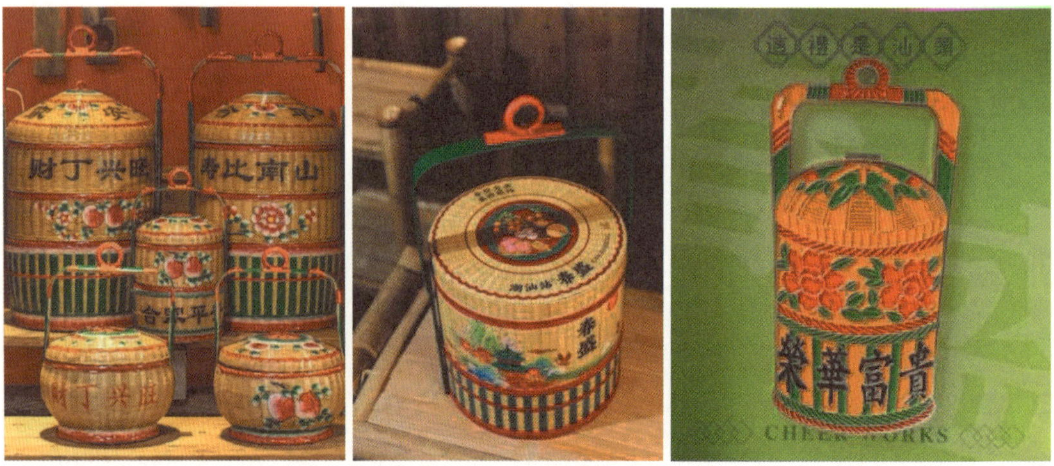

图5-17 春盛礼篮相关产品

五、生命关怀民俗创新与设计

一个人从出生到死去，都离不开民间艺术的陪伴。例如在潮汕地区，从婴儿在母亲腹中开始，便有人开始为其缝制出生时用到的肚兜、虎头鞋，满月时亲朋好友送的百家衣，成年出花园时家人准备的红木屐，娶亲出嫁时的聘礼嫁妆，直到驾鹤西去时在火光中燃尽的纸马，传统民间艺术将人的出生与死亡串联了起来，这一生中所伴随的民间造物承载着生活的美好回忆与浓厚的亲情牵挂。

新生命的降临总是充满着对未来的期待和祝福，与之紧密相关的民间艺术传承了对生命的深切关怀，这种关怀强调在生产和生活中，要遵循和呵护生命成长的天性，理解、尊重和关爱生命，以实现关怀人、发展人、完善人的美好生活追求。这一特质在幼儿的衣物中得到了生动体现。

人们通过各种方式来祈愿和保佑家中幼儿的健康成长。长辈利用针线巧妙地将吉祥如意、趋吉避凶、平安顺遂、子嗣绵延等祝愿化作了幼儿服饰的纹样。肚兜、虎头鞋等服饰，都传达着对孩子未来的期望，这些服饰不仅具有实用功能，还承载着家庭的情感寄托。

其中，帽子在儿童服饰中具有重要地位，能够防风保暖，避免寒冷的侵袭。而虎头帽，以其保暖功能和童趣外观脱颖而出，蕴含了强壮健康的寓意。虎头帽通常由虎头、虎身和虎尾组成，细节之处体现了对立体感的追求，而丰富的色彩则增添了喜庆感。

然而，随着时代的演进，传统的女红手艺已不再普及。为了弘扬传统针线艺术，王的手创与万物生团队合作推出了自绣虎年周岁礼盒（图5-18），为现代母亲提供了亲手制作传统虎年儿童服饰的机会。这个套装包括了所需的材料以及简单的针法教学，使制作过程简单而有趣。母亲亲手制作的礼物不仅具有深厚的祝福和爱意，也是传统文化在现代生活中的有力体现。

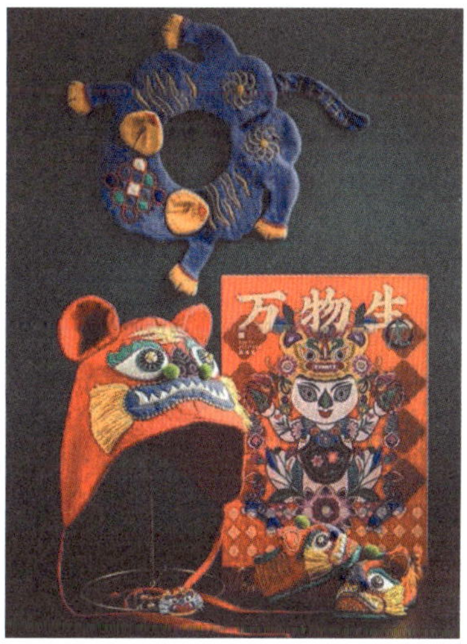

图5-18 虎年周岁礼盒

六、传统戏曲音乐创新与设计

中国戏曲作为世界三大戏剧之一，是我国文化中的瑰宝，其所具有的民族性、地域性、审美性与艺术性等构成了极具文化特色的价值体系。中国的戏曲种类繁多，各地的戏曲都拥有自己深厚的文化底蕴，而其中主要以京剧、越剧、黄梅戏、评剧以及豫剧等中国五大戏曲剧种为主。

（一）京剧创新案例

在京剧艺术的演进历程中，民间艺术一直与其共同繁荣，其中最引人注目的便是京剧的角色表现。在过去一百多年的京剧发展过程中，京剧的角色扮相呈现出了一系列特征，这些特征通过服装来突显和区分不同的戏剧人物形象。例如，在色彩方面，正面和主要角色通常以五种颜色来呈现，包括红、绿、黑、白和黄；而次要角色则常使用深蓝、湖色、粉红、古铜和紫色。在造型方面，方正、厚重的形状通常用来表现正派、忠诚、善良的角色，而尖锐、圆润、小巧、薄弱的形状则用来描绘滑稽可笑或阴险狡诈的反派角色。

京剧人物泥塑在清代晚期已经开始出现，例如故宫博物院收藏的一件泥人玩具，源自京剧《群仙阵》中的银锤花脸角色。到了民国时期，随着京剧在民间的普及，以京剧角色为原型的泥塑玩具变得更加常见。特别是京剧刀马人，通常高约10厘米，主要雕刻为戏曲中持枪执刀的骑兵形象，马身和马蹄由特制的熟泥制成，马腿和兵器则由铁丝或铅丝制成，经过烘烤定型后进行彩绘，还会加上细绳、泥铃铛和红穗等装饰。这些泥塑作品不仅是玩具，更是一种传播中国传统戏曲知识的载体。

近年来，文化创意产品市场变得热门，许多设计师将京剧与民间艺术相结合，为产品赋予了更深的文化内涵。国家京剧院的文化创意产品就是一个例子，它们取材于京剧行头，采用花丝镶嵌工艺，将传统文化与国家级非物质文化遗产的传统制作工艺结合起来（图5-19）。

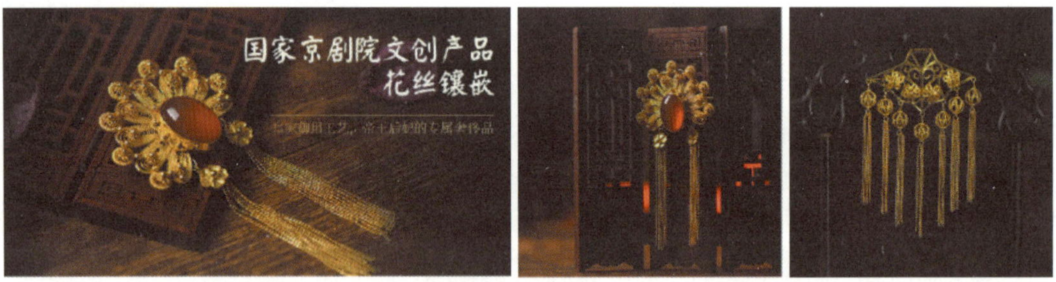

图5-19　文创产品

晨光文具则以京剧中最著名的“生旦净丑”四大行当为灵感来源，重点展示了每个行当的眼部妆容（图5-20）。他们将现代几何设计语言与京剧传统纹样相融合，提取出代表色，如机智蓝、美人粉、霸气棕和趣味绿，这些颜色分别代表了诸葛亮的智慧、虞姬的柔情、项羽的威风和蒋干的幽默，以一种时尚的方式展现了传统京剧的深厚底蕴。通过这样的创新，京剧的艺术魅力得以在当代文化中绽放新的光彩，获得了更多年轻一代的关注和喜爱。

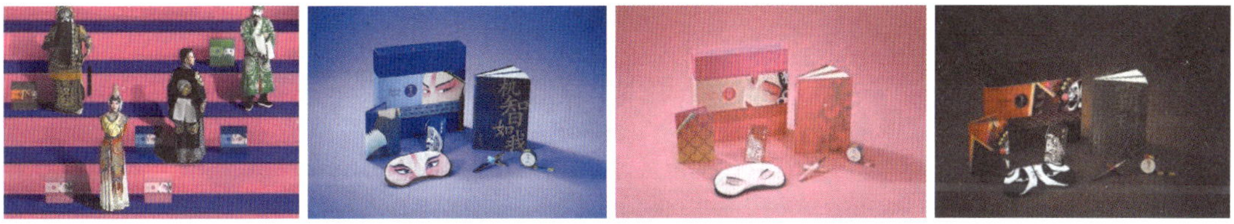

图5-20 “生旦净丑”文具

（二）越剧创新案例

越剧，又称绍兴戏，是中国的第二大剧种，以其抒情的性质、婉转的声腔和清新的剧种风格而著称。它起源于嵊州的说唱艺术，已成为中国传统戏剧中独一无二的表现形式。越剧于2006年被列入首批国家级非物质文化遗产名录。

与前文提到的京剧相比，越剧更注重抒情表达，以歌唱为主，具有唯美和典雅的特点，充满了江南风情。它常常演绎才子佳人等题材，强调演员通过面部表情、唱腔等方式来传达角色的情感，需要深刻的情感投入，以描绘角色内心的细腻情感和心理变化。这为演员提供了广阔的创作空间，使他们能够呈现出生动和可爱的角色形象，而不是僵化的脸谱化形象。

越剧的戏衣受到古代仕女画的启发，特别是旦角的服装。上衣常有圆领、斜领和对开领，袖子分为使用水袖和不使用水袖的两种风格。裙子通常采用百褶式设计，系在上衣外面，有时还加上短式腰裙。此外，各种装饰性配饰也很常见。在颜色方面，越剧服装偏向淡雅的间色，与京剧使用的上下五色形成鲜明对比。纹样装饰比较简约，采用边花、角花和暗花，与京剧浓烈的装饰风格截然不同。材料上，越剧服装通常采用轻盈柔美的面料，如绸和绉缎，避免使用反光强烈的缎子。

越剧深受年轻人喜爱，甚至在《王者荣耀》等英雄竞技手游中也有越剧元素的应用，例如以越剧《梁祝》为灵感的上官婉儿游戏角色（图5-21）。在越剧中，梁山伯这一角色通常由女性演员扮演，这也是越剧“女班”的独特之处。设计师以越剧服装的典型面料和色彩为灵感进行设计，注重材料和色彩的和谐多样性。角色的面部化妆采用蝴蝶妆，以双眼为翼，眉心为躯，身着青色的越剧戏服。

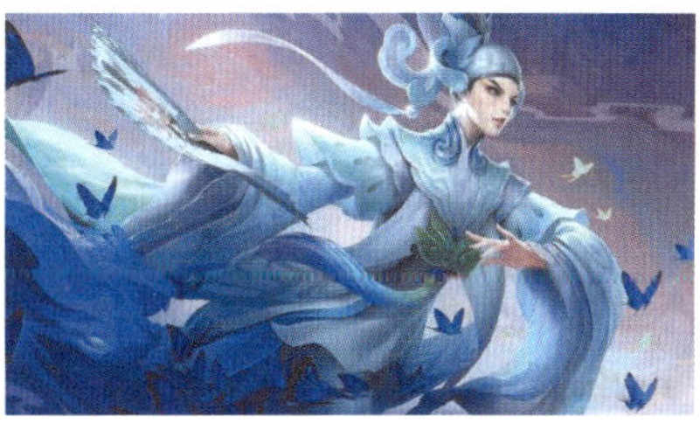

图5-21 上官婉儿游戏角色

江南大学设计团队以越剧《柳毅传书》中的经典唱段为基础，运用格式塔理论进行分析，总结了唱段规律，并设计了视觉图形，提取了听觉符号的素材，结合现代技术，创作出与越剧相关的音乐相册和动态壁纸（图5-22）。

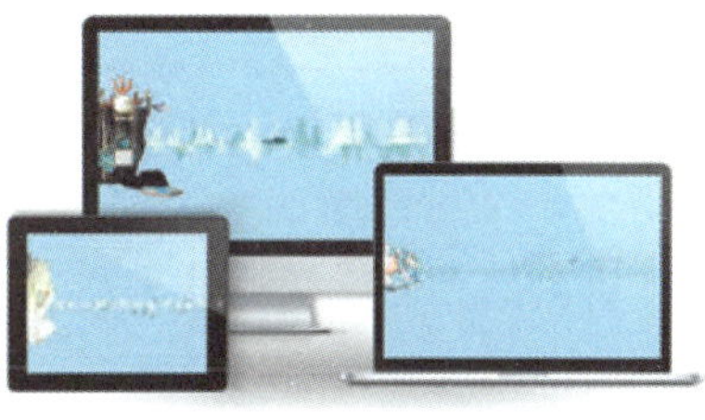

图5-22 动态壁纸

（三）黄梅戏创新案例

黄梅戏，又称采茶戏或黄梅调，是中国五大戏曲剧种之一，2006年被列入国家级非物质文化遗产名录。其服饰和化妆艺术是地域文化的瑰宝，保留了吴楚地区民间服装的特色。黄梅戏服饰包括蟒、衣、帔、靠、褶等五类，造型优雅，色彩儒雅清丽，适合舞蹈表演。

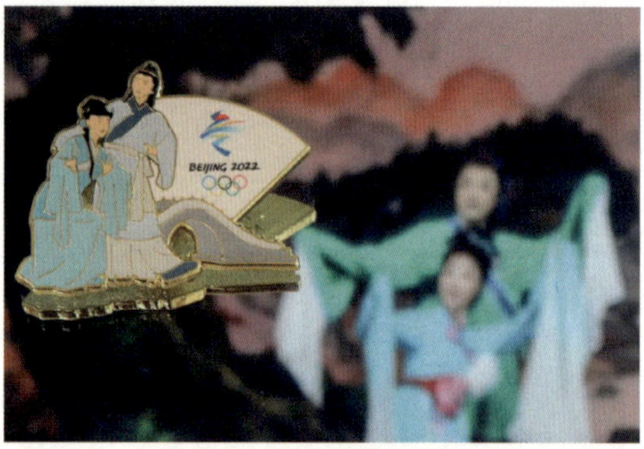

图5-23　《天仙配》徽章

化妆造型分为妆面和头面两部分。妆面摆脱了传统束缚，创造出清新淡雅的风格，早期的妆面相对简单，使用铅粉、桃红、烟子等进行妆饰。随着舞台效果的要求提高，妆面逐渐丰富，主要通过眉眼来区分不同角色行当，如老生、武生、老旦、丑角等。不同的眉形展现了不同角色的性格特点。

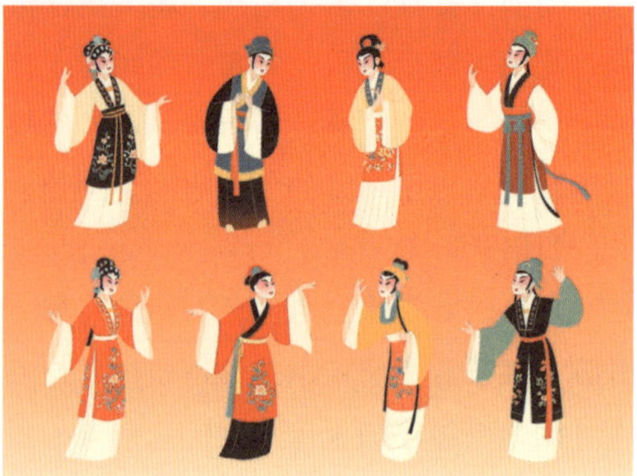

图5-24　《黄梅戏文创——荞麦记》

头面用于塑造角色形象，分为硬头面、软头面、发饰和花饰四类。例如，《罗帕记》中的陈赛金头戴点翠头面显示了富贵身份，《荞麦记》中的王夫人头戴黄皱布暗示了人物的境遇，而《天仙配》中的七仙女吕字鬟的发式结合了古代背景。戏曲头面在表演中十分重要，能够生动地呈现角色形象。

黄梅戏戏曲艺术融合了叙事性、戏曲扮相、唱腔等多个元素，创造了戏剧性的表演。奥运戏曲徽章就使用了黄梅戏经典曲目《天仙配》中的人物形象（图5-23）。

云南师范大学学生作品《黄梅戏文创——荞麦记》提取了黄梅戏中典型角色的服饰和动作元素，通过文创方式展示了作品背后的民间故事，让观众更深入地了解黄梅戏戏曲艺术的魅力（图5-24）。

（四）评剧创新案例

评剧是一种融合了冀东乡村文化和都市文化的戏曲剧种，它既保留了浓厚的乡村文化特色，又受到唐山、天津、北京和上海等地的影响，呈现出城乡结合的独特艺术氛围。评剧的多元文化交流丰富了其思想和审美表达，使它能够满足广大观众的需求，从而跻身中国五大戏曲剧种之一。

评剧服饰充满了精美的图案，这些图案源自传统服饰和建筑，融入评剧服饰中，形成了独具特色的纹样。这些纹样已经在民间持续传承，成为美化生活的一部分，并通过提炼和再现，进一步突显了中国戏曲的独特魅力。

评剧服饰的特征主要体现在两个方面：首先，服饰设计强调夸张和创新，使服饰在表演中能够体现角色特点。例如，宽大的服装和水袖都有助于表现人物的形象和情感。其次，服饰的不同类型代表了不同角色的身份和地位。评剧服装分为蟒、靠、帔、褶、衣等五大类，适用于不同的人物，这样的设计使观众能够更容易地辨别不同角色。

评剧服饰的另一个显著特点是它不受时代和季节的限制，适用于各种戏剧演出，无论何时何地。演员需要通过形体动作来展现服饰，所以他们在着戏装前都要穿水衣和戴护领，以保护服饰和肌肤，这与传统服装穿戴的观念相契合。

评剧具有独特的历史文化和艺术价值，文创产品可以以评剧为素材，提炼其典型元素，深入探索其文化内涵和现代价值，增加产品附加值，结合现代审美和地域文化，推动文创产品的研究和发展，打造具有实用性、独特性和稀缺性的文创产品，以形成评剧的非遗品牌，吸引游客，促进文化传播和消费。

唐山市青少年宫推出的“冀东三枝花”系列产品，选用评剧《秦香莲》和《花为媒》中的人物形象在平面设计中进行延展（图5-25）。通过解构、提取和重构图案，以艺术化的方式呈现评剧元素，融合传统色彩，创造丰富的视觉效果。同时，华北理工大学的学生则以评剧《花为媒》的人物形象为灵感，将评剧服饰上的花纹融入设计，采用具有民国风格的美术字体，结合波普风格的波点背景，使作品更具设计感和时尚氛围。

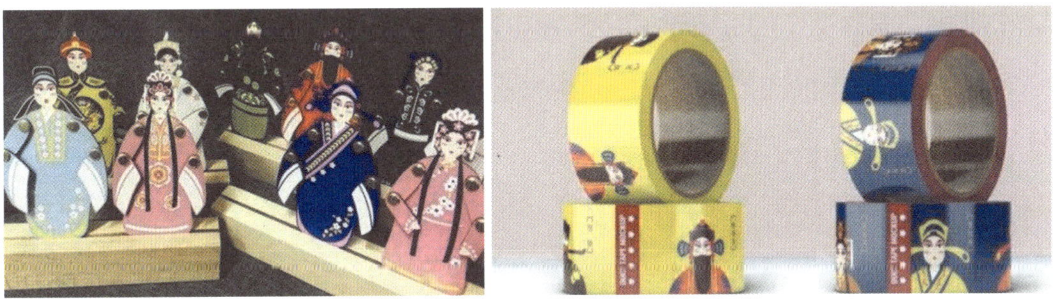

图5-25　“冀东三枝花”系列产品

（五）豫剧创新案例

豫剧是中国传统戏曲，起源于河南省，是梆子声腔剧种中的重要代表之一，备受广大观众喜爱，传承上百年，最早可以追溯到清代乾隆年间。豫剧在发展过程中吸纳了昆腔、吹腔、皮黄腔等不同梆子声腔剧种的艺术元素，同时还广泛融合了河南民间音乐、曲艺说唱和俗曲小令，形成了朴实淳厚、细腻且富有浓厚乡土气息的戏剧特色。2006年，豫剧被国务院批准列入第一批国家级非物质文化遗产名录。

在豫剧中，角色被划分为生、旦、净、丑四个行当，这种行当体系既便于分类，也有助于塑造角色的性格和内涵。豫剧服饰充满了中国传统服饰的特点，具有色彩鲜艳、图案精美和纹样精细的特点。服饰规制严格按照不同人物角色的身份和地位来设定，主要分为蟒、帔、靠、褶四大类。蟒式服装通常穿在皇室贵族和重要官员身上，帔是对襟的便服，靠则是武将的装束，褶是一种长款的斜领衫的便服。豫剧服饰的整体造型呈H形，包括上衣和下裙，具有极高的包容性。脸谱是一种重要的元素，通过油彩、水粉等材料在演员面部描绘出不同人物角色的性格特征，具有多样性、鲜明性和易辨识性。

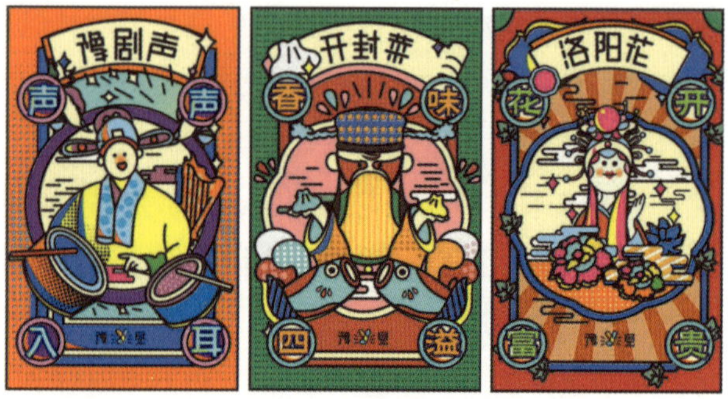

图5-26　豫剧文创设计

为了突出河南地域文化特色，文创设计团队充分发挥波普艺术的风格，结合平涂方式，运用波点、短线等元素来装饰画面。绘制的人物形象皆是河南豫剧中的角色，如老生刘墉、须生包拯以及花旦名家常香玉。设计侧重于凸显豫剧的特点，例如老生刘墉脸谱上的红色印记位于中上部，与京剧的全脸脸谱有所不同。整体画面色彩鲜明，具有视觉冲击力和吸引力，同时配合文字来突出河南特色文化（图5-26）。

随着时间的推移和剧目的不断更新，豫剧也加入了许多现代剧目。郑州地铁的地铁乘车卡和邮票，将传统和现代豫剧剧目放在同一个系列中，以展现豫剧文化的独特魅力（图5-27）。这种设计通过不同的角色形象，生动演绎了豫剧在不同历史和社会背景下的发展，表达了豫剧的丰富历史和多元文化内涵。

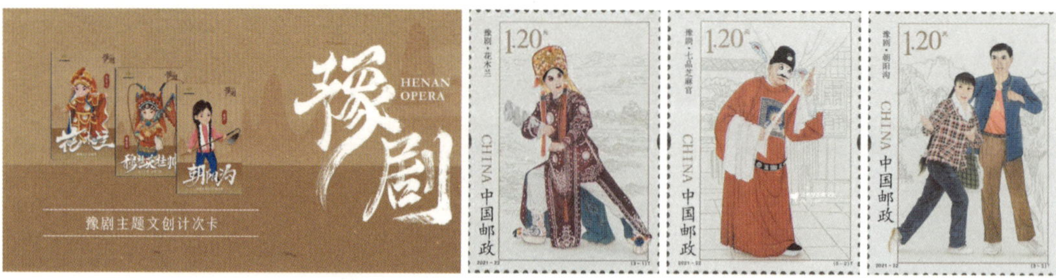

图5-27　郑州地铁的地铁乘车卡和邮票

（六）闽剧创新案例

闽剧代表性的角色行当有“十二角色”，包括老生、武生、小生、花旦、青衣、老旦、大花、二花、三花、贴、末、杂等，相当齐全。生行是闽剧中主要角色行当之一，可以分为年幼的童生、年轻的小生、儒雅的正生、擅武的武生、年老的老生以及次要的贴生等；旦为女性角色的统称，分为端庄的正旦、多彩的花旦、擅武的武旦、年老的老旦、次要的贴旦、淫恶的醋旦等；净则分奸险的大花、滑稽的二花以及能武的三花；丑角是闽剧中最重要且最受欢迎的角色之一，分为文三花（文丑）、武三花（武丑），丑角多为反角，性格复杂、滑稽生动。

闽剧的剧本多取材于福建本地的民间故事，以其平民化、世俗化的审美观和浓郁的乡土特色为广大民众所喜闻乐见。比如闽剧《荔枝换绛桃》便是以福州本地的传说为蓝本（图5-28），从名字到故事情节都以“荔枝”“绛桃”为连接点，以全新的画风吸引年轻群体对于古老闽剧爱情故事的关注。

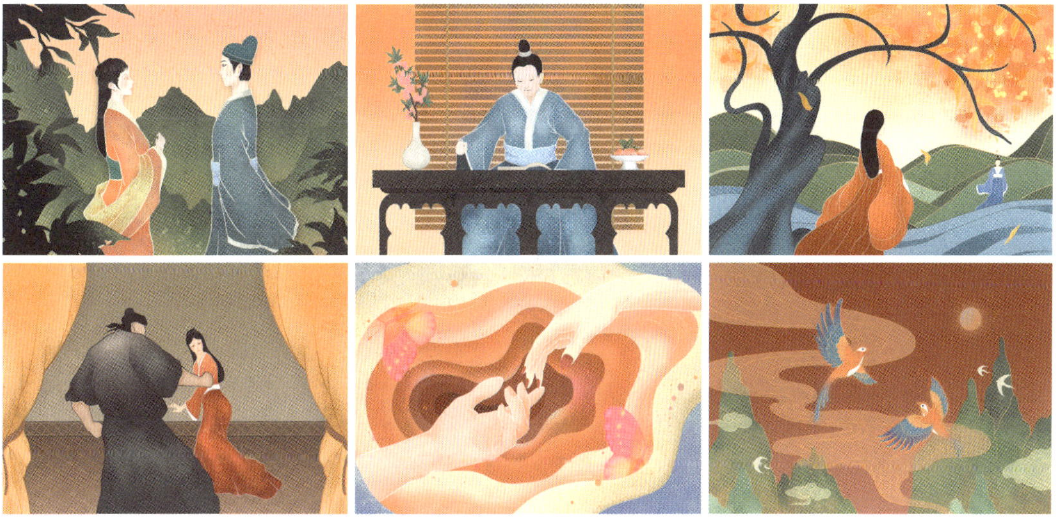

图5-28 《荔枝换绛桃》插画

（七）南音创新案例

南音常见的演奏乐器组合是由琵琶、洞箫、二弦、三弦组成的“上四管”，合奏之美以“和”为贵。南音中的骨干音由琵琶演奏，用洞箫来表现旋律，为骨干音加以装饰，起到润色的作用。南音的唱腔也十分独特，要求“五音六平、起伏顿挫”。在泉州南音工乂谱中则用“乂（读作 chè）、工、六、士、一”五个简单又能表音的特殊字符来记谱，这也是南音独一无二的记谱形式。《南音造影》将南音文化与闽南皮影进行创新性融合，提取出三弦、二弦、琵琶、洞箫以及拍板五种乐器元素来表现南音的视觉特色（图5-29）。

《南音环绕》则是在动画中探讨了现代民间艺术传承中面临的问题，讲述了关于从小生长于闽南红砖古厝南音世家的小男孩，热爱大海与游泳，梦想可以成为一名游泳运动员，但是作为南音传承人的奶奶却很希望小男孩可以学习南音，将这门传统技艺传承下去的故事（图5-30）。

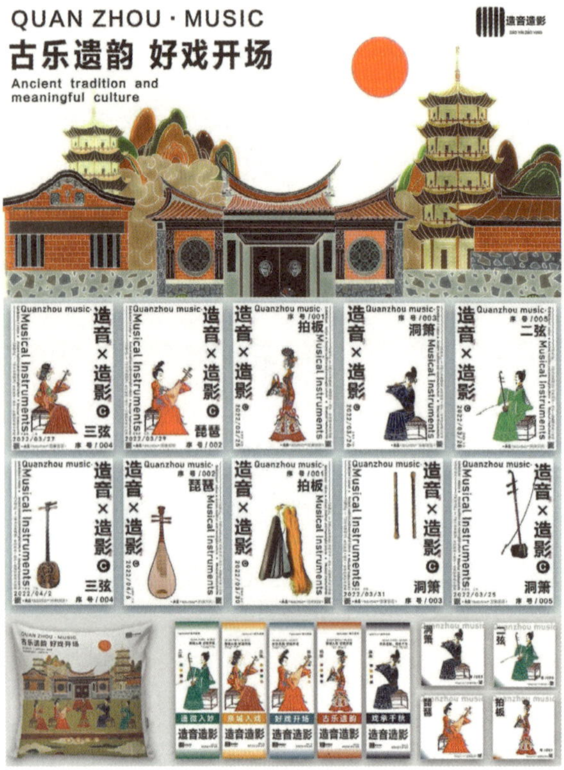

图5-29 《南音造影》

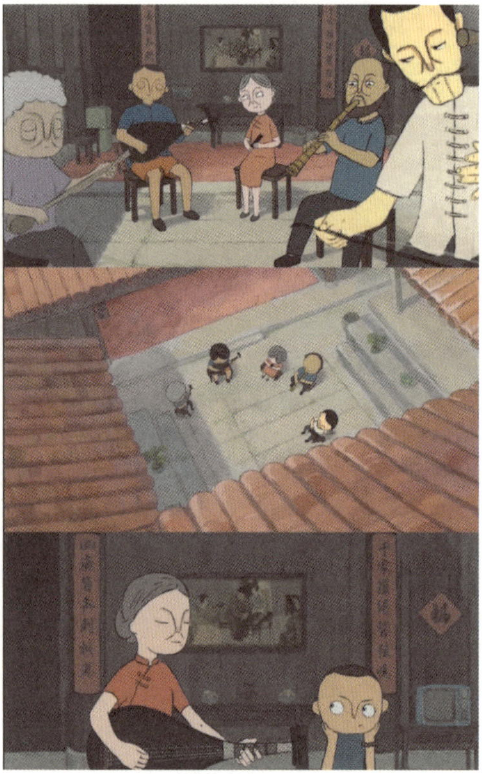

图5-30 《南音环绕》

第二节 | 创意设计方法多元化

随着社会的不断发展和生活水平的提高，人们对产品的期望变得更加多样化，消费者不仅要求产品在实用性方面表现出色，还要求产品在外观上具有美观性和趣味性。将传统民间艺术与创意设计相结合，是丰富创意设计手法的重要途径。有趣的传统艺术设计可以引起消费者的兴趣，同时也符合当代审美价值观，并且能够提供更出色的使用体验，让消费者在使用过程中感到愉悦。这不仅为产品增加了附加价值，还能吸引更多人关注传统民间艺术本身。

一、造型创新与应用

造型设计是创意设计的主要组成部分，影响消费者第一时间的直观感受，其外观的优劣决定了其销售的好坏。消费者在购买创意产品时不仅仅要求产品的尺寸、比例以及样式符合家居生活需求，也要求产品能够给自己的生活带来一定的乐趣。

（一）夸张与诙谐

运用夸张与诙谐的设计手法，让产品的形态在整体或局部上进行强调、扭曲、改变和重组，从而实现从二维到三维的转化。这种方式不仅能够打破人们对传统民间艺术的固有认知，而且能够通过比例和形象上的变化，在带来感官刺激的同时创造有趣而新颖的体验。如传统的虎丘泥塑以“塑真”著称，而宋代虎丘泥人则打破了头身比例的传统，以更夸张有趣的动作呈现戏曲人物，给人带来更多惊喜和幽默的视觉趣味。如图5-31所示，《蜡趣横生》将平面的图腾图案转化为立体的布偶，不仅呈现出天真烂漫、可爱憨厚的形象，而且生动展示了具有代表性的传统蜡染纹样。

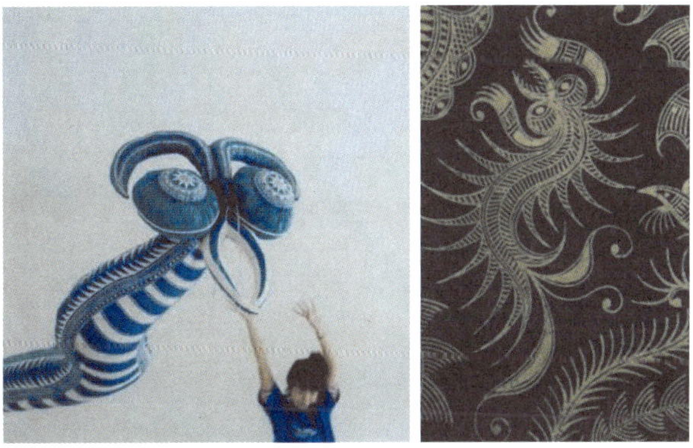

图5-31　蜡趣横生

（二）嫁接与融合

将看似毫不相关或不同类型的元素巧妙地融合在一起，凸显它们之间的内在联系，可以激发出引人注目的创新火花。

日本设计师佐藤大与辻口博启合作打造的巧克力铅笔就是一个很好的例子。作品将铅笔与蛋糕结合在一起，利用铅笔可削出碎屑的特点，将巧克力制成铅笔的形状，然后使用铅笔刨将其削成碎屑，作为巧克力蛋糕的装饰（图5-32）。另一个例子是服装设计师孙小峰创立的男装品牌Sean Suen（图5-33），在2023年秋冬时装秀上展示了作品“空谷回响”。该作品以中国彝族传统服饰为灵感，借鉴了彝族传统羊毛披毡的廓形设计大衣，在面料上选择更符合现代街头风格的牛仔涂层布料；而彝族传统用于挂战刀的肩带被重新设计为

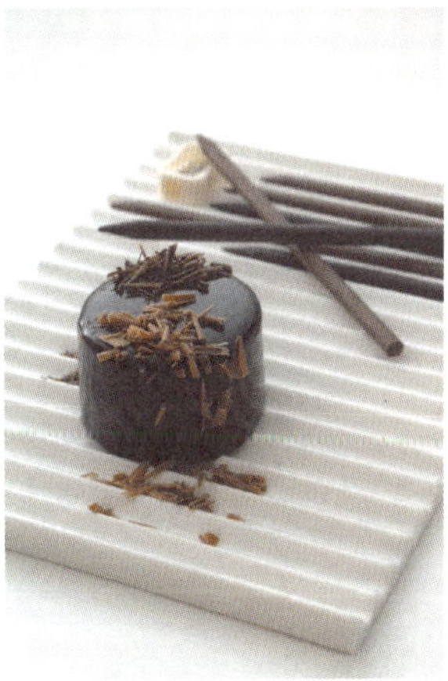

图5-32　巧克力铅笔

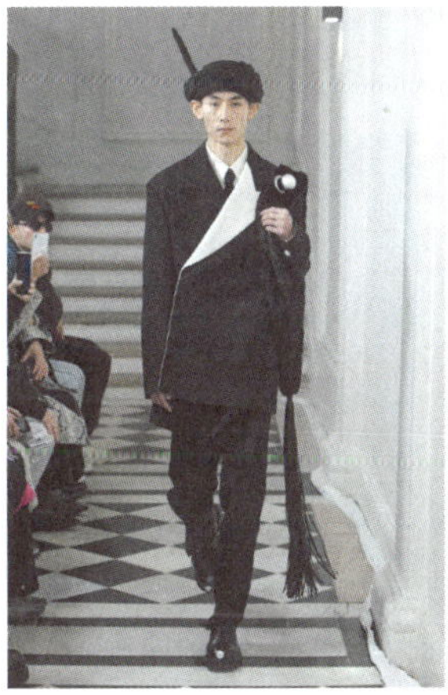

图5-33　Sean Suen 服装作品

背包的肩带，彝族常用的银饰也巧妙地融入服装设计中。这些创意的组合将传统与现代相结合，呈现出新颖而独特的风格。

（三）提取与仿生

将民间艺术中的相关元素进行提取与仿生，使其以更加具有亲和力、更加圆润的可爱形象呈现，可以吸引消费者的注意力，并能有效拉近产品与人的距离，展现出轻快、童真、有趣的形象风格，打破机械、呆板的流水线产品所带来的视觉厌倦感与疲劳感。Wooderful Life品牌的木陀螺便将作品造型进行仿生，使造型更加可爱，且附加的底座还能使陀螺在闲置时成为摆件（图5-34）。

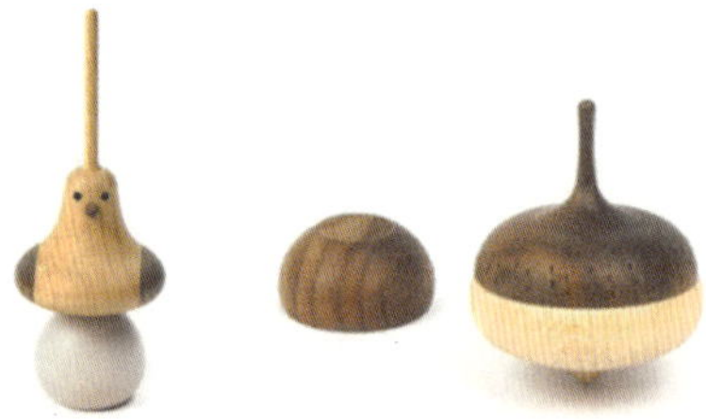

图5-34　Wooderful Life品牌的木陀螺摆件

1. 具象仿生

具象仿生是指直接模仿或再现被模仿对象的形态，力求以具象物体的颜色、形状或肌理等特征来实现惟妙惟肖的效果。

在民间艺术中，具象仿生是一种较为常见的创作方式。如图5-35所示，作品采用竹篮编织工艺进行了具象仿生设计。这些作品将传统的竹篮编织工艺重新构思，将其应用于装饰品的挂件或展品制作中，通过改变传统手工艺品的用途，激发出了新的市场潜力。

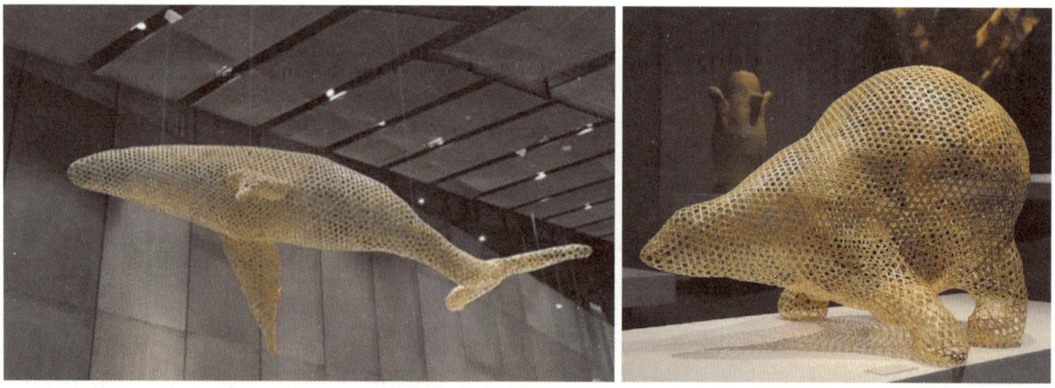

图5-35　广州美术学院作品《大愚》《北极熊》

2. 抽象仿生

抽象仿生与具象仿生有所不同，它不强调再现生物的特征，更着重于提炼和抽象。在抽象仿生中，设计师会提取生物特征中的代表性元素，以抽象的几何语言来表达，通过不同设计语言的修饰和变形来体现出生物的本质特征。

如茶几作品《涟漪》，设计师从雨滴滴落水面引起的圆形涟漪中提取了特点，采用自然意象的抽象立体化表达，运用了传统中式榫卯工艺，将独立的涟漪托盘相互交错组合起来（图5-36）。作品不仅带来了清新的自然韵味，还大胆融合了东方传统工艺与现代设计手法，呈现出更时尚的中式家具风格。

3. 意象仿生

意象仿生是一种更为抽象的设计方法，这种设计方法将真实的自然景观转化为有意义的美学形式，通过清晰流畅的线条和高度主观的色彩组合展示自然的魅力和万物的灵性，在传达设计师想要传达的精神的同时为观众留下更多的想象空间。例如，“枯藤老树昏鸦”可以在意象上营造出孤独和凄凉的感觉。意象仿生将人类的理解和想象连接起来，并通过形式、颜色和线条的组合设计来传达文化内涵。

以《雄魂》这件编织作品为例，这座由竹篾编织的“山”代表着来自华夏大地的雄魂，由无数先烈的热血滋养（图5-37）。将柔韧的竹篾以传统的六角纹编织手法编织在一起，加上烟雾装置，营造出坚韧的竹山破开迷雾，引出一道亮光的视觉效果，喻示了中国共产党为苦难深重的旧中国人民指明了解放之路。

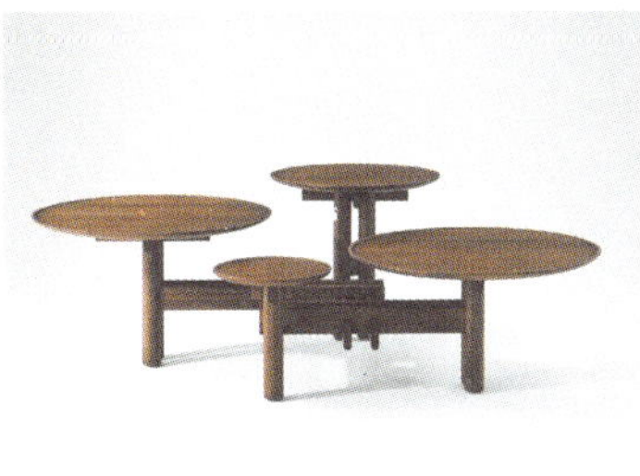

图5-36 《涟漪》茶几

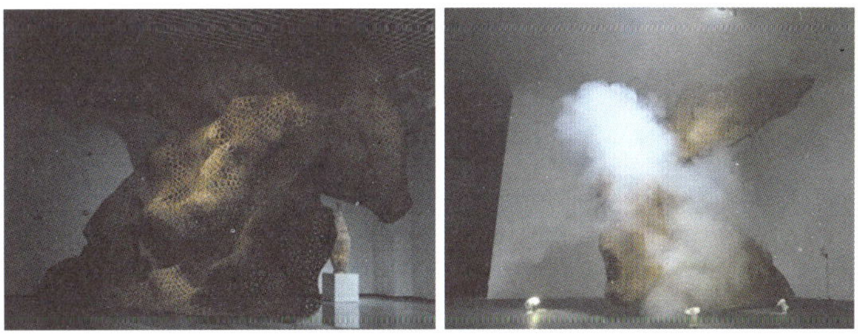

图5-37 《雄魂》

（四）形式创新与表达

要使民间艺术的造型重新引起人们的兴趣，需要运用不同形式的设计语言来表现这些造型，即使这些造型可能已经脱离了现代审美标准，但通过不同的表达方式也可以使它们焕发新的生机。

个性化表现是一些手艺人、设计师的创作方式，他们不满足于仅仅制作一般的样式，而是将个人风格和观念融入民间艺术中，并通过创意手法将其可视化呈现。个性化表现手法的发展是一个不断探索的过程，需要通过不断的实践和创新逐渐掌握。同时，它也受到一系列客观因素的影响，包括创作者的发展历程、受众需求以及可用技术等。

隐喻化表达是一种具有创造性和独特性的创作方式。许多传统造型在民间艺术中都隐含着特定的含义。例如，牡丹花象征着富贵，经过长期的文化沉淀和情感验证，这一含义在人们的日常生活中已经根深蒂固。

在冬奥文化活动中，银匠大师潘仕学与剪纸艺术家、冬奥非遗代言人蒋红麟合作设计了一款蝴蝶妈妈项圈，其设计旨在传达“万物有灵，生息与共”的深层寓意（图5-38）。其中苗族祖先蝴蝶妈妈的形象就源自黔东南苗族神话传说《苗族古歌》。

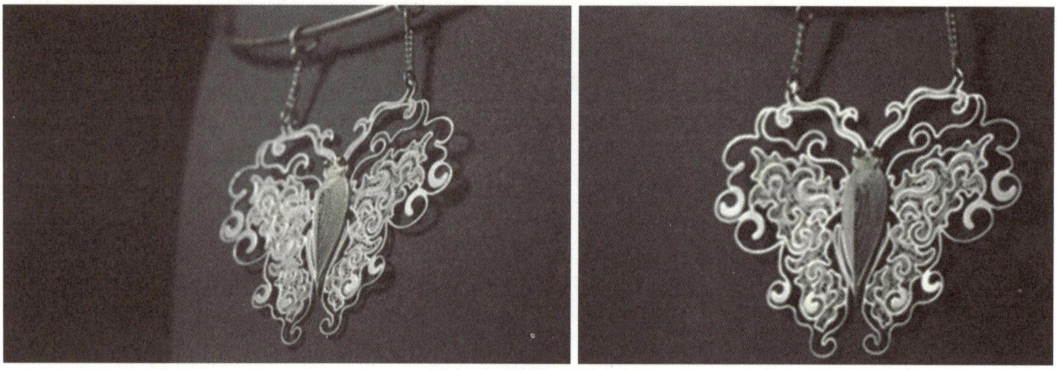

图5-38　蝴蝶妈妈项圈

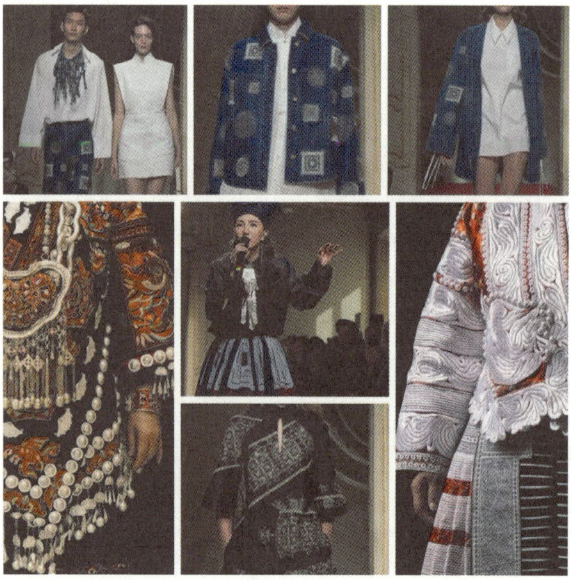

图5-39　深圳品牌HUI的服饰作品

深圳品牌HUI将常见于苗族妇女服饰中的蜡染纹样转化为刺绣图案，运用这些纹样展现中国传统文化的深刻内涵。如图5-39所示，将“蝴蝶妈妈”的刺绣图案与现代服饰设计语言相结合，这一创作不仅以隐喻的方式传达了苗族传统生殖和繁衍文化，还表达了对现代女性力量的认同和肯定。

二、色彩创新与应用

民间艺术的色彩丰富多样。不同色彩的民间艺术各具魅力与特色，传统与现代色彩的碰撞更是在视觉上增加了民间艺术的趣味性与冲击力。

（一）冲击与碰撞

在色彩的运用上，利用人们追求新奇刺激的心理，使用高纯度、高饱和度的配色可使民间艺术给人以强烈的视觉冲击力，并在第一时间抓住人们的眼球，拉近民间艺术与当代人之间的距离。例如为桃花坞年画开发的文创品牌“桃花风物”，秉承着“不摹古却饱浸东方品味，不拟洋又焕发时代精神”的理念，试图用现代化的设计方法拉近年画与当代人之间的距离，让年画能够重新回归人们的生活（图5-40）。“桃花风物”充分运用桃花坞木版年画中丰满绚丽的色彩，再借助几何纹样的艺术表达方式使画面更加现代化。

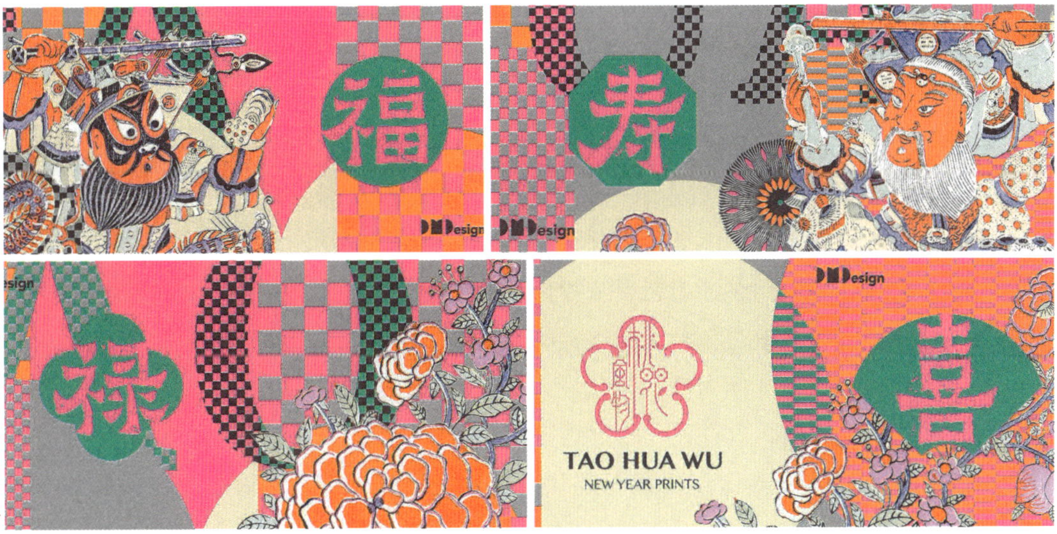

图5-40 “桃花风物”文创设计

（二）协调与柔和

在设计中，我们常常追求高饱和度的色彩，因其能在短时间内吸引观者的眼球。然而，我们也应该认识到，过高的饱和度可能导致视觉疲劳，使产品难以长时间保持吸引力。相比之下，低饱和度的颜色更具持久性和耐看性，同时能够赋予产品柔和亲切的气质。在民间艺术作品中，普遍采用低纯度、低饱和度的色彩，巧妙运用同色系或相近色进行搭配，保持了色彩的适中比例，从而确保了观者的视觉舒适感（图5-41）。因此，在追求吸引力的同时，我们也要注重色彩的协调运用，以创造更加舒适、耐看的设计作品。

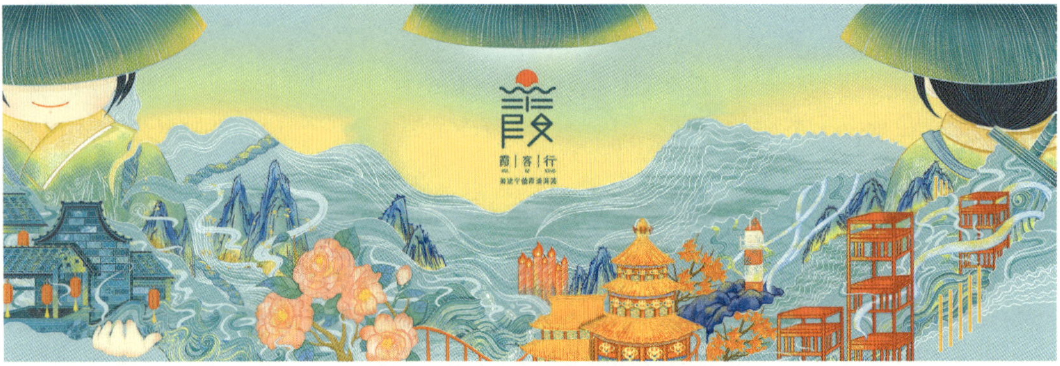

图5-41　国潮插画（李楠）

（三）传承与融合

民间艺术中的色彩承载着一个民族的审美观念和文化价值，在数千年的历史中，这些色彩也在不断变化，以满足人们在不同时期不同层面的需求。色彩不仅仅是一种物理现象，更是一种文化现象，进入现代社会，新旧文化观念碰撞，人们对色彩的偏好也发生了显著的变化。

随着时代的发展、科技的进步以及设计师的介入，一些民间艺术的色彩变得更加丰富多彩。从后周世宗的“雨过天青”到曹雪芹的“怡红快绿”，再到每年不断更新的“潘通（Pantone）流行色”，人们似乎永不疲倦地追求新颜色，因为新颜色带来的是全新的感觉和体验。当人们逐渐习惯了某种传统的民间艺术色彩或者常用的色彩时，很容易陷入一种千篇一律、缺乏新鲜感的视觉印象之中。因此，将传统色彩与现代色彩相融合，实现当代化的新生，成为众多当代设计师努力探索的方向（图5-42）。这种融合不仅带来了新的视觉体验，也在设计中展现了历史传承与时代共鸣的平衡。因此，对于设计者而言，在创作中灵活运用传统与现代的色彩，是创作独特而有深度的作品的重要手段。

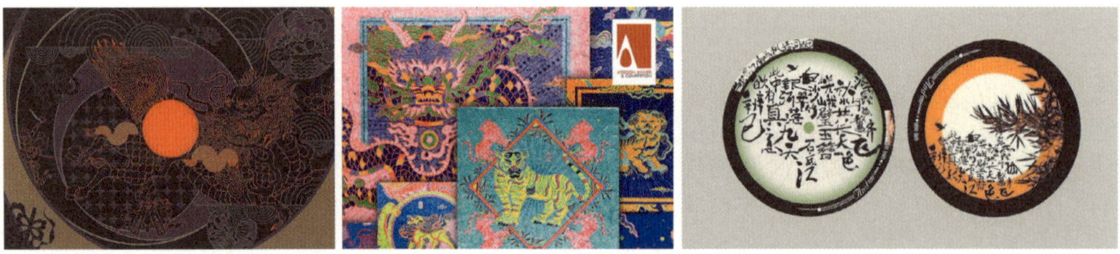

图5-42　色彩融合

（四）情感与张力

鲁道夫·阿恩海姆曾明确指出：“色彩能够表达情感，这是一个无可辩驳的事实。”民间艺术中的色彩不仅仅是视觉元素，更是一种情感的承载体，源自现实生活并受到心理认知的影响，具有强烈的主观性。色彩有着传达创作者思想、触发观众情感的力量，因此民间艺术创作者或通过各种色彩迎合大众的审美喜好，或按照个人内心意愿和创意来运用色彩，以表达自身思想情感。

分析民间艺术中的色彩应用能够深入了解民族情感和创作者的心理状态。例如，在潮汕地区的花园民俗活动中，常运用鲜艳的红色，不仅增添了喜庆、热闹的氛围，同时寓意着对未来生活的期望。在现代设计师参与的民间艺术项目中，他们更注重用色彩来表达新时代的理念，在尊重大众审美的前提下，设计师大胆地探索现代色彩与传统色彩的融合，他们根据自己的审美理想和客观需求选择颜色，以实现个性化表达。

三、材料创新与应用

民间艺术中材料的趣味性主要体现在给人带来的愉悦感受。将竹木、纸、陶瓷等传统材料与现代造型相结合，在给人带来的惊喜感的同时也“互相成就”。民间艺术中新的设计理念通常需要相应的材料来实现，因而对材料提出了新的要求，也促使新型材料不断涌现。此外，将传统材料与新材料进行创新性的结合也是一种有效的设计方法。

（一）柔韧的竹

对于许多民间工匠而言，竹材是一种优质的材料，因其强度高、韧性良好、能耗低、生长周期相对较快，被视为可以替代木材的理想选择。此外，竹材还承载了君子品德的象征意义，是中国传统美德的物质象征，因此中国人对竹材情有独钟。苏东坡对人们如何使用竹材有着精彩的描述：“食者竹笋，庇者竹瓦，载者竹筏，爨者竹薪，衣者竹皮，书者竹纸，履者竹鞋，真可谓一日不可无此君也。”

竹材曾是传统生活中最普遍且基本的原材料，文人书房中的笔筒、臂搁、毛笔等，日常使用的竹篮、竹椅、鸟笼等用具，皆使用竹材制作。不仅中国，日本、越南、印尼等国也拥有大量精美的竹制品，包括竹制乐器、生活用具和装饰品。近年来，随着环保意识的增强和科技的进步，竹材再次引起设计界的关注，受到更多人的青睐。中国设计师陈旻通过创作杭州凳、STEAMER蒸笼系列以及竹子陶罐等作品，对传统竹材进行了现代化的思考和创新（图5-43）。

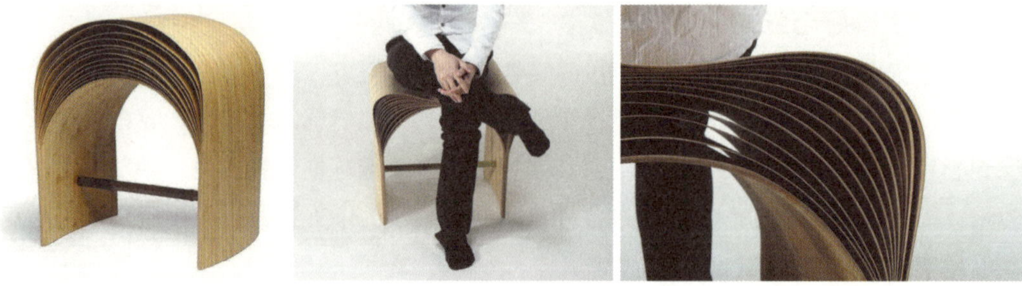

图5-43　陈旻作品

（二）重组的纸

纸材料在日常生活中广泛应用，许多与民间工艺相关的物品都采用纸材制作，如家具、灯罩、雨伞等。纸材相对于其他现代材料而言易于加工和制作。此外，其柔软性和高可塑性使其能够承受一定的变形和张力，因此备受众多设计师喜爱。

设计师张雷运用竹纸工艺设计出了一款名为“固”的纸椅，并在2013年的米兰设计周上获得了最高奖，受到了全球家居设计领域的高度认可。竹纸的制作需要将毛竹打成竹浆，然后用竹帘逐张捞出极薄的纸张，经过烘干而形成。令人难以置信的是，如此薄且透明的竹纸能够与承受重量和拉力的椅子相结合。其间，张雷的团队对竹纸原材料和成型方法进行了改进，添加了其他材料以增强椅子的承重能力和抗拉性。

在2013年，他们推出了“固”椅的2.0版本，通过运用中国传统的植物染色技术，创作了如马卡龙一般明亮、充满欧洲情调的多彩竹纸椅。这种材料的替代和创新一直是设计灵感的重要来源（图5-44）。

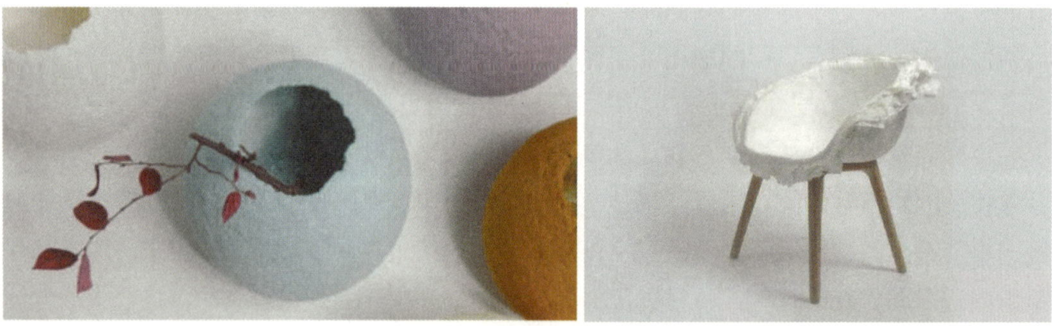

图5-44　张雷竹纸作品

（三）通透的瓷

玲珑瓷，景德镇的四大名瓷之一，曾以其精湛的工艺享誉海内外。民国学者许之衡在《饮流斋说瓷》中提到：“素瓷甚薄，雕花纹而映出青色者谓之影青镂花，而两面洞透者谓之玲珑瓷。”这段描述突显了玲珑瓷的两大特点，一是薄胎，二是透洞。

玲珑瓷又称“米通瓷”，需要特殊制作工艺，工匠在未烧制的坯体上雕刻出细小如米粒般的镂花，然后填上特制的玲珑釉，经过上釉后，瓷器通常在1280到1300℃之间高温烧制。从新中国成立到20世纪末是玲珑瓷生产的黄金时代，当时的玲珑瓷工艺精湛，质量出色，外形简洁，提供各种传统和西方风格的装饰纹样，可根据国内外不同地区的风俗和品位进行定制，多种多样且不断更新。然而，这一繁荣时期随着景德镇的十大国有瓷厂的倒闭而告终。

如今，随着现代技术的发展和对传统工艺的持续探索，玲珑瓷也经历了一些发展和创新。日本设计师在习得玲珑瓷的制作技术后，通过技术改进和创新，使传统的玲珑瓷更富有设计感，这方面有许多值得国内设计师反思和借鉴的地方。

举例来说，日本陶瓷设计师新里明士创作的“光器皿”系列作品，充分利用了玲珑瓷的透明洞眼，巧妙地将点连接成线，由线构成面（图5-45）。当光线透过这些透明的玲珑洞眼时，投射出不同的光影效果，从而形成了新里明士独特的陶瓷设计语言，表达了情感和光影之间微妙的联系。

（四）其他材料的创新应用

在设计师陈旻的作品中，他将废弃的热塑性聚酯纤维作为“有有用”系列作品的材料，成功地将废弃材料引入设计领域。

位于香港的弗洛里安和克里斯汀工作室（Studio Florian & Christine）是一支专注于跨学科设计的团队。他们通过深入的实践，学习和传承香港的传统工艺，并在此基础上创新设计方法，成功地将现代废弃材料与本地传统工艺（如石雕、渔网编织、金属锻造和玻璃制作等）完美融合。

“大澳灯/传统工艺创新项目”（图5-46），探讨了传统工艺与创新材料技术在现代设计领域结合的可能性。工作室与当地渔民紧密合作，旨在保护和记录渔网编织的传统工艺，通过整合3D打印技术和渔网编织技艺，利用100%回收的渔网尼龙材料，推动了3D打印技术的创新应用。

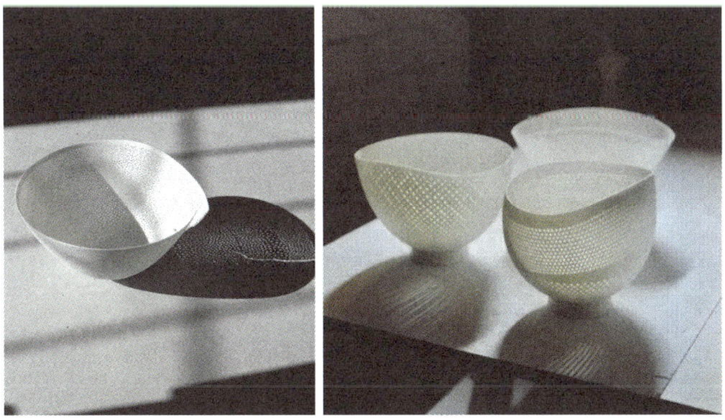

图5-45 “光器皿”系列作品

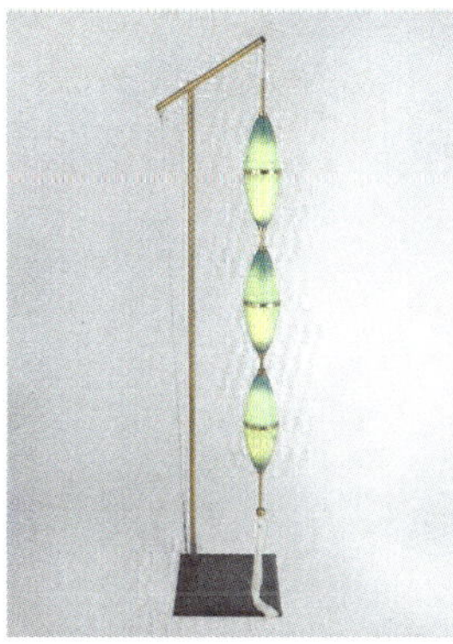

图5-46 大澳灯

第三节｜民间艺术与新媒介相融合

一、与科技媒介相融合

随着现代社会科技的迅速发展，民间艺术的材料选择变得更加多元化。例如，3D打印技术的不断成熟和推广，以及雕刻机、印刷机与计算机的协同使用，解决了许多以前的工艺难题，催生了更多的创新可能性。

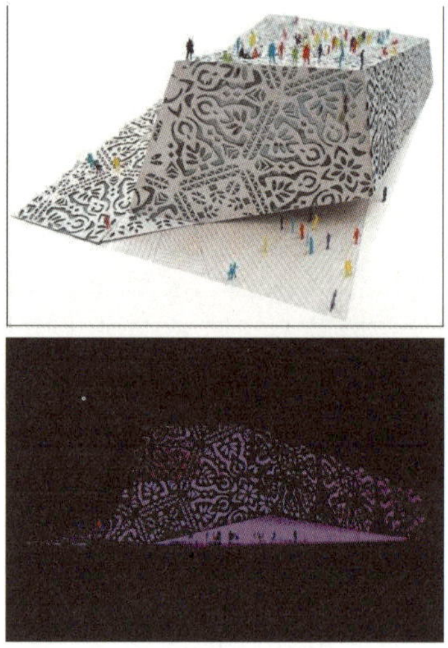

图5-47　上海世博会波兰馆设计

以剪纸为例，剪纸是一门古老的传统手工艺，但近年来前卫的剪纸艺术也在不断创新和发展。设计师和工匠们从材料的多元化角度出发，探索毛毡、钢板、亚克力、木材等材质的表现形式。在上海世博会上，波兰馆的设计采用剪纸的阴刻技法，利用激光切割胶合板并镂空，使整个展馆的外观呈现出一个不规则的剪纸盒子的效果（图5-47）。当夜幕降临时，房间的灯光点亮后，整个建筑会呈现出与白天完全不同的景象。此时，最引人注目的是受到光线照射的镂空部分，将剪纸的特点展现得淋漓尽致。

二、与游戏媒介相融合

网络游戏已成为全球Z世代[1]主要的娱乐和社交方式，同时也是一个极具包容性的文化容器。相关报告显示，从2012年到2022年的这10年里，超过40%的国产游戏传承了中华传统文化。对于民间艺术来说，游戏是一种有效的媒介，能够借助游戏迅速传播给年轻一代。

例如，《王者荣耀》与越剧合作，推出了一款越剧文化主题皮肤，成功将越剧这一传统文化演绎成当代潮流（图5-48）。他们打造了虚拟越剧演员上官婉儿，并通过全息技术创新，演绎了《梁祝》中的经典段落《回十八》。同时，还开发了一个互动小游戏（图5-49），用户可以通过拜师、学艺、上台以及最后进行游戏皮肤动作展示这四个步骤，逐步了解越剧的特点。在游戏中，设计师将戏曲演员的“四功五法”训练过程浓缩成了几个小段，并让上官婉儿也加入其中，一同练功、练嗓子和练眼神。用户的选择可以创造出不同的《梁祝》结局，呈现出多达1875种不同的片段。

[1] 指1995年至2009年间出生的一代人，又称“网生代”“互联网世代”。

通过“王者荣耀”这一游戏平台，越剧成功激发了年轻用户对传统文化和历史的兴趣，拉近了越剧与当代年轻人之间的距离。

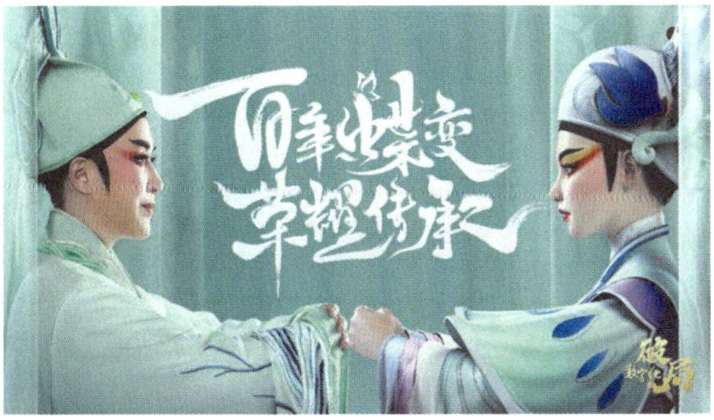

图5-48 《王者荣耀》越剧文化主题皮肤

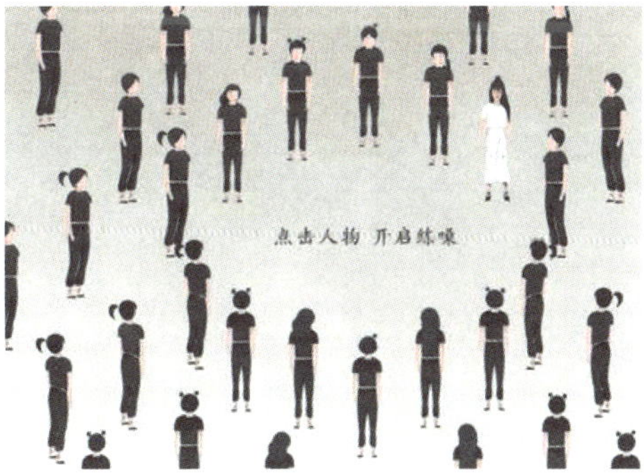

图5-49 互动小游戏

三、与元宇宙媒介相融合

2021年，随着元宇宙概念的风靡，数字藏品作为元宇宙的基本要素之一快速崭露头角，最初主要涉及艺术品，但后来逐渐扩展到各个领域，包括民间艺术。

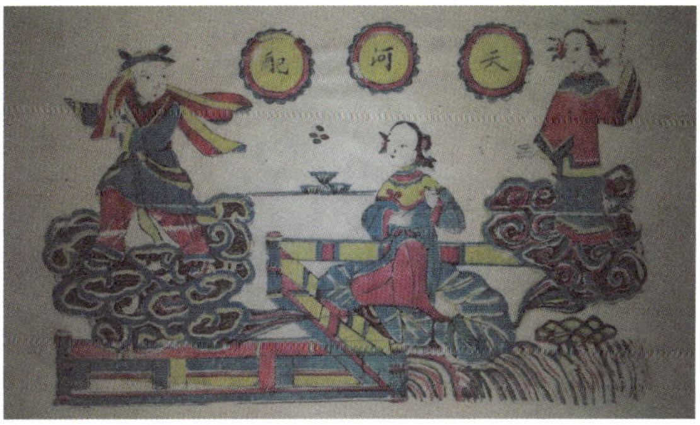

图5-50 木版年画《天河配》

当今社会，数字技术日益成熟，互联网的广泛应用加速了信息传播的速度和广度。元宇宙中的数字藏品充当着连接现实世界和虚拟世界的桥梁作用。这些数字藏品具备收藏、观赏和社交属性，赋予传统民间艺术更年轻化的特质，使其在现代社会焕发新的生命力。与此同时，民间艺术也为元宇宙提供了丰富、有价值和有意义的高品质文化内容。

以凤翔木版年画中的数字藏品《天河配》为例，这一藏品源自第二十代凤翔木版年画传承人邰立平的原创作品（图5-50）。它由《初相见》《深相恋》和《长相思》三个部分组成，只有集齐这三个藏品才能合成《天河配》。这不仅使收藏者能够欣赏凤翔木版年画，还能让他们了解中国传统爱情故事。而且，特定编号的藏品持有者还能获得实体年画《佳人爱菊》。元宇宙中的数字藏品显著扩展了民间艺术的知名度和影响力，它不仅仅是一种收藏品，更是一种新的传播媒介，使传统民间艺术的保护和传播变得更加高效，也有助于提升对民间艺术的开发深度、广度和效率。

四、与新工艺媒介相融合

随着时代环境的不断改变，传统手工技艺也在不断发展与创新，可见传统民间艺术不是一成不变的，而是具有可塑性价值的。

（一）陶与炭

黑陶，最早发现于距今约六千年的屈家岭文化遗址。在中国20世纪80年代末，复兴黑陶文化的倡议被提出，众多陶器艺人积极参与，其中有一位年轻的陶艺家汤建华，成长于遂昌九龙山下，专心致力于黑陶的创作。当时的黑陶烧成温度最高只能达到950℃，虽然视觉效果已经超越了以往，但与烧成温度在1200℃以上的陶瓷相比，黑陶吸水率较高，长时间浸泡易分解，主要用作装饰品。为了突破这一限制，汤建华引入了能够耐受高温的竹炭粉，混合到陶土中，并寻找最佳的烧制温度，成功地用高温烧制出更具实用性的炭陶。在完成工艺创新后，汤建华与大好设计河山工作室合作，将传统手工艺与现代设计相融合，为传统民间艺术注入新活力，将炭陶转化为现代家居用品，走进千家万户，实现了黑陶文化的现代复兴（图5-51）。

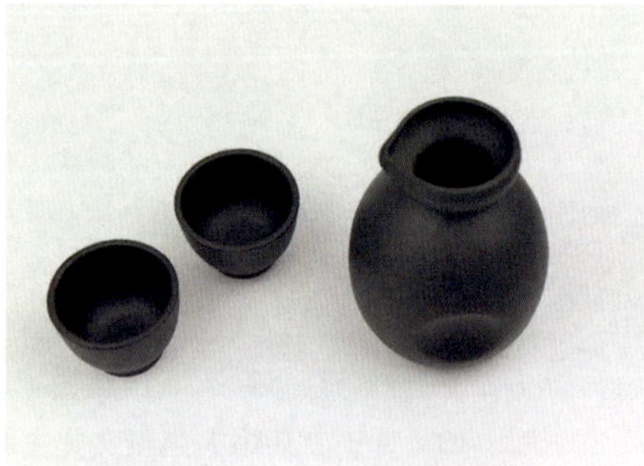

图5-51 炭陶家居用品

（二）锡与木

锡是人类早期发现并广泛应用的金属之一，以其色泽美丽、不易氧化、可塑性强以及长久耐用而著称，这些特点使得锡制品在古今中外一直备受手工艺人的钟爱。

在2016年，慢物质团队尝试将锡与紫光檀边角料相结合。紫光檀是一种原产于非洲的硬木，由于其独特的生长环境和特性，这种木材的出材率低于15%，常常存在裂缝、虫孔和白皮等问题，导致大量原木边角料被浪费。慢物质团队最初的尝试是将废弃的锡融化后填充到木材的裂缝中，随着大量的实验和探索，该团队成功研发出了“锡木熔补”工艺，使锡与木材的结合达到了可与天然榫卯相媲美的效果（图5-52）。这一创新工艺极大地减少了资源浪费，为锡和紫光檀材料的联合应用提供了新的可能性。

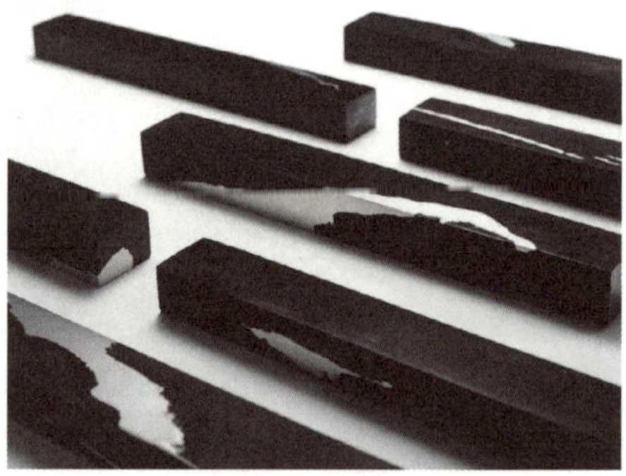

图5-52 锡与木材工艺

（三）木与陶瓷

品物流形工作室应邀参加国际展览，该展览的主题是“Upcycle”，要求使用曾经用过的材料和物品进行创作，不论它们是否已经磨损或仍然可以使用。不同于Recycle（回收利用），Upcycle（升级循环）作品直接使用旧物品和材料，无需大量耗能的分解和再制造过程。为此品物流形创作了CEWO。

CEWO是一项基于陶瓷和回收木材的可持续设计创作，由105片景德镇陶瓷碎片和69片品物流形木工坊的回收木材组成（图5-53）。这两种材料通过重新组合和绳结绑扎构成了一款全新的坐具。该作品充分利用了每种材料，力求将它们完整地融入设计中。

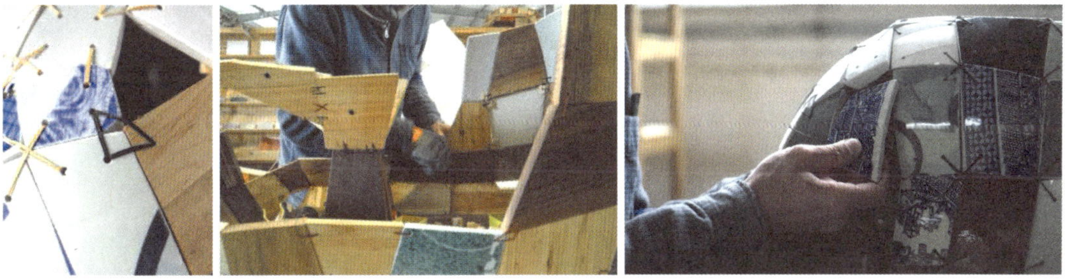

图5-53　利用陶瓷和回收木材进行的可持续设计创作

第六章

民间艺术创新与设计实践

学习目标

学习、借鉴民间艺术创新与设计优秀行业案例和学生作品，将前沿设计理念、技术手段运用到民间艺术创新与设计中。

学习重点

满足不同消费者的审美需求和生活方式，设计出符合市场需求的民间艺术创新产品。

学习难点

在保持民间艺术元素原始魅力的同时，进行再创造和转化，使其符合现代审美需求。

民间艺术再构的关键在于对“根”字的深刻理解与运用，这个根就是中华民族之根。它经历了几千年历史的沉淀，不仅根植于每一位中华儿女的内心，而且无形中塑造了设计师们的审美观念和创作思想。具有深厚文化根基的艺术设计，才能够像大树一样枝繁叶茂、生机勃勃，而那些缺乏根基的设计最终不过是一叶浮萍，经不起时间的洗礼。

本章所举例的设计行业与教学实践作品，不仅具备创造性的现代设计理念，更重要的是，它们将中国传统的民间文化与现代设计理念进行了结合。例如品物流形团队对于“鞍”椅的设计，其灵感来源于中国传统拼布工艺，将42块橡木板用线串联，构建出具有柔和扶手和高靠背的座椅，表现了对藏族马鞍的现代化解读。这种融合使得他们的设计作品充满浓郁的文化氛围，增强了设计的感染力。

同时，设计的核心在于创造，没有创造就意味着艺术设计失去了生命力。这种创造源于对文化艺术的深厚积累，而非单纯的模仿——无论是对古代作品还是对外国作品的照搬。这样的积累，是成功艺术家和设计师们不断追求的，即传统文化与现代设计的完美融合。

在民间艺术的再构过程中，我们需要深入探索和挖掘现代生活的多样性以及中华民族几千年来的优秀文化。生活的真实性和民族的独特性是艺术设计中不可或缺的元素。当我们的设计作品中充满浓郁的中华文化韵味时，民间艺术的再构就可谓是成功的。通过这种方式，不仅能够保留和弘扬我们的文化遗产，而且能够在全球化的背景下，展现出独特的文化自信和艺术魅力。

第一节 | 民间艺术创新与设计行业实例

一、“慢物质”民间艺术创新设计

慢物质文化创意有限公司（简称慢物质）由曾令波在2013年发起创立，是一个由设计师、艺术家、民间艺术及农耕作者共同打造的民间艺术创作实践体，致力于研创有温度的手作产品。对于慢物质来说，每一个产品原始动机的获得，都会从一个民间的探访活动开始。“民间艺术行走”是对这种调研工作的统称，这样一个独立的名字，让它有了完整的价值观和使命，也让慢物质创作团队更严肃地去对待它。通过不断的出发、调研与再造，慢物质开发出了许多结合传统与现代设计的产品。

（一）传统文房用品再造

1. 小管

小管自来水毛笔的创新设计是由慢物质联合李小平毛笔实验室经过三年共同研发的

成果（图6-1）。设计团队的目标是将这款自来水毛笔打造成一种更加符合当代需求、更时尚、更平等的传统书写工具。它主要面向的是那些对毛笔书写感兴趣的年轻一代，包括初学者和爱好者。这表明设计团队不仅重视传统文化的传承，同时也关注新一代消费者的需求和喜好。当小管自来水毛笔面向社会进行产品众筹时，所获得的超过一百万的众筹金额充分证明了市场对这款产品的高度期待和认可，也反映出消费者对于传统文化与现代生活方式相结合的创新产品持有积极态度，显示了该产品在市场上所具有的巨大潜力。

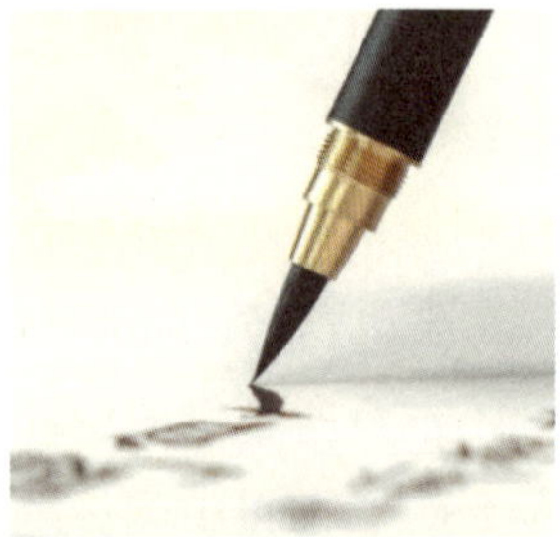

图6-1 小管自来水毛笔

这款笔的设计灵感来源于宋代的镶管笔，将传统毛笔与现代钢笔的功能优势相结合，使书写更为方便和简单，有效地化解了传统毛笔使用中的一些不便（如研磨墨汁和洗刷笔锋等烦琐步骤），从而使书写过程更加顺畅，更适应现代快节奏的生活方式。而其笔头能够进行拆卸与替换，使这款笔更加绿色环保，可以循环使用，这也是现代设计与传统工艺的有效融合。

2. **花时笺**

花笺，一种历史悠久的纸张，其表面常饰有精美图案。花笺作为书写信件的材料，被称为“信笺”；用于创作诗歌时，则被称作“诗笺”。花时笺是由慢物质造物平台倾力打造的独特笺纸品牌，将古典艺术与现代工艺完美融合（图6-2），在设计、材料选择和制作过程中，不仅注重现代美学理念，更致力于重振笺纸作为一种传统媒介的价值，为这一古老文具注入新的活力。

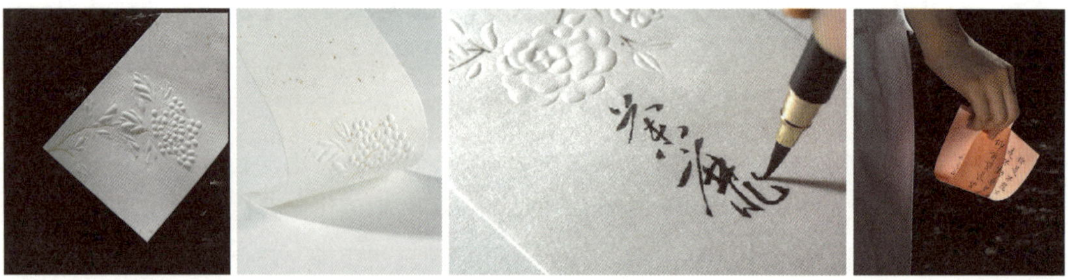

图6-2 花时笺

花时笺的设计运用了拱花与印烫工艺，五种纸质分别被命名为初雪、浅云、月魄、落英和金粟，有不同的熟度、纸色与肌理，给书写的人带来不同的使用感受。拱花的图案借鉴了清代著名画家书法家董诰的《二十四番花信风图》中的十幅作品，运用现代技艺重新演绎，向传统拱花笺艺致意。

（二）年画复活计划

年画是许多中国人关于年节的集体记忆，然而近三十年来，随着现代化的发展，传统木版年画正在淡出人们的视线。2016年，慢物质“民间艺术行走”团队发起“年画复活计划”，在全国范围内拜访年画艺人，并以当代设计介入，在新时代以创意复活年画。

1. “财源滚滚”木版年画

年画是中国老百姓对美好生活最直接、最真挚的表达，而当时代发展变化，旧的内容已不再适应新一代的人群与场景，年画就需要在新的场景用新的形式，面对新的群体并建立新的沟通语言。“财源滚滚”这款产品正是在这样的背景下应运而生的（图6-3）。它针对当代年轻人的需求——财富、好运、恋爱等，以诙谐的图案化表达，结合滚印工具，创新性地保留了民间雕版印刷的基本形态，将其转化为一款现代人喜爱的玩具。这种创新不仅体现了传统元素与现代审美的结合，还呈现了传统文化在新时代的活力和创新精神。

印章的图案包含了多种图形元素，如传统的钱币图案、吉祥祝福以及正上方代表发财的财神图案。对于作为主要图案的财神，设计师运用了几何简化与夸张诙谐的表现手法，将财神的眼睛被两个象征货币的符号遮住，寓意“见钱”，并融入了波普风格的装饰性元素。除了图形元素，文字也是设计的主要组成部分，中文“发财好运”和英文“MAKE A FORTUNE”“CRAZY RICH MAN”“GOOD LUCK”（分别直译为“发财”“疯狂的富人”“好运”），都传达了富裕和好运的祝愿。

2. “有龙则灵”云南甲马版画

“有龙则灵”是另一个重新设计的年画项目（图6-4）。该项目融合了中英文混编、装饰边框和波普装饰风格，与云南甲马版画的国家级非物质文化遗产传承人合作，采用

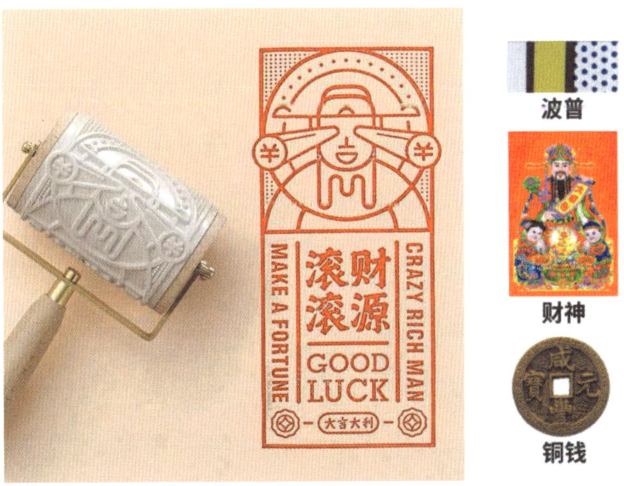

图6-3 “财源滚滚”产品

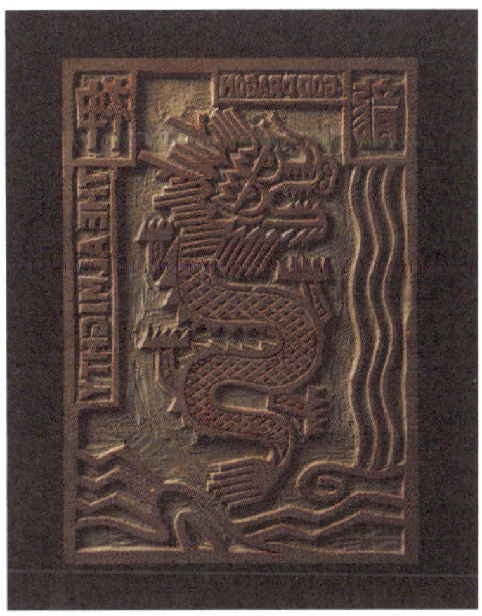
图6-4 “有龙则灵”年画

传统技法展现了现代化的年画。这款年画在手工木版画的基础上进行了重构，以2024年的生肖龙为图案，由一系列的几何形状和抽象形态组成，没有过多复杂的细节。这些形状结合在一起形成了龙的整体轮廓，版画雕刻粗犷而有力。龙的身体上使用点状和条纹图案来创造纹理感，增强了视觉丰富性，身体以S形态呈现，为整个设计带来了动感和节奏。这个版画图案整体采用了简化的形式，这是现代设计中常见的，去除了不必要的细节，只留下了最具表现力的形状和线条。

二、“品物流形”民间艺术创新设计

品物流形成立于2004年，创始设计师张雷（中国）、Jovana Zhang（塞尔维亚）、Christoph John（德国）从2009年起带领团队，聚焦中国传统手工艺与材料的解构，并将其应用到家具设计、交通工具、空间设计、艺术装置、产品设计、平面设计、策展与品牌战略等领域。

（一）“鞍”椅

“鞍”椅的设计灵感来源于中国传统拼布工艺，拼布是一种民间艺术形式，通过将不同的布片用针线缝合在一起，形成一个完整的布料。设计师借鉴了这一概念，使用线将42块橡木板串联，构建成一个具有柔和扶手和高靠背的三维结构座椅（图6-5）。在这个过程中，木板之间的连接、角度选择、木材厚度设定等都是设计和制作过程中的挑战。设计师们最终从藏族马鞍中汲取灵感，使得椅子的连接点更加松散（图6-6）。每块木板并没有被完全固定，而是通过“缝合”工艺赋予椅子一定的灵活性。因此，当人坐在椅子上时，椅子会略微错位，以适应身体的压力和形状，提供更舒适的坐感。

“鞍”椅的色彩设计是对自然染色技术的一种探索，如生物染色、植物染色和矿物染色。中国传统染色技艺与自然物质有直接联系，如桑葚、胭脂虫、薯莨、蓼蓝、矿物和栀子等，这些物质在木材上可以创造出独特的“木质肌肤”效果。这种方法与西方染色技术精确到数字的色号有所不同，反映了中国传统染色技术更多地注重与自然界物质的直接联系，体现了中国文化对自然的深刻理解和尊重。

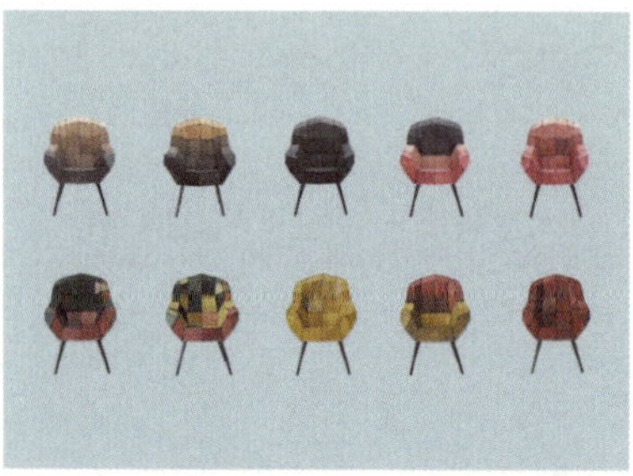

图6-5　“鞍”椅

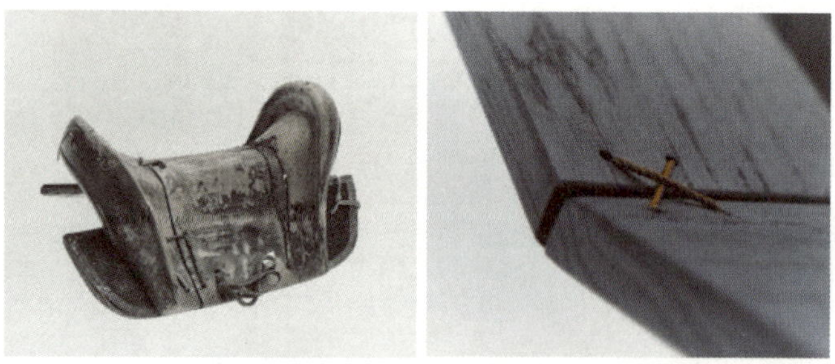

图6-6　“鞍”椅创意细节

（二）融设计图书馆

融设计图书馆（图6-7）是品物流形从传统手工艺解构的原理出发，创造出的中国首家非营利传统手工艺材料图书馆。它将中国传统手工艺分解为基本的材料与工艺，将研究的成果提供给全球的设计师和艺术家，并鼓励设计师和艺术家采用解构的思维方式与传统手工艺作坊合作，从而推动中国传统文化的传承和当代设计的创新。

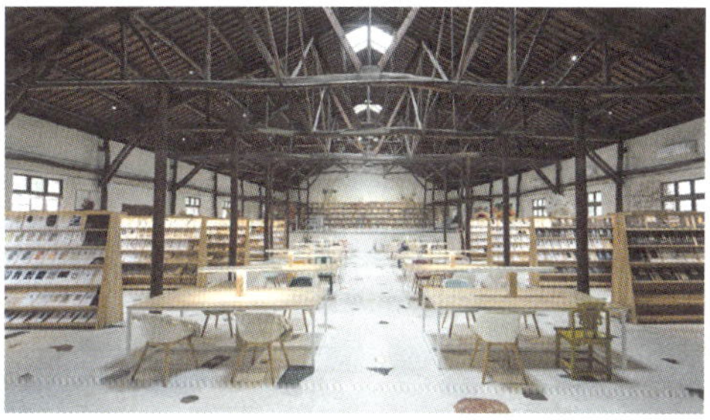

图6-7 融设计图书馆

融设计图书馆的架构分为四个主要部分：第一部分是图书馆本身，它立足于余杭，以解构的思维方式，对中国传统材料和手工艺进行研究整理；第二部分是设计图书，这部分由100位设计师推荐和捐赠的书籍组成，涵盖了各种设计理念和方法，这些图书为访客提供了宝贵的知识资源，激发创意和创新；第三部分是设计概念店；第四部分为设计展示空间，在这里不定期举办设计展览、设计奖项和产品发布等活动，该空间不仅是展示创新设计作品的平台，也是促进设计交流和合作的重要场所。

三、“王的手创”民间艺术创新设计

“王的手创”在2012年末由创始人王丹青创办，通过纯手工刺绣和原创设计打造带有互联网基因的非遗手工文创品牌。

（一）龙虎人丹刺绣平安香囊

王的手创与百年国货品牌“龙虎牌”联合设计了“龙虎人丹刺绣平安香囊”，以玩偶的形式将龙虎人丹具象化，并且提取了龙虎人丹的三个主要颜色：黄、红、绿（图6-8）。该作品的手工着力点在脸部与背部的生动呈现上。龙虎人丹以缎面绣勾勒五官，胡须则采用缀线绣法，龙丸威风凛凛，虎丸霸气十足。虎丸背部水纹以盘金绣勾勒，精致立体。龙丸头部、犄角以及鼻子处的丰富装饰，使得脸部更为立体，缀线绣从脸部贯穿背脊至尾巴，凸显龙须的生动效果，背部则以打籽绣表现龙鳞于阳光下闪耀的效果。同时香囊中加入“龙虎牌”品牌的保密配方，有效抑制空气中的细菌，驱虫防疫，提神醒脑，两个品牌的这一合作可谓强强联合。

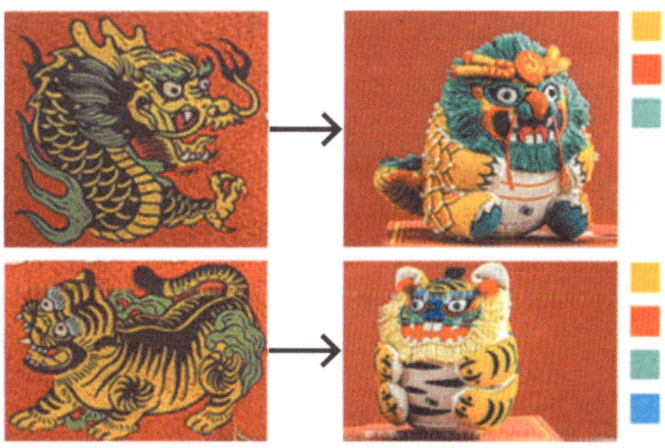

图6-8 龙虎人丹刺绣平安香囊

（二）兔子王

王的手创以兔儿爷形象作为儿童玩偶的灵感来源，采用材料包的形式进行发售，以消费者亲手缝制而赋予玩偶更多的情感意义。

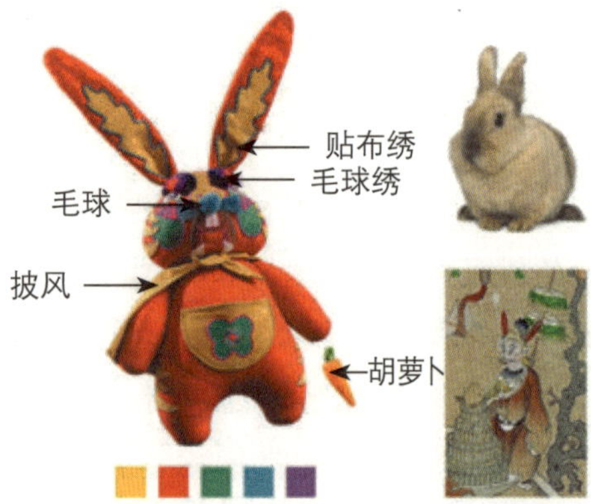

图6-9　兔子王

兔子王在色彩上运用了鲜艳且对比强烈的颜色，包括红色、黄色、紫色、蓝色和橙色，并以红色为基调（图6-9）。玩偶富有层次感，使用不同的织物层次和装饰物来创造视觉深度。材料包的整体设计上，利用装饰与道具增加了趣味性，比如兔子口袋中的胡萝卜以及黄色披风，不仅符合玩偶的角色设定，也增加了玩偶的可玩性。制作技法上运用缎面绣、贴布绣、盘线绣等多种容易上手又能快速出效果的绣法，比如在兔子王的眉毛部分运用毛球绣的技法，在鼻子的部分则直接使用毛球，使玩偶更加富有立体变化。设计师以传统民间艺术为载体，赋予兔子王更贴合现代人审美的形式，通过消费者的双手，将刺绣再次带到了人们的日常生活中。

四、“妙手回潮”民间艺术创新设计

深圳妙手回潮文创科技发展有限公司（简称妙手回潮）成立于2018年，将“妙手回潮”四个字拆开意为“妙计相传，手制复燃，古今回观，再现国潮”，运用众多谐音梗，将中国传统语言转变为好玩的设计元素。创始人吝凯通过用年轻人喜欢的手法，理解和再现中国传统文化。

（一）年年有“鱼”

年年有“鱼”将“鱼传尺素”的文化典故作为整体产品的灵感来源（图6-10）。古乐府中写道：“客从远方来，遗我双鲤鱼。呼儿烹鲤鱼，中有尺素书。”古人在绢上写下对重要之人想说的话，塞进鱼腹赠予对方，意为传递书信，也作为表达思念的一种重要方式。

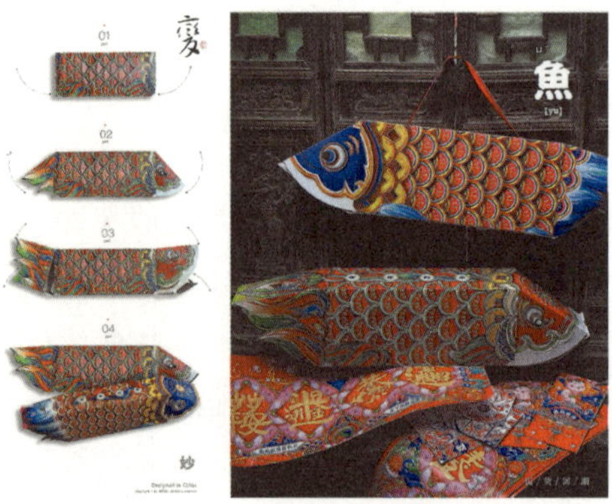

图6-10　年年有“鱼”

年年有“鱼”将外包装变成产品之一，附上灯与流苏的内置配件，当把鱼（包装）

中的尺素（对联）取出之后，便可折叠组装成手提灯笼。设计使用了鲜艳的颜色，包括红色、黄色、绿色和蓝色，色彩搭配富有活力，强烈的色彩对比增强了视觉吸引力，并且突出了过年喜庆红火的气氛。包装上印有类似鱼鳞的图案，模仿了真实鱼的纹理。图案的细节和排列增加了设计的复杂性和真实感。同时也运用了年年有余的吉祥寓意，传达出了吉祥喜庆的信息。这个设计作品巧妙地结合了实用价值和审美价值，提供了一种独特的用户体验，能够吸引那些寻找新年礼物或文创礼物的消费者。

（二）月光宝盒

“妙手回潮”在月饼礼盒中运用了从古代传承到现代的扇子作为包装造型，以折扇与团扇的结合体作为承载，将现代人生活居住的建筑形象作为礼盒的主结构，将古今万家灯火的概念通过月光宝盒体现出来。

月光宝盒运用深蓝色作为基调，包装有不同的打开状态，创造了一种动态感，好像盒子本身在展开和移动（图6-11）。月饼外盒打开的角度不同，展现的方式也不同，代表穿梭的时间也不尽一样，180°是现代的万家灯火，360°是古代的万家灯火，月光和时间就此产生了一种奇妙的关联（图6-12）。每一个月饼的内盒代表了一户人家，采用了一种魔方的形式，将拥有不同故事的家庭放置进去。通过魔方不同的变化呈现不同的中秋故事，或是团圆，或是悲伤，或是喜悦。这个包装的设计不仅考虑了包装的美观性，也考虑了如何更好地展示产品，使其既实用又吸引眼球。

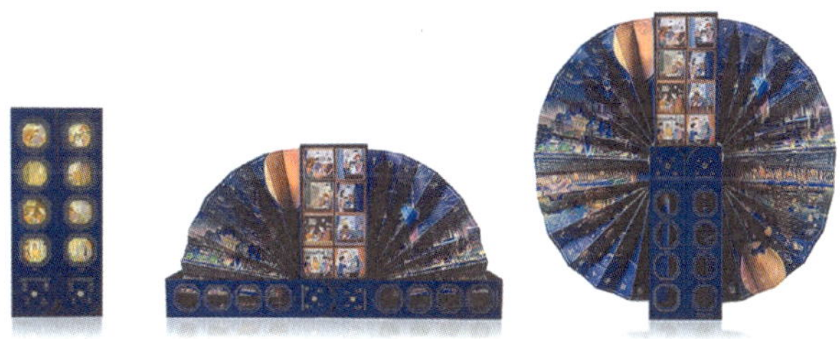

0° 180° 360°

图6-11 月光宝盒

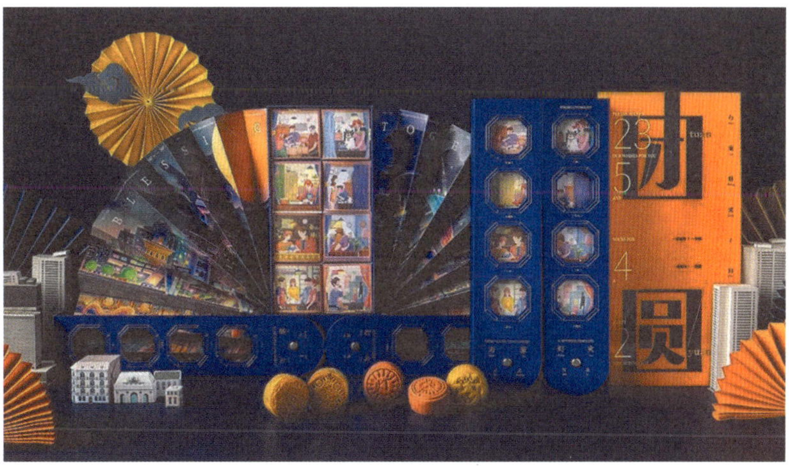

图6-12 月光宝盒包装设计

第二节 | “民间艺术创新与设计”课程实践

“民间艺术创新与设计”课程以探索和研究中国民间艺术的创新为主要内容，包含民间艺术概论、中国传统图形及其造型特征、民间艺术创新原则和方法、民间艺术图形元素提炼与创造、民族文化元素在现代设计中的运用与制作。重点是中国传统图形及其造型特征，难点是民间艺术创新原则和方法，即如何进行新民艺图形的创作，探索传统艺术新的表现形式。本节内容通过实际案例，详细展示了如何引导学生开拓创新意识，开发创造能力，提升艺术修养，探索民间艺术传承及其在现代设计中的运用。

一、“厝边欢喜”南音民间艺术创新设计

（一）设计背景

南音（亦称“弦管”“泉州南音”）是中国福建省闽南地区历史悠久的传统音乐形式，被联合国教科文组织列入《人类非物质文化遗产代表作名录》。作为公认的“中国音乐史上的活化石”，其发轫于泉州，音乐形态、表演实践及文化内涵深刻体现了泉州地域文化特质，承载着深厚的文化积淀。

（二）元素提取

以构成南音演奏核心的“上四管”乐器组合（南音琵琶、洞箫、三弦、二弦）为创作元素，提炼其形态特征与文化内涵。通过融合闽南古厝建筑文化、剪纸艺术的表现形式，运用解构、重构的设计手法，结合简约化的中式视觉语言进行图形创作，最终凝练形成“厝边欢喜”这一视觉符号，兼具优雅气质与极简美学的设计表达（图6-13）。

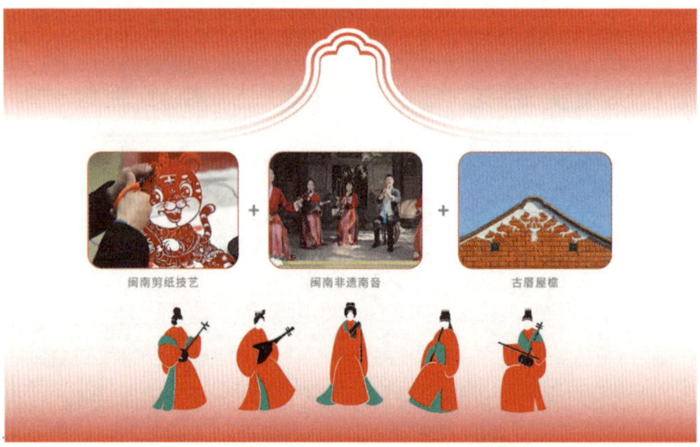

图6-13　闽南元素提炼（苏伟鹏）

（三）包装及衍生品

将“厝边欢喜”视觉符号（提取自南音“上四管”乐器元素并进行再创作）与基于闽南建筑形态解构设计的文字相结合，并融入海浪意象元素。运用现代构成版式法则与渐变色彩语言进行整体视觉呈现，营造简约生动、富有当代气息的中式美学风格。最终形成的系列文创设计，兼具艺术性、文化深度与中式美学特质，有效实现了传统文化元素与现代设计审美的有机融合（图6-14）。

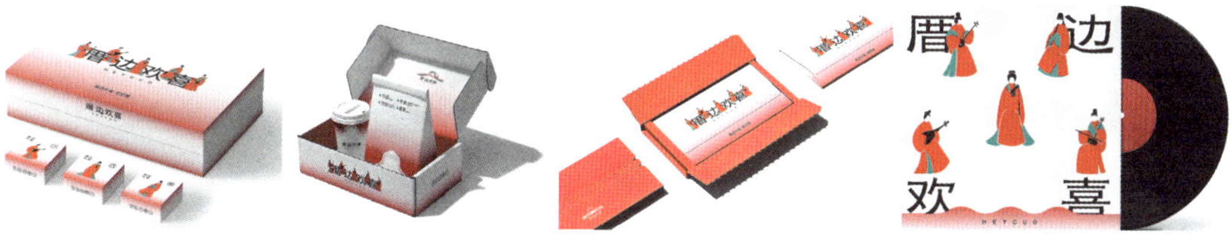

图6-14 厝边欢喜南音文创（苏伟鹏）

二、潮州鸡蕉碗“鸡蕉富贵”品牌设计

（一）设计背景

鸡蕉碗，是潮州窑的传统产品，其碗口大且深，碗边厚实，碗腹绘有公鸡、芭蕉树与牡丹的纹样，自清中期至20世纪70年代一直保持生产并大量销往香港、澳门以及东南亚等地。随着时间的变迁，鸡蕉碗图案制作方式从手绘变为贴花，虽然逐渐式微，但并未从潮州人生活中消失，它在某些家庭中一直是逢年过节用来装盛贡品的器皿。近两年，在潮州的牌坊街与市区的一些小店中，鸡蕉碗的身影也开始再次出现。图案中吉祥的公鸡、富贵的牡丹、与“招”同音的芭蕉，都带着潮州人对生活美好与顺遂的期望，与潮州强烈的家庭价值观相呼应，象征着财丁兴旺与福寿富贵的图案契合了当地民众的心态，是潮州地区生活与民俗心理等地方特征的视觉呈现。

（二）潮州鸡蕉碗图案元素提取与设计

瓷盘图案提取了鸡蕉碗中最具有记忆点与代表性的牡丹、公鸡与芭蕉这三个元素，吸取民国潮州彩瓷中对于留白的疏密节奏，同时考虑到现代审美喜好，在图案中加入了更多点线面的几何设计语言。在瓷盘的边饰中有两种不同的图形元素进行混搭重组，一部分是简约的几何形状，另一边则借鉴白描的表现手法运用线条对芭蕉叶进行描绘，并用大面积的色块对其进行疏密节奏的把控，为整个设计增添了动感与节奏，同时也表现了自然元素的美感。在颜色上，沿用市井审美中对于明艳色彩的喜好，但对其色相与纯度进行调整，使其更贴合现代审美喜好，从而拉近传统产品与年轻一代的距离。相较于瓷盘图案的“疏”，“鸡蕉富贵”的包装图案则因加入了大量的几何元素显得更“密”，采用了鲜明的现代设计风格，与潮州彩瓷的传统元素相结合，以明亮的粉色和绿色为主色调，用较为强烈的色彩对比吸引观众视线，并融入了更多的几何图案作为背景，为包装增添了些许现代感，同时也使得整个设计更加富有动感（图6-15、图6-16）。

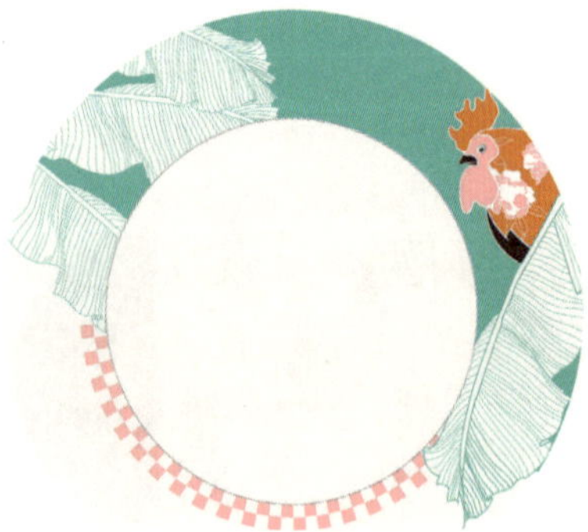

图6-15 “鸡蕉富贵”瓷盘贴花图案（林华英）

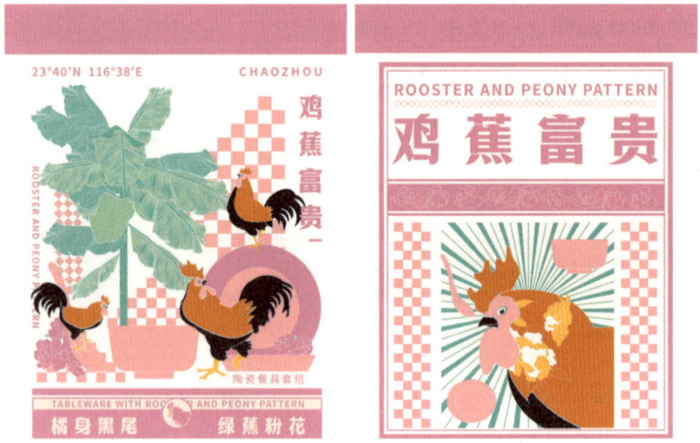

图6-16 “鸡蕉富贵”外包装图案（林华英）

（三）“鸡蕉富贵”品牌陶瓷贴花及包装设计

“鸡蕉富贵”品牌设计师将传统潮州鸡蕉碗的经典图案元素与现代陶瓷贴花及包装设计相结合，打造出既具有深厚文化底蕴又符合现代审美需求的产品。通过精心设计的图案和包装，传递出吉祥、富贵的美好寓意，同时展现潮州陶瓷的精湛工艺和独特魅力（图6-17）。

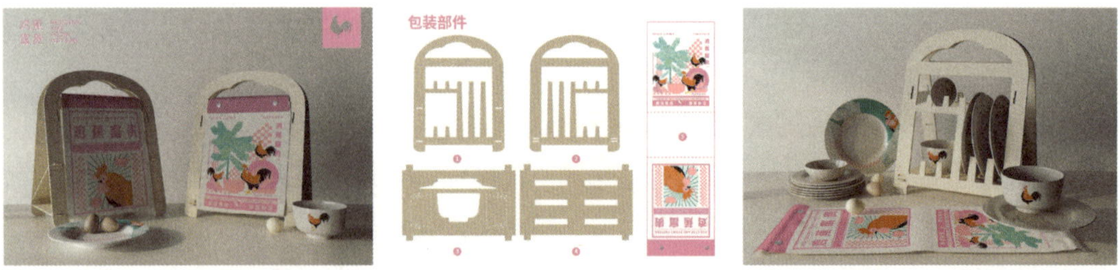

图6-17 “鸡蕉富贵”陶瓷贴花与产品包装设计（林华英）

三、畲族“畲乡食游”品牌民间艺术创新设计

（一）畲族文化形象设计背景

畲族是中国南方游耕民族，其饮食文化及服饰文化都具有独特而鲜明的特征。畲族菜肴丰富多样，喜食热菜，家家都备有火锅，以便边煮边吃。他们常吃的蔬菜有萝卜、南瓜、丝瓜、洋白菜、空心菜、芥菜等，竹笋则是畲族四季不断的蔬菜，常被用来炒菜或腌制。畲族还喜食野味和河鲜，如捕鱼、螺以为馔羹。

（二）畲族“畲乡食游”品牌饮食文化形象元素提取及海报设计

以畲族的饮食文化为设计元素，结合畲族妇女的服饰特点设计“畲乡食游”品牌的人物图案、食物形态与场景，并根据食物的谐音或含义赋予其不同的寓意。“畲乡食游”海报将人物与食物卡通化处理，以生动的形象展示畲族饮食特色（图6-18、图6-19）。

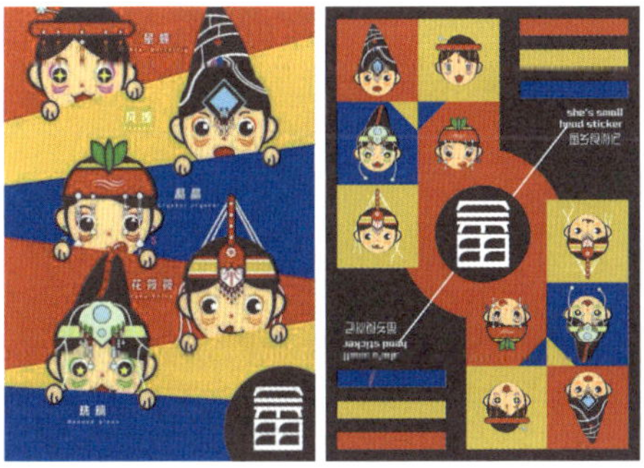

图6-18 畲族图案元素提取设计（黄松成）

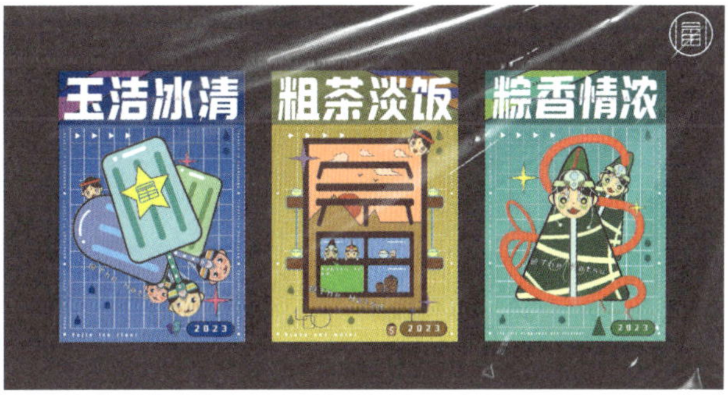

图6-19 畲族品牌形象海报设计（黄松成）

（三）畲族“畲乡食游”品牌饮食文化形象包装及其他衍生品设计

畲族“畲乡食游”品牌饮食文化形象包装及其他衍生品设计，不仅能够提升“畲乡食游”品牌的知名度和影响力，还能有效推广畲族的饮食文化和旅游资源（图6-20、图6-21）。

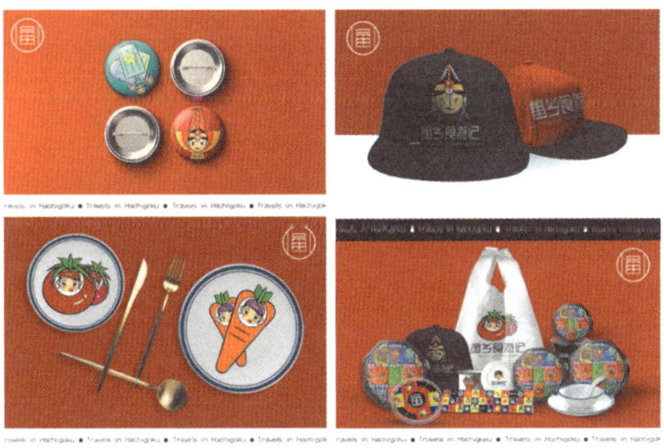

图6-20 畲族品牌包装衍生产品设计（1）（黄松成）

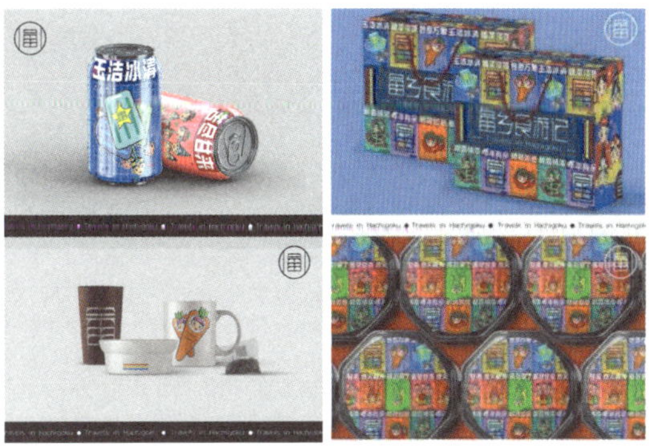

图6-21 畲族品牌包装衍生产品设计（2）（黄松成）

该作品获2024年中国包装创意设计大赛一等奖

四、畲族“山哈凤崽”品牌IP形象及表情包设计

畲族“山哈凤崽”品牌IP设计在色彩上提取了畲族非遗彩带中的色彩，彩带的配色生动地体现了畲族之美；形态上运用姿态生动的凤纹进行形象转换，设计效果美观大方。畲族在传统服饰和绣品中非常注重颜色对比，颜色多为原色和二次色，灰调子用得很少，绣品显得鲜艳明快，反映了畲族人民独特的色彩审美意趣（图6-22、图6-23）。

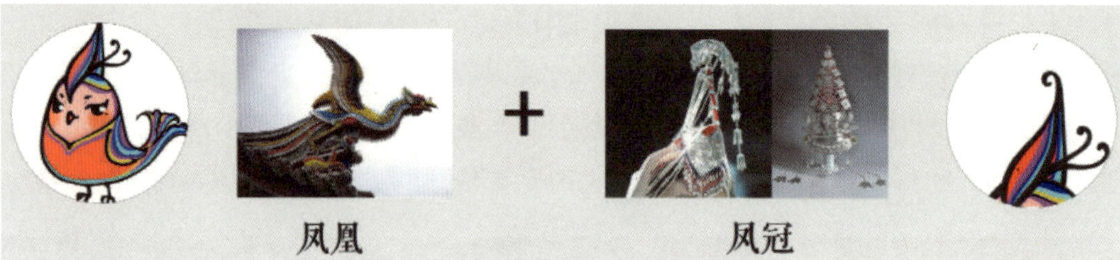

图6-22　畲族图案元素提取设计（吴淑芳）

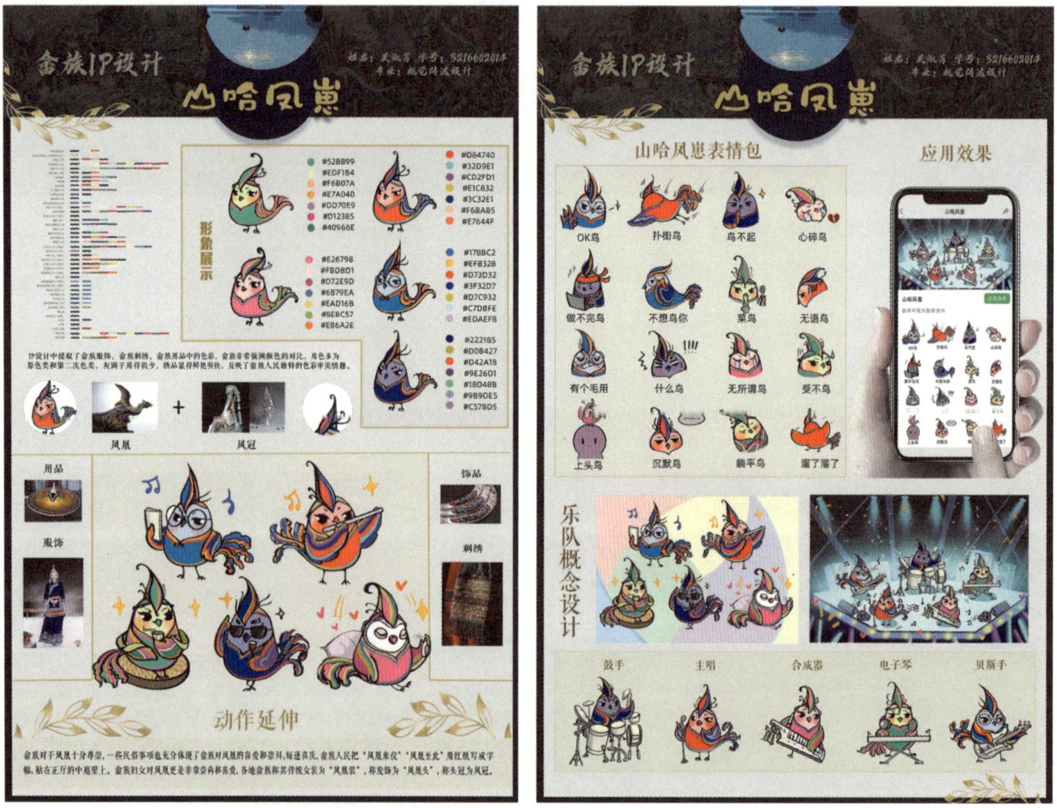

图6-23　畲族“山哈凤崽”品牌IP形象及表情包设计（吴淑芳）

五、“珍德鲜”品牌创新设计

（一）“珍德鲜”品牌插画设计

蓝印花布是中国的一种传统工艺印染品，人们长期以来习惯于把以植物蓝草为染料、以黄豆粉和石灰粉为染浆、刻纸为版、滤浆漏印的灰染蓝白花布称为蓝印花布，距今已有一千三百多年历史，主产地包括江苏省南通市、浙江省桐乡市、湖南省邵阳市、山东省兰陵县等地。

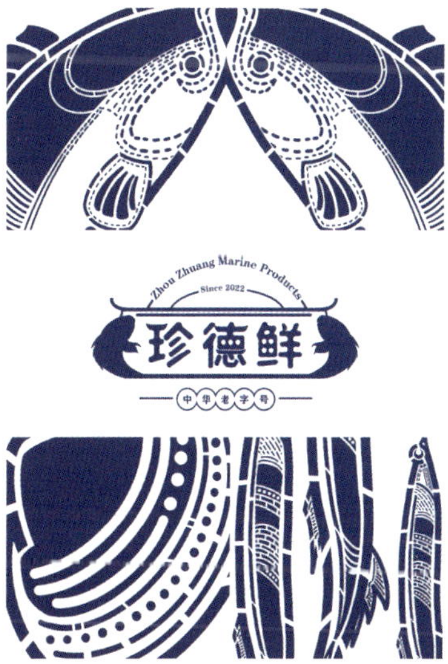

图6-24 蓝印花布元素“珍德鲜”品牌形象（袁雨帧）

本作品的创作者在2023米兰设计周中国高校设计学科师生优秀作品展赛事中，参与“周庄‘蚬江三珍’包装设计”项目的设计，创建了“珍德鲜”品牌，并展开品牌形象设计，将蓝印花布花纹的点线面融入“蚬江三珍”形态里，生动体现了江南文化（图6-24～图6-26）。“珍德鲜”品牌设计的周庄“蚬江三珍”美食包装结合了蓝印花布的传统图案与工艺，将“蚬江三珍”中的鲈鱼、银鱼与白蚬子的具象形态提炼成抽象的简约图形，用简单的长短线条将水生动物栩栩如生地展现出来。在色彩上，提取了蓝印花布的标志性蓝白色作为主色调，将蓝色的互补色即橙黄色置于图形底部作为点缀，将抽象后的图形以更明亮的方式展现在大家眼前。整体外包装呈现出点线面的美感，符合蓝印花布给人的第一印象，又具有现代时尚感。

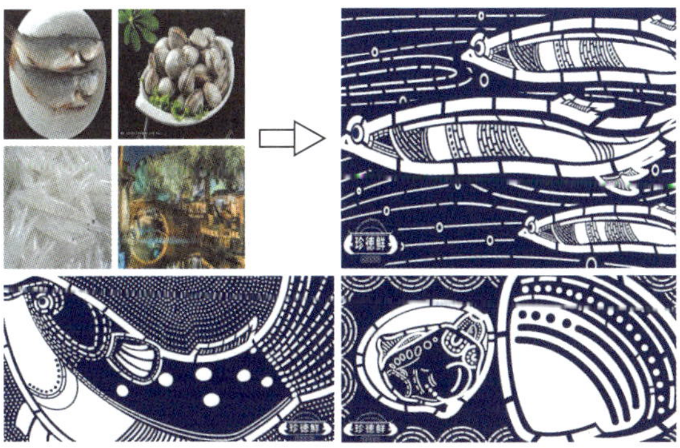

图6-25 “珍德鲜”品牌包装图案设计（1）（袁雨帧）

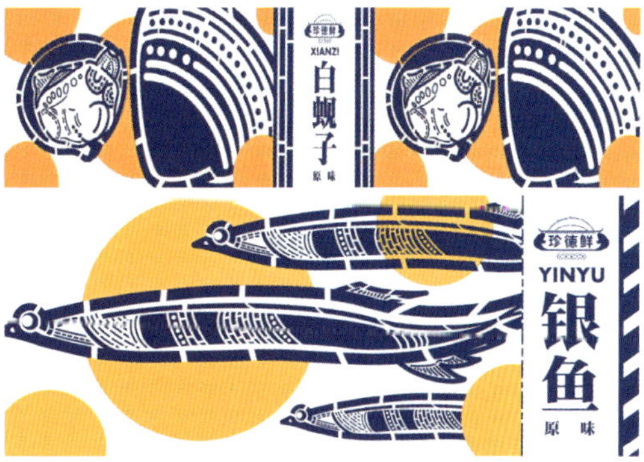

图6-26 “珍德鲜”品牌包装图案设计（2）（袁雨帧）

（二）“珍德鲜”品牌包装设计

在产品外包装的材料选择上，“珍德鲜”品牌选择以铁质罐装的形式进行内部包装，用更环保的纸质材料作为外部包装。铁质罐装能更有效地延长食品的保质期，并且能更好地兼具零售和套装售卖的功能。同时，在零售产品包装上，“珍德鲜”品牌使用由蓝印花布制成的绳子，套在罐装外面做成“十字吊物结”，减少包装材料浪费的同时别有一番风情（图6-27）。

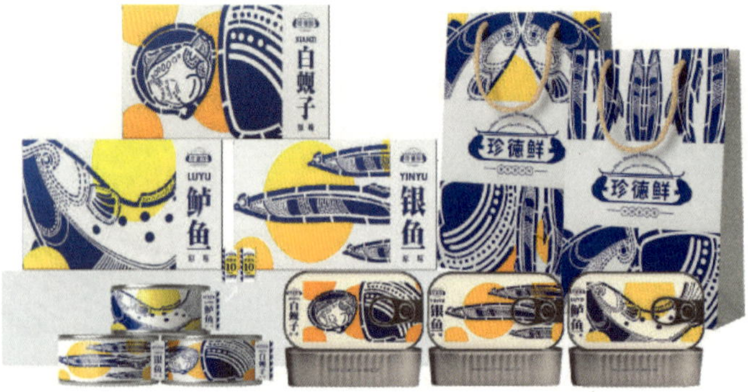

图6-27　“珍德鲜”水产品包装设计（袁雨帧）

该作品获2023米兰设计周中国高校设计学科师生优秀作品展赛事一等奖

六、畲族“二十四节气”文字设计

畲族传统服饰的图案常用动植物纹和文字几何纹，以其独特的刺绣手法以及绚丽的色彩给人留下深刻的印象。畲族土生土长的妇女是畲族图案元素的创作者，由于历史上畲族为躲避战乱，不与外界过多交往，过着自给自足的生活，所以畲族妇女在创作服饰图案时，不是为了售卖，而是为了给自己或者家人穿着的服饰进行装饰。她们设计图案的灵感往往来自实际生活和大自然，包括生活中的各种物象，比如一些动植物和神话故事中的动物，也包括大自然中的山川、河海、森林、蓝天、白云、太阳、月亮、星星等自然景象。图案设计上没有什么限制，都是畲族妇女凭借想象自由发挥的，技法上有“一边织一边绣”把织绣结合起来的方法，或者是采用挑绣的技法。

畲族“二十四节气”文字设计提炼畲族服饰刺绣的动植物纹样，选用花朵图案，并结合二十四节气文字进行图案处理。设计中遵循了一定的规律进行排版，以服饰纹样为主，建筑纹样为辅，通过图案的打散、变异、自身构成、相互构成等手法，最后提炼出了以二十四节气为主题的民族图形元素。同时加入中国书法中的楷书、隶书，把一些古老的畲族文字重新组合形成新的纹样。在色彩上借鉴畲族服装的黑色、红色与深蓝色，通过二十四节气文字设计展现畲族人民简约古朴的文化气息（图6-28、图6-29）。

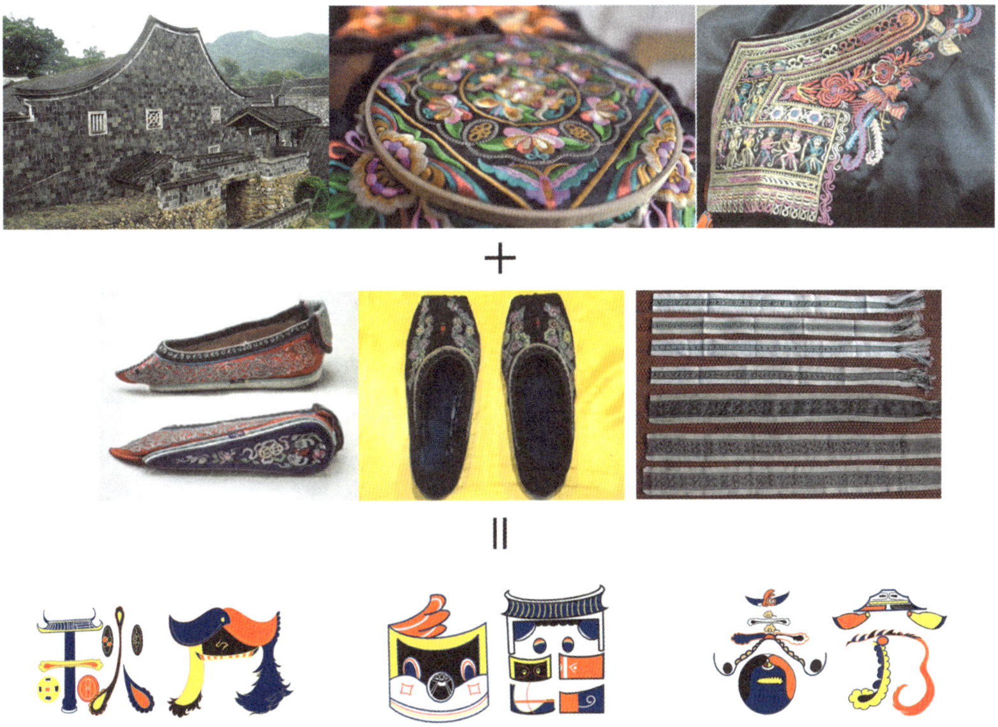

图6-28　畲族纹样设计过程（靳晓瑶）

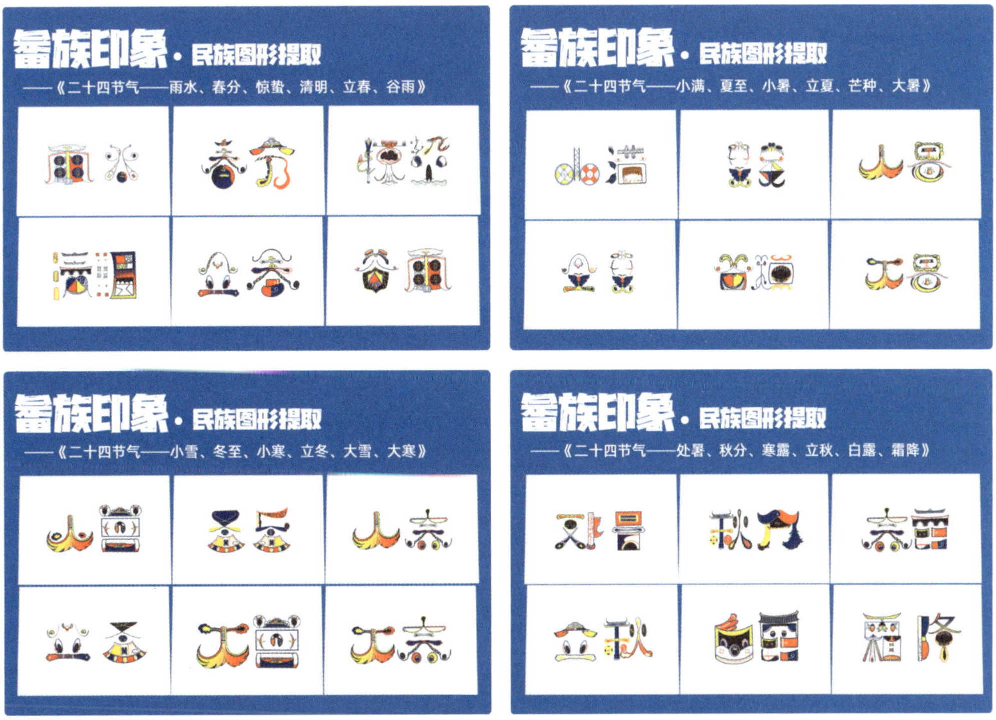

图6-29　畲族二十四节气——文字设计（靳晓瑶）

该作品获全国第七届大学生艺术节艺术作品类一等奖

七、长信宫灯“又见拂晓”品牌创新设计

（一）“又见拂晓”灯具品牌设计背景

宫灯又称宫廷花灯，是中国彩灯中最富有特色的汉族传统手工艺品之一。东汉光武帝为了庆祝一统天下、建都洛阳，在宫廷里张灯结彩、大摆宴席，盏盏宫灯，各呈艳姿，“宫灯”之名，由此而生，其中长信宫灯又称中华第一灯。

（二）“又见拂晓”灯具品牌形象元素提取及海报设计

该设计基于长信宫灯元素提取及现状再生进行设计及创新，用名画《汉宫春晓图》中的颜色来体现时代背景，同时与汉代瓦当进行结合，创造出即有新颖感又拥有汉代风格的作品，犹如重现千年之光（图6-30、图6-31）。

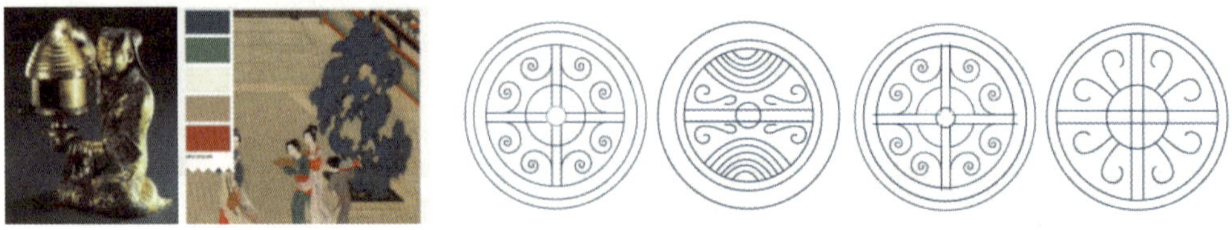

图6-30　“长信宫灯”“汉宫春晓图”“汉代瓦当”元素提取（林聪）

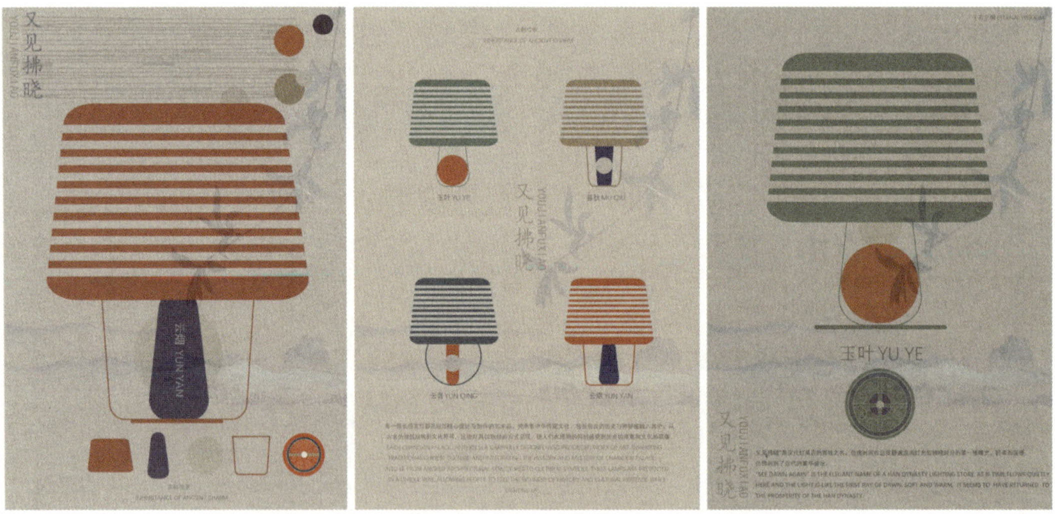

图6-31　“又见拂晓”品牌形象海报设计（林聪）

（三）“又见拂晓”灯具品牌其他衍生品设计

作者从品牌理念、产品特性以及目标用户群体等多个维度进行考量，以创造出既符合品牌调性又能满足市场需求的灯具衍生品（图6-32）。

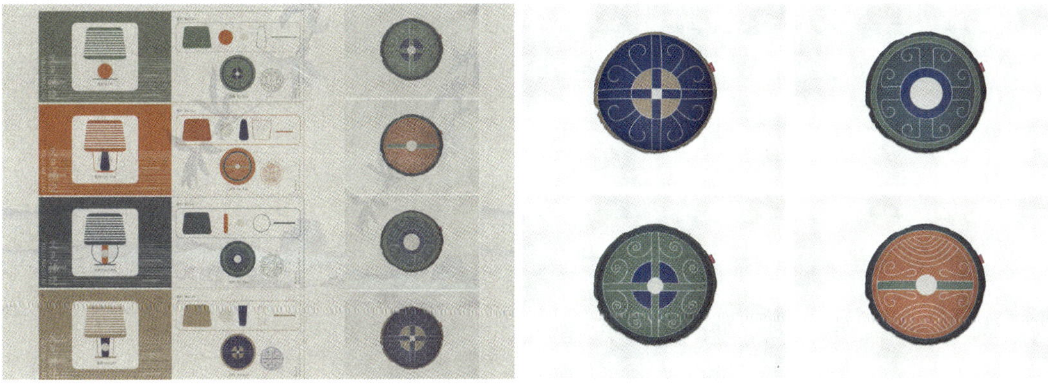

图6-32 “又见拂晓”灯具品牌其他衍生品设计（林聪）

八、马家窑“淘气猫”品牌设计

马家窑文化是中国新石器时代晚期的重要文化之一，主要分布于甘肃、青海等地，时间跨度为公元前3300年至公元前2000年。马家窑彩陶以其丰富的图案构成、繁密的布局和多样的器型而著称，其中最负盛名的当属舞蹈纹彩陶盆。这些彩陶不仅展示了当时人们的智慧和生活情趣，还体现了当时社会的仪式感和庄重感。

淘气猫是一个具有活泼、可爱、调皮等特质的艺术形象。在设计马家窑“淘气猫”时，借鉴现代动漫、卡通等艺术表现手法，将淘气猫的形象与马家窑彩陶的图案和器型相结合，创造出具有独特风格的艺术作品。作者田野充分考虑现代审美需求，将传统元素与现代元素相结合，创造出符合现代人审美观念的艺术作品。

（一）“淘气猫”漩涡纹样元素提取

该设计提取马家窑彩陶漩涡纹元素，结合现代艺术线条进行创新。将猫与鱼的艺术形象和马家窑彩陶的漩涡纹图案及器型相结合。在传统文化中，猫具有吉祥、神秘寓意，鱼象征财富（例如“年年有余”）。二者同时出现，可以融合文化象征意义并产生丰富内涵（图6-33）。

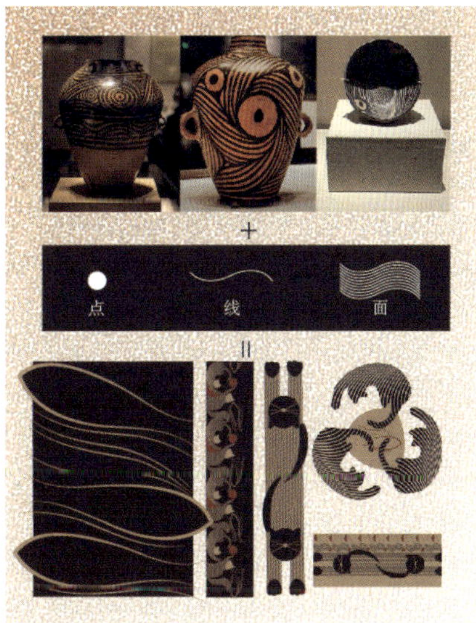

图6-33 马家窑彩陶漩涡纹与现代线条结合设计过程（田野）

（二）“淘气猫”文具用品衍生设计

“淘气猫” 文具用品衍生设计（绘图尺四件套）：将马家窑彩陶代表性的漩涡纹与现代线条结合绘制，选取尺子作为载体是因为其方便携带，学生使用率高，使其在使用时可以了解马家窑的文化，同时尺子也有着百尺竿头更进一步的美好寓意（图6-34）。

（三）“淘气猫”咖啡杯系列衍生设计

“淘气猫”彩陶咖啡杯系列，通过漩涡纹与现代线条的结合绘制，将猫与鱼的艺术形象与咖啡杯融合（图6-35）。

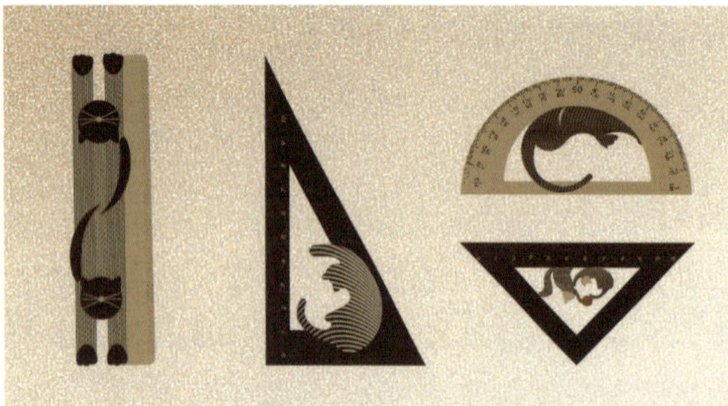

图6-34 “淘气猫”文具用品衍生设计（田野）

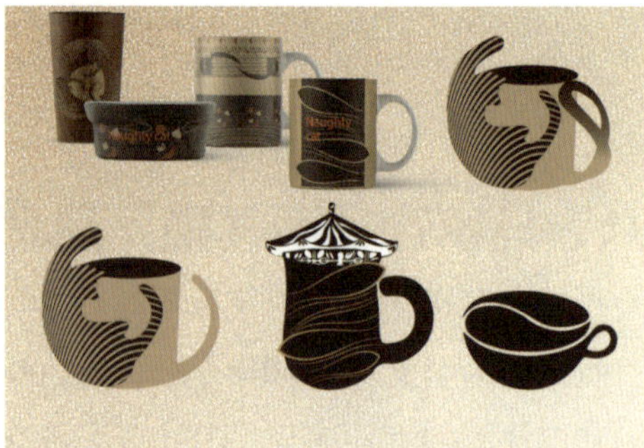

图6-35 “淘气猫”咖啡杯系列衍生设计（田野）

九、泉州花砖“一砖花事”品牌创新设计

（一）“一砖花事”绿色茶饮品牌包装设计背景

该包装设计项目对泉州传统古厝建筑中“马背山墙”与装饰花砖的外形进行提取，并进行现代造型设计，结合产品本身所具备的绿色可再利用属性，力求达到传播泉州古厝建筑文化与环保文创理念的目的，通过现代设计手段向使用者传达传统民间艺术的新魅力。

（二）“一砖花事”绿色茶饮品牌包装元素提取

该设计以泉州古厝中的“马背山墙”平面形态为灵感，以创新重构泉州花砖纹样作为创作亮点，将民间建筑艺术文化融入现代设计中（图6-36）。设计者对花砖纹样中的花元素进行抽象处理，重构出一套既有规律又不失美感的包装纹样，并运用活力清新的“多巴胺配色”进行搭配。此类配色不仅能够迎合传统民间艺术年轻化的设计思路，还能有效地增强品牌的元气感和时尚感，实现对传统美学创新的深刻理解和表达。

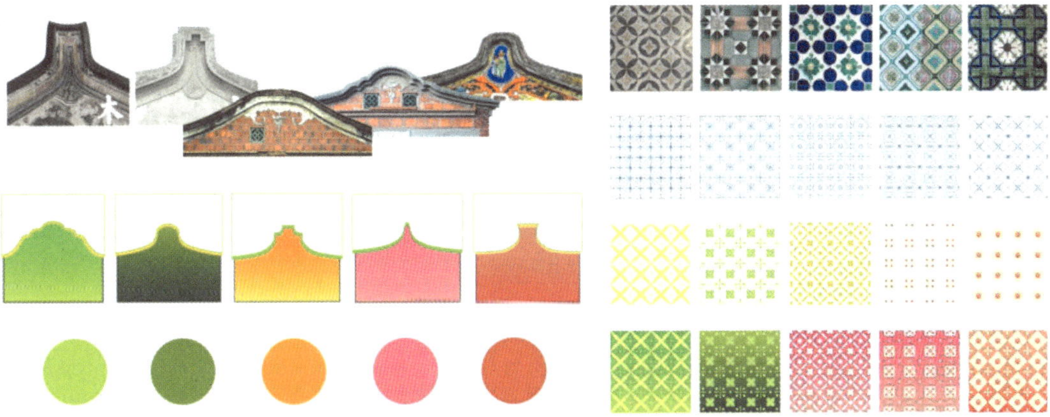

图6-36 “马背山墙”形态提取与设计转变过程（叶辰羚）

（三）“一砖花事”绿色茶饮品牌包装产品应用

因品牌形象承载着民间艺术文化，所以作者将文化属性的体现作为首要考虑要素。在图形创意方面，让山墙的造型线条成为包装盖口，与泉州古厝形态关联的同时，也让使用者在使用时有打开泉州古厝文化的仪式感。包装纸张方面采用可重复利用特种纸，在喝完茶后可收集茶渣，在原盒内使用套装内的种子纸直接种植花卉，突出自然循环的绿色设计概念。“一砖花事”的设计者在包装互动与文化呈现方面进行了全新的尝试，在构建整个品牌系统时不仅思考了如何提升品质，还考虑了如何将传统文化基底与现代设计中的可持续理念进行结合（图6-37～图6-39）。

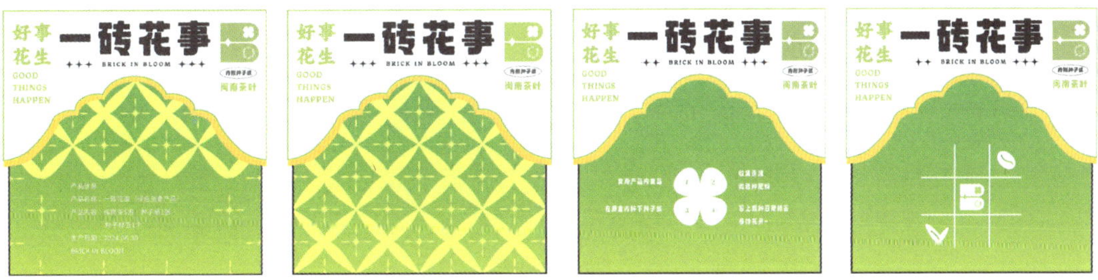

图6-37 “一砖花事”绿色茶饮品牌包装设计（叶辰羚）

图6-38 “一砖花事”绿色茶饮品牌内容物设计（叶辰羚）

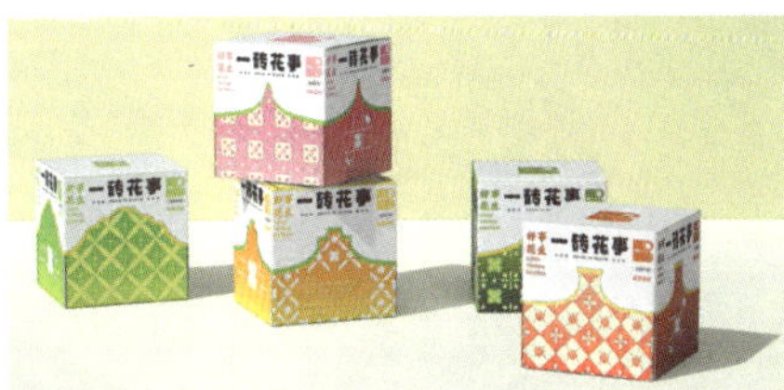

图6-39 “一砖花事”品牌（叶辰羚）

十、“宋风水月”建盏文创品牌设计案例

（一）“宋风水月”建盏文创品牌设计背景

建窑是中国代表性的民窑，坐落在今福建省南平市建阳区，始于唐，盛于宋，衰于元，直至20世纪80年代才重回大众视野。建窑建盏具有“入窑一色，出窑万彩”的工艺特点，每一件建盏成品都独一无二，具有独特的艺术魅力和审美价值。

（二）“宋风水月”建盏文创品牌元素提取

宋代女子服饰简素清雅，具有代表性的服饰类型有褙子、霞帔、襦裙、衫等。该设计提取宋代女子服饰的形制（图6-40），将其简化并进行创新性转化，与建盏的典型釉色相结合（图6-41），设计出具有宋风雅致的建盏文创，传递出宋风意境。

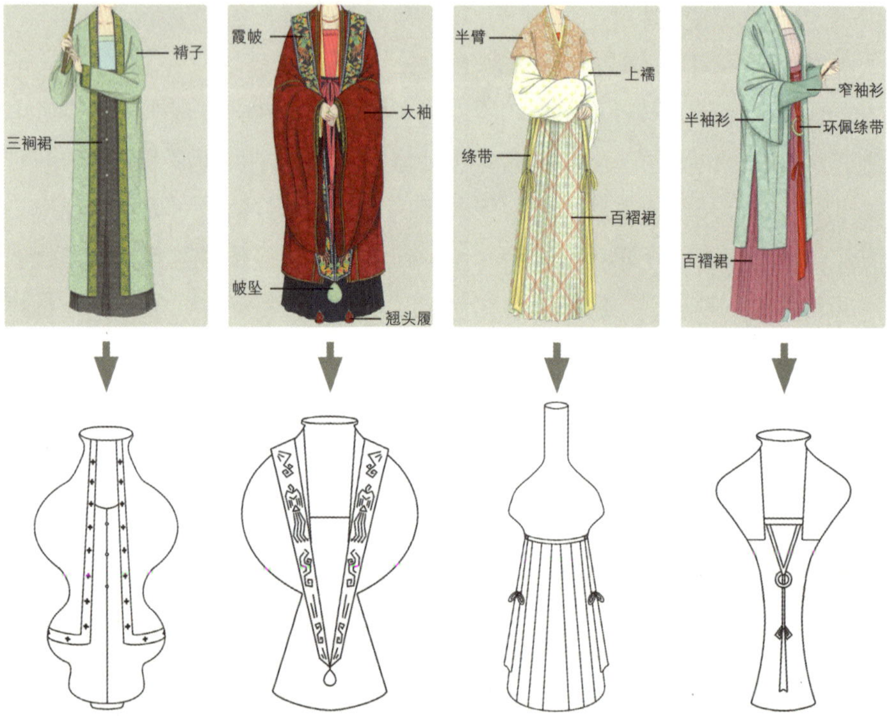

图6-40　宋代女子服饰（服饰图片来源：《我在宋朝穿什么》；文创线稿：温映荷）

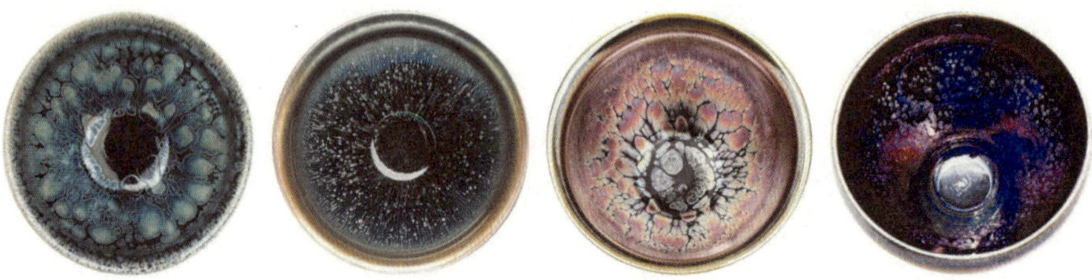

图6-41　建窑建盏

（三）“宋风水月”建盏文创品牌设计

建盏文创以建盏的釉色为灵感，设计了四组陈设瓷器系列，分别命名为河塘幽莲、暗夜流星、亭亭牡丹、星河灿烂。在文创的设计中将建盏文化与宋代服饰文化相结合，运用现代设计手法进行图案和造型的创新，建盏陈设瓷器系列文创既保留了黑瓷的韵味，又增添了独特的造型美感，既有宋风意韵，又符合现代审美，能够吸引消费者，同时能促进丰富优秀的建盏文化传播和发展（图6-42～图6-45）。

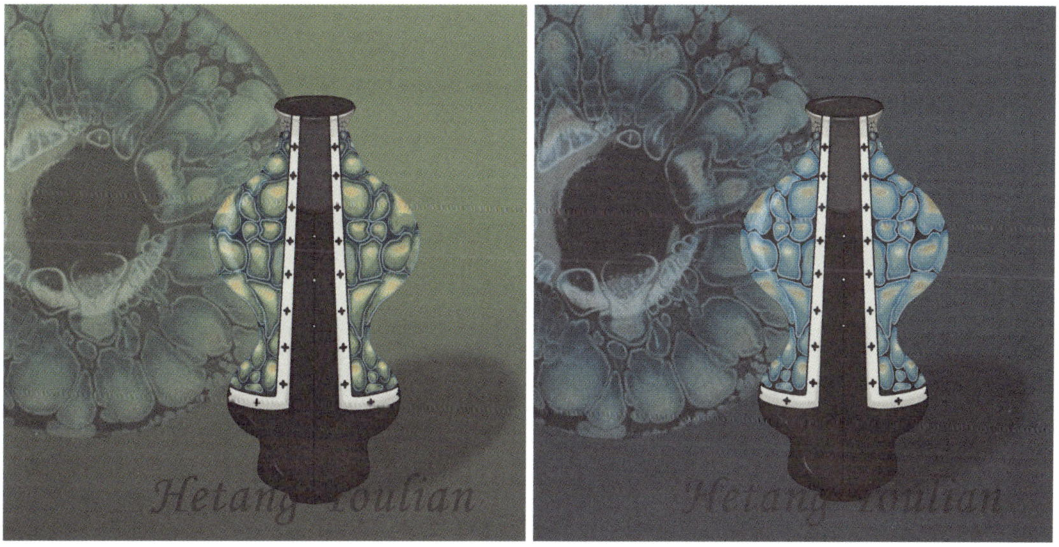

图6-42 “宋风水月”建盏文创品牌设计系列一——河塘幽莲（温映荷）

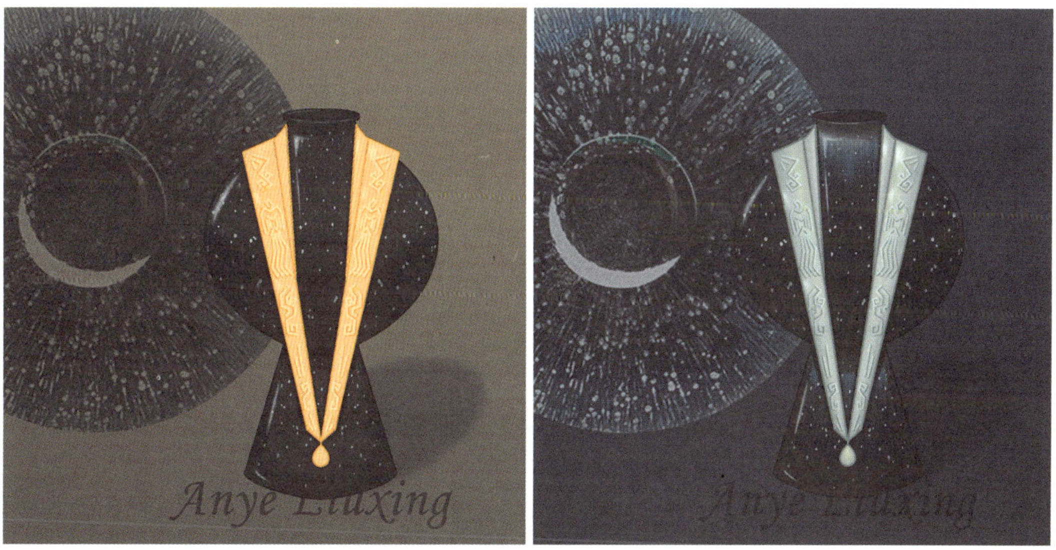

图6-43 “宋风水月”建盏文创品牌设计系列二——暗夜流星（温映荷）

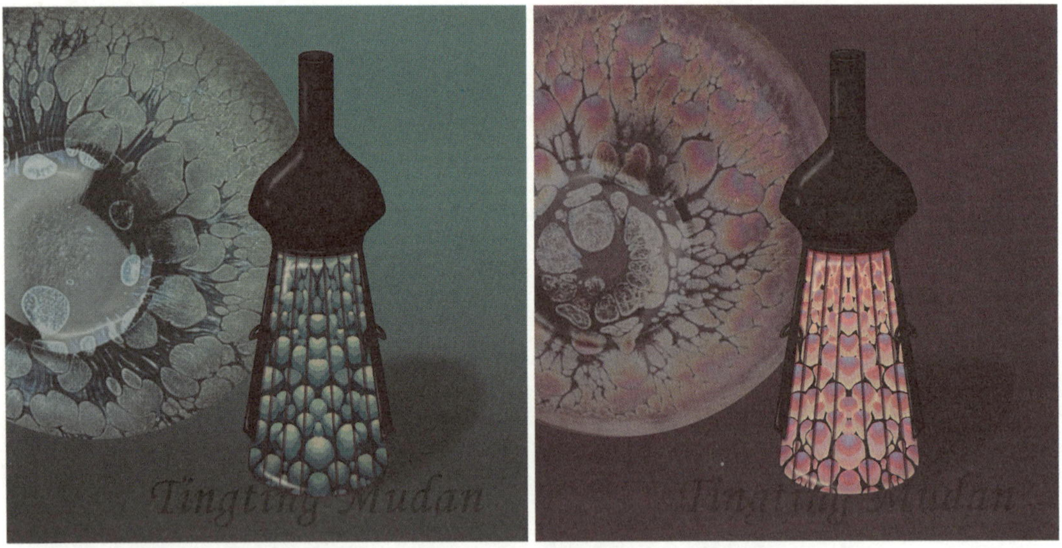

图6-44　“宋风水月”建盏文创品牌设计系列三——亭亭牡丹（温映荷）

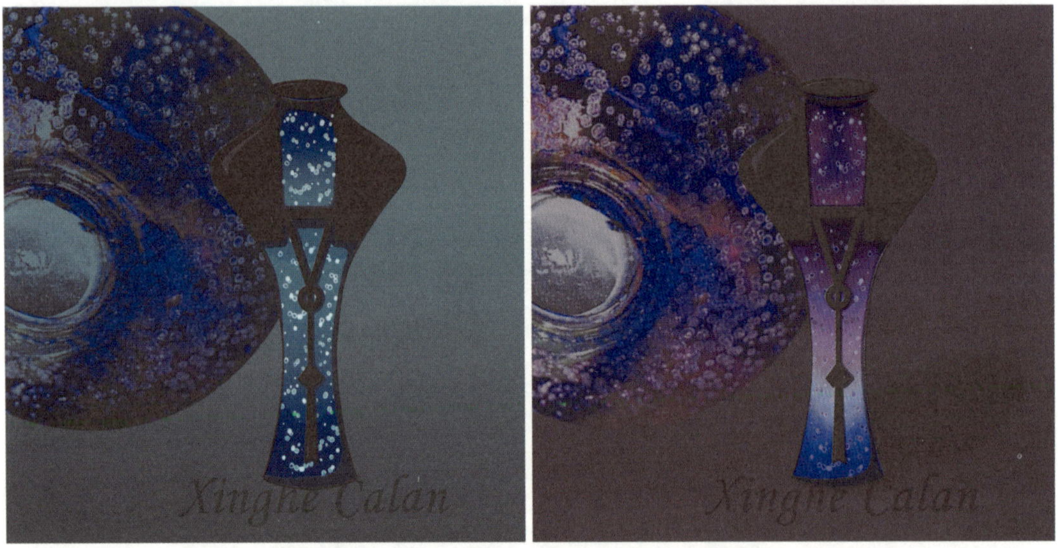

图6-45　“宋风水月”建盏文创品牌设计系列四——星河灿烂（温映荷）

▶ 更多案例 ◀

参考文献

[1] 爱德华·泰勒. 原始文化[M]. 连树声，译. 上海：上海文艺出版社，1992.

[2] 靳之林. 中国民间美术[M]. 北京：五洲传播出版社，2004.

[3] 姜澄清.《易经》与中国艺术精神[M]. 贵阳：贵州大学出版社，2013.

[4] 吴训信. 百衲织物的历史发展与审美传承[J]. 丝绸，2019，56（12）：122-128.

[5] 杭间. 工艺美术传说中的文化[M]. 北京：人民美术出版社，2007.

[6] 彭纲，文艺，徐华颖，等. 民间美术[M]. 北京：学苑出版社，2013.

[7] 孙雅婧. 传统民间艺术的现代性及其困境[J]. 卷宗，2019，9（30）：359-360.

[8] 郑巨欣. 民俗艺术研究[M]. 杭州：中国美术学院出版社，2008.

[9] 李泽厚. 美学四讲[M]. 北京：生活·读书·新知三联书店，1989.

[10] 卢爱华. 民俗艺术应用论[M]. 南京：东南大学出版社，2019.

[11] 吴风. 艺术符号美学：苏珊·朗格符号美学研究[M]. 北京：北京广播学院出版社，2002.

[12] 冯骥才，王芊. 我国民艺保护体系的建立与未来规划——冯骥才访谈[J]. 民艺，2021（1）：6-10.

[13] 夏占红. 如何以世界视野传承和发展传统民族民间艺术[J]. 魅力中国，2020（3）：291.

[14] 向云驹. 论冯骥才民艺思想[J]. 民艺，2021（1）：11-15.

[15] 寻胜兰. 新民艺设计[M]. 北京：北京大学出版社，2013.

[16] 魏小杰. 晋南唐宋元寺观彩塑样式研究[D]. 西安：西安美术学院，2013.

[17] 纳春英. 隋唐服饰研究[D]. 西安：陕西师范大学，2014.

[18] 董毅芳．山西民间面塑之特征与女性的传承贡献[D]．太原：山西大学，2007．
[19] 陶春然．元代大同地区的家具表现形式——从壁画墓及出土器物分析[J]．文物鉴定与鉴赏，2021（21）：94-96.
[20] 陈丽君．流光溢彩——福建民间藏清代金漆木雕屏风赏析[J]．文物鉴定与鉴赏，2018（8）：18-20.
[21] 许长生．明清时期湘南民间木质家具装饰风格研究[D]．长沙：中南林业科技大学，2013.
[22] 鲍家虎．明清剪纸[J]．民艺，2021（5）：49-63.
[23] 吴宁．雍荣华贵的清代银饰品[J]．东方收藏，2017（8）：71-75.
[24] 陈国泰．中国小玩意[M]．上海：上海三联书店，2021．
[25] 陆蕾．我在宋朝穿什么[M]．南京：江苏人民出版社，2023.